內蒙古軍區

被害者和加害者紀錄

楊海英 主編

【內蒙古文革檔案】資料編輯委員會

01滕海清將軍有關內蒙古人民革命黨講話集

主編｜楊海英

編者｜Asuru、Orgen、Seedorjiin Buyant、Uljideleger

02有關內蒙古人民革命黨的政府文件和領導講話

主編｜楊海英

編者｜Asuru、Orgen、Seedorjiin Buyant、Uljideleger

03 挖內蒙古人民革命黨歷史證據和社會動員

主編｜楊海英

編者｜Asuru、Orgen、Seedorjiin Buyant、Uljideleger

04內蒙古土默特右旗被害者報告書

主編｜楊海英

編者｜Asuru、Orgen、Olhunud Daichin、Archa

05內蒙古軍區被害者和加害者紀錄

主編｜楊海英

編者｜Asuru、Khuyagh、Altansuke、Tombayin、Delekei

上：在天安門城樓接見紅衛兵的毛澤東和林彪。蒙古文海報。
下：蒙古人在天幕前向毛澤東像致敬。

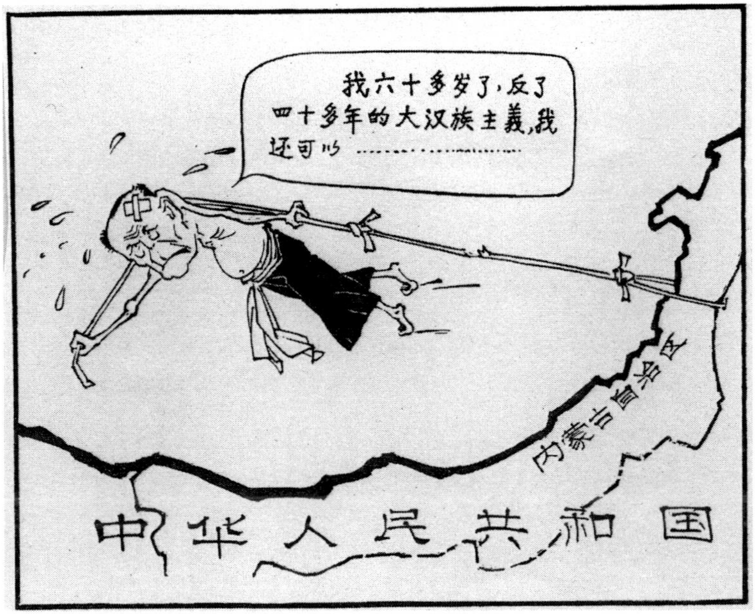

上：草原上的紅衛兵見到了毛主席。韓金寶畫。
下：醜化烏蘭夫分裂中國的漫畫。引自魯迅兵團《魯迅畫刊》，1967年6月18日。

序言

楊海英

中國文化大革命期間，共產黨在內蒙古自治區發動了大規模種族屠殺（genocide）。經中國政府操作過後的公開數據呈示，中國政府和中國人（即漢民族[1]）總共逮捕了346,000人，殺害27,900人，致殘120,000人。在內蒙古各地做過社會調查的歐美文化人類學家們，則認為被中國政府和中國人屠殺的蒙古人受害者總數達10萬人[2]。

筆者曾經在日本編輯出版了兩本文化大革命（以下簡稱為「文革」）被害者報告書。其中中共包頭市土默特右旗四家堯人民公社總計殺害32人。筆者的家鄉，鄂爾多斯（伊克昭盟）烏審旗圖克人民公社殺害69人[3]。當時的自治區，總共有「7盟2市1,046個人民公社」。7盟盟公署和呼和浩特及包頭2市有大約幾千個多於人民公社人口的機關單位。用社會學簡單的抽樣調查即可發現，被殺害的蒙古人數目遠不在27,900人之內。筆者通過用社會學抽樣調查方法探討自治區東部呼倫貝爾盟和基層人民公社的被害者情況後，得出的結論與歐美文化人類學家的推算結果大致相同[4]。而且這些數據裡並不包括「遲到的死亡」，亦即致殘者120,000人的命運。蒙古人的民族集體記憶是：「文革就是

1 蒙古人認為所謂的「中國人」是只指漢民族，只有漢民族才是「中國人」。內蒙古自治區和新疆即東土耳其斯坦的維吾爾人，以及西藏的圖博人只是「中國籍蒙古人」，「中國籍維吾爾人」，「中國籍圖博人」，並非「中國人」。這一點亦是國際學術界共識。參見：Kuzmin, Dmitriev, S. V. 2015 Conquest Dynasties of China or Foreign Empires? The Problem of relations between China, Yuan and Qing, *International Journal Of Central Asian Studies*, Vol. 19, pp.59-91.

2 參見：Jankowiak, William，1988 The Last Hurraah? Political Protest in Inner Mongolia. *The Australian Journal of Chinese Affairs*, 19/20:269-288. Sneath, David，1994 The Impact of the Chinese Cultural Revolution in China on the Mongolians of Inner Mongolia. *Modern Asian Studies*, 28:409-430.

3 楊海英編『モンゴル人ジェノサイドに關する基礎資料6—被害者報告書2』、風響社、2014年、78頁。

4 參見：楊海英編『モンゴル人ジェノサイドに關する基礎資料5—被害者報告書1』、風響社、2013年、1頁。楊海英編『モンゴル人ジェノサイドに關する基礎資料6—被害者報告書2』、風響社、2014年、78頁。

一場中國政府和中國人合謀屠殺蒙古人的政治運動」[5]。

1966年中國政府發動文革時內蒙古自治區原住的蒙古人人口近150萬，而從長城以南侵入草原的中國人殖民者則達到蒙古人的9倍即1,300萬。所謂的自治區實際上名存實亡。入殖內蒙古的中國人還大膽提出，乾脆把內蒙古自治區改為「中國共產黨反修省」[6]。可見中國政府和中國人所標榜的「民族區域自治」實際上以同化異族為主要目的。為了達到同化，製造沒有蒙古人的內蒙古自治區，中國政府和普通中國人共同推行了一場大規模種族屠殺。

在進行大規模種族屠殺的時候，從各地傳遞到自治區革命委員會的「捷報」都提到了詳盡的數字，也就是「殲滅了多少內人黨和烏蘭夫反黨叛國集團的成果」。其中的一部分，我在本系列的第一書，即《滕海清將軍有關內蒙古人民革命黨講話集》裡提到過。但是，整個自治區和各個地區到底「殲滅」了多少「蒙古人民族分裂主義分子」，至今仍然未得解密。

本書收集了內蒙古軍區後勤部的部分受害者報告。文革前的內蒙古軍區是中國人民解放軍八大軍區之一，司令員兼政治委員是蒙古人烏蘭夫上將。中共在文革開始之前即將烏蘭夫上將整肅，為的就是「保障祖國北疆安定」而傾全力發動文革。

內蒙古軍區雖然是中國八大軍區之一，但她不是紅軍（即以後八路軍、解放軍）嫡系。內蒙古軍區以異族（即蒙古人）為主組成，其前身為日本占領滿洲和內蒙古東部及中部地區時期的「滿洲國軍」和德王蒙古自治邦（亦稱蒙古軍政府、蒙疆政權）之「蒙古軍」。軍官多畢業於日本陸軍士官學校和興安陸軍軍官學校，中共稱他們為「挎洋刀的」。眾所周知，中共軍隊中幹部多為草莽出身，不識大字。文盲的中國人解放軍幹部和留學日本、接受過近代化教育的蒙古人軍官，有著格格不入的風格和不可克服的政治矛盾[7]。文明的蒙古軍人與粗野的中共軍人，遊牧的蒙古人與農耕的中國人，如此種種多重對立在文

5　參見：楊海英著《沒有墓碑的草原：蒙古人與文革大屠殺》，八旗出版社，2014年。

6　參見：特古斯，1993〈浩劫過後的沉思〉《內蒙古檔案史料》4，53頁。所謂的「反修」是指當時中蘇對立互相罵「修正主義」，內蒙古自治區處於「反修前線」。

7　參見：楊海英著『日本陸軍とモンゴル：興安軍官学校の知られざる戦い』、中央公論新社、2015年。《蒙古騎兵在西藏揮舞日本刀》，大塊出版社，2017年。『最後の馬賊：「帝国」の将軍・李守信』、講談社、2018年。

革中激化，導致了中國政府血洗內蒙古軍區的結果。

中共重點清洗蒙古人的內蒙古軍區，完全是出於其戰略部署。滕海清將軍率領北京軍區部隊首先解除駐紮於自治區南部集寧的騎兵第五師，然後逮捕軍中各級蒙古人將校加以殺害。受害最嚴重當屬軍區政治部。據一份不完全的報告講，滕海清將軍親自整肅內蒙古軍區，僅政治部一個小單位，200名蒙古人幹部中180名被打成「民族分裂主義者的內人黨員」，導致10人死亡[8]。

本書則收集了有關軍區後勤部受害狀況。原資料曾經以影印方式在2014年日本出版[9]。前半部分收入了一些文革期間關於整肅並大量屠殺蒙古人的政府文件資料，同時以一名蒙古人將校鮑風為個案，顯示屠殺蒙古人和「平反」隱蔽的陰謀手段。後半部分展示其他受害者狀況。

文革後，關於整肅殺害蒙古人的資料全部重新被政府收回檔案館封存。中國政府和中國人銷毀大量屠殺證據的手段非常高明。在對受害者「平反」時往往強調「毀滅假資料」，「當眾銷毀」等。有史以來一直處在強權專制之下的「中國人民」也害怕如果留下「罪證」成為檔案的話，有朝一日執政者又會「秋後再次算帳」，因此也願意「當眾銷毀」對自己不利的「罪證」。如此執政者和子民奴隸的共同願望，給中國政府提供了可以系統地、組織性地毀滅文革罪證的機會。讀者可以從本書所收集的檔案中看出政府如何積極毀滅證據的過程。

蒙古人不僅經歷了大規模屠殺，還成了有組織的性犯罪的犧牲品。文革期間，母語蒙古語也被禁止。1948年12月底聯合國通過的〈反種族屠殺條約〉明確規定其中包括「禁止別的民族之母語權和性犯罪」。根據聯合國條約，中國政府主導的針對蒙古人的大屠殺和性犯罪明確屬於種族屠殺。

文革後，不但蒙古人永遠失去了自己的武裝力量，異族擔任解放軍司令員和政治委員的時代也結束。中國政府的軍隊完全成了其奴役異族的工具。換言之，沒有本民族自己的軍隊，隨時可能被中國政府和中國人大量屠殺。

本系列「內蒙古文革檔案」所收文獻在重新電子輸入時，已將文革期間專

8　參見：阿拉騰德力海編著《內蒙古挖肅災難實錄》，私家版，1999年，146-148頁。

9　楊海英編『モンゴル人ジェノサイドに關する基礎資料6—被害者報告書2』、風響社、2014年。

用的簡體字和繁體字一律統一為現行繁體字；除明顯的錯別字以外，未作任何改動。

目次 | CONTENTS

編輯書前註：

1. 本書內容為史料檔案，有些文革時期的詞彙和現今我們所習慣的正確用字並不相同。例如「付主席」（副主席）；「揮午」（揮舞）等等。這些不同的用字，為尊重歷史、呈現特殊的文革文化，我們將予以保留。
2. 由於原受害者所寫的報告書屬於揭露中共所犯人道主義罪行的第一手資料，我們在編成本系列第四書、第五書收錄之被害者報告時，除系統性選輯、重新排序以外，也決定將其中手寫文件以及部分有修改痕跡的印刷檔案以原件掃描的方式呈現，以期讀者能從更為深刻地見證歷史。

1.內蒙古自治區革命委員會核心小組辦公組揪出各種壞人情況（1968.05.08）

(1039)　5月9 存　(671)　(582)

N106
194

全宗号	目录号	案卷号
35	1	217

这个材料不太准确，可供参考。

德力格尔已看过，并请滕司令员电话传去，以便向中央汇报时参考。

请

高、权、青阁

核心小组办公组

8/5

103

第 1 页

揪出各种坏人情况

一、坏人处理情况：

全区共揪出各种坏人一万七千人，绝大部分在本单位由群众揪斗批判。具体处理统计不上来。

呼市揪出叛徒、特务、顽固不化走资派、反革命分子近4000人。经公安厅、公安局捕的95人，（其中公安厅捕40人，公安局捕55人）；群众专政集训937人，已经释放67人，现仍在集训的有170人。

二、几个单位揪出坏人情况：

1、内蒙党委机关、检察院、牧学：

党委机关共有干部954人，共揪出134人，占干部总数的14%

其中，付部长以上干部56人，共揪出49人，

104

占同级干部75%。

处长级干部199人，共揪出53人，占同级干部的41%

一般干部769人，共揪出40人，占同级干部的5.2%

在揪出的134人中，按问题性质分：

走资派59人，占干部总数6%

特务12人，占干部总数1.25%

叛徒6人，占干部总数0.6%

牛鬼蛇神58人，占干部总数6%

五、内蒙古人委办公厅检查体数字：

人委办公厅共有干部133人，揪出各种坏人32人，占干部总数的24%。~~（[illegible]揪~~

在揪出的32人中，厅局级干部7人，占干部总数的5.26%；处长9人，占干部总数的6.76%；一般干16

部16人，占干部总数的12%。

~~占古大来打击面内~~，

其中，审查2人，逮捕1人，群众批斗29人

没问题过坏[illegible]特务，15人，占干部总数11.27%；叛徒3人，占干部总数2.25%；走资派3人，占干部总数的2.25%；民族分裂主义分子6人，占干部总数的4.5%，牛鬼蛇神5人，占干部总数3.8%

3、巴盟检查(违)数字：

巴盟副处长以上干部207人，共揪出41人占同级干部总数的20.1%；其中付盟长以上干部14人，揪出10人，占同级干部的70%

其中：特务4人，占同级干部的28%

叛徒3人，占 〃 21%

走资派2人，占 〃 14.2%

假党员1人，占 〃 7.1%

第 4 页

干部家数中[scribbled]，处级干部193人，挨斗31人，占同级干部的16%

按问题性质分：[scribbled] 特务7人，占同级干部的3.6%

叛徒7人，占 〃 3.6%

走资派13人，占 〃 6.7%

漏网地主富农分子2人，占同级干部[scribbled]的1%

假党员2人，占同级干部的1%

4、自治区厅局长以上干部（包括自治区付主席、书记处书记）挨[scribbled]害死人的

情况：

自治区厅局长以上干部303人，挨斗249人，占同级干部的82%，拿着21人。

其中：特务63人，占同级干部20.8%

叛徒40人，占 〃 13.2%

走资派146人，占 〃 48%

5、卫生厅挖黑线数字：

卫生厅干部总数106人（厅长4，处长16，一般干部86人）

共揪出坏人19人，占干部总数的18%

其中：厅长4人，占同级干部的100%

处长级8人，占同级干部的50%

一般干部7人，占同级干部的8.14%

其中：叛徒 2人，占干部总数1.89%

民族分裂主义分子4人，占干部总数3.79%

走资派 2人，占干部总数 1.89%

特务 6人，占干部总数 5.68%

牛鬼蛇神 5人，占干部总数 4.75%

2.內蒙古自治區革命委員會彙報提綱（1968.05.09）

全宗號	目錄號	案卷號
35	1	217
內蒙古自治區檔案館		

N107 195

彙報提綱

第一、內蒙階級鬥爭的基本情況

內蒙階級鬥爭很複雜。地處反修前哨，東部原是偽滿地區，西部曾是傅作義的老窩，美帝也在那裡搞過中美合作訓練班，大批日、美、蔣特、蘇蒙修情報員，許多反革命組織和傅作義留下的反動勢力，都被烏蘭夫包庇下來。僅特務一項全區就有日、美、蔣特分子一萬九千餘人，其中有七千餘未給予打擊處理，占百分之四十。

內蒙是少數民族和半農半牧區，除少數地區進行過和平土改外，八十多萬人口的廣大地區沒有進行土改，烏蘭夫搞了反動的「三不兩利」政策，民主革命極不徹底。

烏蘭夫在那裡二十年，網羅親信，包庇重用壞人，大搞民族分裂活動，有他反動的社會基礎。如以就業為名安置包庇反、壞分子5225名，其中日特分子498名，蔣特分子690名，美特分子24名，並已有少數鑽進黨內。另以公安廳為例，以建立特情包庇壞人，共有特情人員一千七百二十四名，其中有嚴重問題的占百分之六十至七十。

文化大革命開始，把烏蘭夫揪出後，兩個階級、兩條道路、兩條路線的鬥爭，是很激烈的。去年以來，大體上經歷了這樣一個過程：

一、去年四月十三日，中央下達關於處理內蒙問題八條決定，到去年五月二十六日，中央對內蒙採取斷然措施的一段時間，主要是抓了粉碎烏蘭夫的代理人所搞的資本主義復辟，貫徹中央關於處理內蒙問題的決定。六月十八日成立了革籌小組。

二、去年六至十月，在開展革命大批判的同時，狠抓了造反派隊伍的思想建設。避免了分裂和內戰，促進了革命的大聯合和革命的三結合。特別是貫徹毛主席視察三大區的最新指示後，進一步統一了造反派對內蒙大好形勢的看法，批判了極「左」思潮，解放了一批幹部。內蒙革命委員會於十一月一日誕生。這期間，烏蘭夫死黨勾結社會上的牛鬼蛇神，集結反革命力量，妄圖捂住十七年的階級鬥爭蓋子。

三、去年十一月內蒙革命委員會成立到現在，狠抓了階級鬥爭，展開了一場挖烏蘭夫黑線，肅烏蘭夫流毒的人民戰爭。突出地抓了學習班，大力宣傳毛澤東思想，作為挖黑線肅流毒運動的根本動力，抓了清理無產階級的階級隊伍，特別注重清理幹部隊伍。以便逐步地實現思想革命化和組織革命化，鞏固無產階級專政。這場鬥爭，是去年十一月十二日江青同志對文藝界講話後開始的。首先是從文藝界向敵人發起進攻，而後擴展到各條戰線，又由呼市擴展到全區。為了打好這一仗，徹底摧毀烏蘭夫的反革命社會基礎，挖出叛徒、特務和一切反革命分子，今年一月，自治區革委會召開二次全委擴大會，遵照毛主席的最新指示和兩報一刊《元旦社論》的精神，系統地分析研究了敵情，批判了右傾思想，進一步發動了群眾，揪出了大特務、民族分裂主義分子原自治區黨委書記處書記王再天。隨後，逐步揭開了公檢法階級鬥爭的蓋子。這期間，遭到了階級敵人強烈反抗，也有來自內部的右傾思想的干擾。特別是揪出反革命兩面派楊、余、傅以後，在內蒙也引起較大波動，主要是階級敵人利用一些造反派的搖擺性和右傾情緒，否定「挖黑線、肅流毒」的大方向，借機攻擊革命委員會，刮起了一股右傾翻案的妖風。最近，在慶祝中央關於處理內蒙問題八條決定下達一周年的時候，自治區革委會發了第二號通告，進一步動員和組織廣大革命群眾向敵人發起全面進攻，給予了有力地打擊。

當前，內蒙比較穩定，形勢也越來越好，運動的發展雖然不平衡，但總的看是健康的，政治面貌有了很大改變。這主要表現在以下幾個方面：

一、「挖黑線，肅流毒」的鬥爭取得很大戰果，階級陣線更清楚了。全區共挖出各種壞人一萬七千四百二十九名，約占全區人口千分之一點三。其中：

特務兩千四百七十四人，叛徒六百多人，走資派九百零八人，民族分裂主義分子一千多人，社會上沒有改造好的地富反壞右分子一萬多人。這些壞人大部分已混入造反派隊伍，在清理階級隊伍時把他們挖出來了。對這些壞人的處理情況，以呼和浩特市為例：呼市共挖出四千餘人，被公安機關專政的九十五人，占百分之二點四；被呼市群眾專政指揮部管制或集訓的四百多人，占百分之十；大部分壞人仍在群眾中進行批鬥。

在這場挖黑線肅流毒的鬥爭中，發現重大政治案件一百多起，已破獲二十多起。現正在抓緊突破重大的政治案件。

二、普遍建立了革命委員會，各級都有了一個領導班子。全區七盟二市三月十九日以前實現了一片紅，七所高等學校、十個中央大型企業全部建立了革命委員會。全區九十四個旗縣（市、區），已有九十三個建立了革命委員會。農村牧區一千零四十六個公社，已有八百六十六個建立了革命委員會，占百分之八十二點七。全區百分之九十以上的生產隊建立了生產領導班子。

一些建立革命委員會較早的單位，也著手抓了整建黨的工作，搞了一些試點。目前，已有七個盟市、十六個旗縣、二十一個公社，建立了黨的核心小組或臨時黨委，有七百五十三個基層支部恢復了黨的生活。全區整建黨的工作，在試點基礎上，準備從六月份以後全面展開。

三、革命促進了生產的發展，生產形勢也越來越好。最近調查，工業總產值三月份比二月份提高百分之十八，鋼鐵煤電等三十五種主要產品，有十二種超過六六年生產水平。包鋼已恢復生產，一號高爐已開始出鐵。煤炭生產，去年九月以來逐月上升，一九六八年第一季度出煤一百五十六萬六千噸，相當於一九六七年第一季度的生產水平。地方煤礦提前三天完成國家計劃，中央直屬煤礦的生產，四月份也比三月份增長百分之六。問題是有些重點企業，如包鋼、包頭一、二機械廠、包頭鋁廠等，由於煤炭和其他物質供應不足，生產還不能完全恢復正常。

農牧業生產。糧食徵購入庫工作，已超額完成了中央二十五億斤的任務，市場供應情況也比較好。春耕播種已全面展開，出勤率較高，已完成播種面積三千三百多萬畝，問題是旱象露頭，有些地方也比較嚴重，需要抓一抓。牧區去年獲得大豐收，並戰勝了雪災，預計今年牲畜可增百分之四、五，達到四千萬頭。綜上所述，內蒙地區文化大革命的每一個勝利，都是毛澤東思想的偉大勝利，都是毛主席革命路線的偉大勝利，都是在以毛主席為首、林付主席為付的無產階級司令部的直接領導和關懷下取得的。為了用毛澤東思想武裝廣大革命群眾，遵照毛主席的最新指示，先後舉辦了各種毛澤東思想學習班十五萬六千九百多期，參加學習的人數達五百多萬人。牧區過去很少宣傳毛澤東思想，現在也辦了一萬多期毛澤東思想學習班，有百分之七十以上的牧區人口參加了學習班。在農區寧城，杭後等旗縣有百分之九十以上的幹部群眾參加了學習班。學習班主要是從階級教育入手，樹立革命學風，突出一個「忠」字，狠抓一個用字，以鬥私批修為綱，促進人的思想革命化，都取得了較好的效果。同時，自治區革委會於今年三月，召開了活學活用毛澤東思想積極分子和先進集體代表會，交流了經驗，突出宣傳了寧城、杭後兩個先進地區，進一步推動了活學活用毛澤東思想的群眾運動。

第二、當前鬥爭中的幾個主要問題。

一、關於右傾翻案問題。

在內蒙地區烏蘭夫反黨叛國集團的翻案，自揪出烏蘭夫以來一直沒有停止過。第一次是去年的「二月逆流」；第二次是去年八九月間，烏蘭夫反黨叛國集團，利用我們搞大聯合、三結合、解放幹部的機會，利用社會上的極「左」思潮，跳出來為自己翻案；第三次就是今年挖烏蘭夫黑錢，肅烏蘭夫流毒的運動開展以來，敵人的翻案活動更加猖狂，中央揪出反革命兩面派楊、余、傅反黨集團後，這股右傾翻案妖風達到高峰。這一次翻案風與前兩次不同，前兩次敵人赤膊上陣，公開反撲，這一次主要是利用一些革命群眾組織的右傾和資產階級、小資產階級派性，並通過一些革命群眾組織刮起這股妖風的。例如，當我們不僅把主要矛盾指向走資派，而且要摧毀它的社會基礎，特別是從一些革命群眾組織中揪出壞人時，他們卻說：你們把矛頭指向群眾，打擊一大片，你們執行資產階級反動路線；當我們既嚴肅又熱情地指出某些革命群眾組織中存在著右傾保守思想時，他們卻說：你們打擊老造反派，老造反派受壓制了！當我們在新的條件下發動受蒙蔽、站錯隊的同志起來革命時，他們更是大叫大嚷；你們支持老保翻天。階級敵人製造混亂，挑撥關係，拼命地反對「二月逆流」，反對右傾翻案同我們這場挖烏蘭夫黑線、肅烏蘭夫流毒的運動對立起來，千方百計地否定這場偉大鬥爭的方向，以達動搖和破壞新生的革命委員會，動搖和破壞人民解放軍，以至動搖和破壞以毛主席為首、林副主席為副的無產階級司令部，復辟資本主義的罪惡目的。

為了反擊這股右傾翻案妖風，我們利用紀念中共中央關於處理內蒙問題的決定發佈一周年的機會，發表了革命委員會第二號通告，向敵人發起了全面總攻擊。同時，以一個月的時間，以學習班的形式召開了自治區常委擴大會議，學習了毛主席的最新指示和林副主席以及中央其他首長三月二十四日、二十七日的重要講話，分析了自治區當前階級鬥爭的形勢，展開了兩條路線鬥爭。目前，在內蒙這股翻案風基本上壓下去了。

我們認為，階級敵人的反撲、掙扎、翻案，是客觀存在的，是必然的，當然也是危險的。但是主要的危險是在革命越來越深入的情況下，我們隊伍中的右傾，特別是領導的右傾。根據前一段鬥爭實踐，主要是兩個問題，一是敵情觀念淡薄，看不到敵人，看不到階級鬥爭的新動向、新特點；一是由於造反派地位的變化，掌權以後容易出現驕傲自滿，固步自封，滿足現狀，不求進取，怕亂，怕犯錯誤的右傾保守思想。右傾，主要表現在一些領導和一些造反派頭頭身上。右傾的原因，除了造反派隊伍中有一些人十幾年以至幾十年來自己屁股上不乾淨，怕革命革到自己頭上外，主要是我們有一些領導和造反派頭頭，思想跟不上形勢發展的需要。這正如毛主席所指出的：「他們的思想不能隨變化了的情況而前進，在歷史上表現為右傾機會主義」。在現實鬥爭中也是這樣。

因此，在文化大革命即將取得全面勝利的大好形勢下，一方面要主動地、不停頓地向敵人進攻；另一方面要加強無產階級革命派的思想建設，這個問題現在已經很突出了。只有堅持不斷革命，主動向敵人進攻，揭露敵人的陰謀，揪出混進來的壞人，才能教育革命群眾，不斷克服右傾保守思想，才能鞏固和發展革命的大聯合和三結合；也只有加強無產階級革命派的思想建設，才能提高無產階級革命派的戰鬥力，才能更有力地打擊敵人，取得一個又一個勝利。

二、關於政策問題。

在處理內蒙問題中，政策上有三個問題：

一是民族政策問題。主要是要強調正確處理現有少數民族幹部的問題。要盡可能地保護和挽救一些可以挽救的民族幹部。這個問題影響很大。當前蒙族幹部倒下去的比較多些，這是烏蘭夫二十年來推行修正主義、民族分裂主義幹部政策的惡果。我們要嚴格地區別一般民族情緒和反動民族主義的界限，防止混淆兩類不同性質的矛盾。另一方面，要盡快地發現和培養一批出身貧苦牧民和造反派中的少數民族的優秀分子，大膽地把他們提拔起來，加以培養，讓他們在實際鬥爭中鍛煉提高。這個問題當前還注意不夠。

二是關於牧區劃階級問題。全區三百三十個牧業公社，已劃和開始劃階級的有二百零九個，占百分之六十三點三。從已掌握的情況看來，有些地區劃寬了一些，牧主階級多至百分之十到百分之三十。貧牧和不富裕牧民不足百分之七十。這個問題我們已經著手調查處理。

三是，在文化大革命中揭發出的黨團組織就有一百多種。有一些是反動的，有的尚未定性。這些黨團牽涉面很廣。如內蒙古人民革命青年團，成員有幾萬人。內蒙古人民革命黨黨員也有幾千人。這些人中有一部分已被揪鬥。現在繼續確定政策，嚴格加以區別對待。我們已經研究了一個政策界限問題的報告，已交給群眾廣泛討論，即將報中央審批。

三、關於整建黨的問題。

從一些試點單位看，大體有兩種情況，抓得比較早的單位，開始恢復黨的組織生活，抓得比較晚的單位，正在訓練整建黨的骨幹，開辦整建黨的學習班。已恢復黨的生活的旗縣以上機關，準備清除出黨和暫緩恢復黨的生活的人，大約都在百分之十以上。據中央建築工程部八局所屬的華建公司六個單位統計，六百六十名黨員中，準備清除和暫緩恢復組織生活的七十九人，占百分之十四點六。重工業廳占百分之二十四，有的可能高到百分之三十五，農村黨員清理對象一般在百分之十以下。我們認為組織處理放在整黨後較好，發展新黨員「九大」以前，也不宜過多。從試點的單位看，一些黨員對整黨建黨還很不理解，甚至有抵觸情緒。我們準備在挖黑線、肅流毒的基礎上，做好整黨建黨的準備工作，六月以後全面展開。

四、關於革命委員會的情況。

內蒙古自治區革命委員會成立以來，內部團結是最好的，核心小組思想也是一致的，是力爭緊跟毛主席的偉大戰略部署的。革委會老中少相結合，比較充分發揮革命小將的作用，力爭「使前輩人不脫離群眾，使青年人得到鍛煉」。但也還存在著領導發揮革委會機構作用不夠，機構不靈，新機構，舊作風等問題。內蒙自治區原黨委、人委兩大機構有六千多人，現在革委會只有三百餘人，但對於如何精減處理原機構人員尚無妥當辦法。

從九十三個旗縣革命委會的情況看，初步實行一元化領導，形成一個較好的領導班子的有五十六個，占百分之六十，領導班子比較弱，對階級鬥爭抓得不力的有十三個，占百分之十四，問題比較多的有二十四個，占百分之二十六。我們將根據毛主席最近發出的「革命委員會要實行一元化領導，打破重疊的行政機構，精兵減政，組織起來一個革命化的聯繫群眾的領導班子」的教導，對旗縣以上革命委員會分期分批地實行整頓。把各級革命委員會建設成為一個無限忠於毛主席、忠於毛澤東思想、忠於毛主席革命路線的、密切聯繫群眾的強有力的指揮部。

第三，關於內蒙軍區部隊編制和邊防建設問題。

內蒙軍區所屬兩個師（獨立二師、騎五師）、三個工區（五十三師、七工區、九工區）、二十一個團、五個獨立營，共八萬四千二百三十三人，其中施工部隊三萬五千零九十六人。原有邊防線總長四千零九十八公里，擬劃歸瀋陽軍區二千零四十一公里（中蘇段已劃給瀋陽軍區）擬劃歸蘭州軍區五百六十一公里，留屬內蒙軍區一千四百九十六公里。關於部隊編制和邊防建設有以下幾個問題需要解決：

一、內蒙軍區已由大軍區改為省軍區。為了加強邊防領導和適應未來作戰指揮，經北京軍區常委研究傾向於按兵團編制，但尚未確定，請中央、中央軍委指示，以便考慮內蒙軍區機關精減等事宜。

二、內蒙軍區四個直屬獨立步兵團，長期分散，缺乏領導，部隊建設受到很大影響，建議編為一個步兵師。此方案去年已報軍委，尚未正式批准。

騎兵五師五千餘人，五千餘匹馬，一個騎兵的給養等於七個步兵的給養，平時浪費很大。一個騎兵師作戰很難適應未來戰爭的要求。因此建議除留下四個獨立騎兵團外，騎兵五師改為步兵師或摩托化師。

三、邊防建設問題。內蒙邊防是敵人進攻的主要方向，地形平坦。過去內蒙所屬邊防是和平邊防，原有兵力和設施遠不能適應當前鬥爭。留屬內蒙邊防線總長一千四百九十六公里，共有總站、中心站（相當於團）四個，邊防站、檢查站（相當於連）十九個，一千三百二十八人。每個邊防站的兵力多至三十人少至十五人，而每個邊防站間的距離，卻有六十至一百二十公里，尚且有線通訊聯絡多未構通。根據林副主席關於加強北線建設的指示，建議內蒙邊防必須重點設置，擬增加四個總站，三十二個邊防站，五千二百四十二人。當否，請中央、中央軍委指示。

3.批轉政法委員會關於對「內人黨」進行登記的幾個具體問題意見的報告（1968.08.27）

158

内蒙古自治区革命委員会文件

内蒙革发〔68〕432号

最　高　指　示

人民靠我們去組織。中国的反动分子，靠我們組織起人民去把他打倒。凡是反动的东西，你不打，他就不倒。

批轉政法委員会关于对“内人党”进行登記的几个具体問題意見的报告

各盟市、旗县革命委員会：

自治区革命委員会同意政法委員会关于对“内人党”进行登记的几个具体问题意见的报告，现转发你們，望遵照办理。

内蒙古自治区革命委員会

一九六八年八月二十七日

176

处理意见和决定	登记人所在单位意见	年 月 日（盖章）
	登记机关的审核意见	年 月 日（盖章）
	批准机关的决定	年 月 日（盖章）
备		
注		

关于对"内人党"进行登記的几个具体問題意見的报告

内蒙古自治区革命委员会：

自治区革命委员会《关于对"内蒙古人民革命党"的处理意见》中规定，一九四七年"五·一"大会后，"内人党"及其变种组织都是反革命组织，其成员必须进行登记。这是当前我区"挖肃"斗争的重要内容，是彻底摧垮乌兰夫反党叛国集团，夺取无产阶级文化大革命全面胜利的重大措施。现就登记中的几个具体问题，提出如下意见：

一、登记对象。根据《关于对"内蒙古人民革命党"的处理意见》之（三）对不同时期"内人党"的处理意见的规定，凡属于其中第四项者均应进行登记。

"内人党"的变种组织，是指一九四七年"五·一"大会后，"内人党"从公开转入地下，由哈丰阿等一小撮民族反动派组织的，继续推行"内人党"的反动政治纲领，进行反党叛国、民族分裂罪恶活动的反革命组织。凡属此种组织，各盟市应将所调查整理的材料，上报自治区革委会审定。

二、登记方法。

①广泛向群众宣传自治区革委会《关于对"内蒙古人民革命党"的处理意见》，做到家喻户晓，人人皆知，结合革命大批判，彻底搞臭"内人党"，肃清其流毒（不出布告）。同时责令"内人党"分子到各级登记站登记，并由广大群众进行动员和督促。

②由旗县以上革委会召集机关学校、工厂、企业、街道、公社

178

革委会及革命群众组织负责人对登记工作进行具体部署。

③充分发挥党的政策的强大威力，向应该登记的分子，展开政治攻势。使他们明白党的政策历来是坦白从宽，抗拒从严，首恶必办，胁从不问，立功受奖。坦白登记，低头认罪是唯一出路；拒不登记，顽抗到底从严惩处。

④登记者要履行登记手续，填写登记表。（附发参考样式，由各盟市公安机关军管会统一制发）

三、登记后的处理。对登记的"内人党"分子经过登记机关的调查核实，并与登记者所在单位革命群众共同讨论，依照自治区革委会《关于对"内蒙古人民革命党"的处理意见》，提出具体处理意见，按原来干部管理权限逐级上报审批，并在登记者所属单位召开群众大会宣布。已经登记但正在进行批斗的"内人党"分子，如果还有其它问题，可以待批斗和查清其全部问题后一并处理。

四、登记机关。旗县以上公安机关军管会和军管小组为登记机关，并设立登记站进行具体工作。

五、登记限期。《关于对"内蒙古人民革命党"的处理意见》中规定，登记限期是以该文到达后一个月为止，现在考虑到登记工作需要一定的准备时间以及其它原因，建议登记限期向后推迟，但各地务必抓紧，最迟要在十月底完成登记工作。

各地登记工作进展情况，要及时逐级向上反映，登记工作结束后，由旗县以上革委会或公安机关军管会做出总结逐级上报。

以上意见请审查，如无不妥，望批转各地照此办理。

内蒙古自治区革命委员会政法委员会

一九六八年八月十九日

(7)

最 高 指 示

坚决、彻底、干淨、全部地粉碎帝国主义者及其走狗中国反动派的任何一项反对中国人民的阴謀計划。

民族斗爭，說到底，是一个阶級斗爭問題。

"內蒙古人民革命党"登記表

（参 考 样 式）

中国人民解放军××盟公安机关军管会制

72

姓名		曾用名		民族		像片
性别		家庭出身		本人成分		
出生年月日		文化程度				
原籍		现住址				
职业		何单位任何职				
是否参加中国共产党或共青团						

简历

113

反革命活动	
参加了何种"内人党"变种组织，任何职务，进行了那些活动。	

4.內蒙古自治區革命委員會核心小組辦公組挖肅鬥爭情況（1968.09.13）

N108 1/6

资 料 目 录

一九六八年九月十三日

挖肅鬥爭情況

遵照毛主席「千萬不要忘記階級鬥爭」的教導，今年一月自治區革委會二次全委擴大會作出了挖烏蘭夫黑線肅烏蘭夫流毒的決議以來，各級革委會先後多次狠反右傾，放手發動群眾，支持廣大革命群眾起來革命，同時，又制定了若干具體政策，使挖肅鬥爭向縱深發展。目前來看，挖肅鬥爭已取得巨大戰果，主要敵人基本上挖了出來。

一、挖肅鬥爭搞的好的和比較好的占多數。

據呼、昭、錫、烏、伊、巴等六個盟所屬八十個旗縣統計挖肅鬥爭搞的好的22個旗縣（呼盟的喜旗、海拉爾、鄂溫克旗、內蒙林管局；昭盟的赤峰敖汗旗、寧城、平莊；錫盟的蘭旗、東烏旗、太僕寺旗、二連；烏盟的豐鎮、前旗、涼城、托縣；伊盟的烏審旗、鄂旗；巴盟的杭錦後旗、額濟納旗、五原縣、林和縣），占百分之二十七點五，比較好的39個旗縣，占百分之四十八點七五，差的19個旗縣（呼盟的莫旗、布特哈旗、額左旗、鄂倫春旗、嶺南林管局；昭盟的右旗、左旗；錫盟的阿巴哈納爾旗、東蘇旗、西蘇旗；烏盟的四子王旗、固陽縣、清水河縣、土旗；伊盟的達拉特旗、準旗；巴盟的阿右旗、磴口縣、烏達市。），占百分之二十三點七五。據包頭市460個單位（參加運動的人數25萬）統計，挖得深，批得透，走得快的單位92個，占百分之二十，（人數9萬，占參加運動人數百分之三十六）；大會戰正處於高潮，群眾鬥志旺盛，敵人已分化瓦解的單位230個，占百分之五十，（人數十萬，占參加運動人數百分之四十）；領導右傾，鬥爭不力，兩派群眾對立，和一派掌權死捂階級鬥爭蓋子和壞人擋道的老大難單位92個，占百分之二十，（人數4萬，占參加運動人數百分之十六）；敵情複雜，陣線不清，運動一直處於死角的單位有45個，占百分之十，（參加人數2萬占參加運動人數的百分之八）。

二、全區文化大革命中揪出的壞人數字

全區共揪出壞人47,379人，其中：叛徒1,961人，特務5,527人，頑固不化走資派2,890人，烏蘭夫死黨分子586人，其他（包括：民族分裂主義分子，地、富、反、壞、右、壞頭頭等）36,415人（詳見附表）

另外，群眾從旗縣級以上革委會中揪出124人，其中：革委會主任15人，付主任34人，常委34人，委員41人（這些人是否壞人未最後定性）。

全区揪出坏人分类统计表

·2·

单位	揪出总数	叛徒	特务	顽固不化走资派	乌兰夫死党分子	其它
内蒙级机关、厂矿企事业单位	8,581	167	655	860	133	2,266
呼市	3,754	206	749	160	56	2,588
包头市	7,738	288	891	121	30	6,413
乌盟	6,218	271	672	274	284	4,717
巴盟	2,625	78	610	223		1,714
伊盟	2,301	75	191	282		1,753
呼盟	7,599	99	508	479		6,518
哲盟	2,557	126	198	352	13	1,868
昭盟	4,705	218	434	402	70	3,586
锡盟	6,301	443	619	287		5,002
合计	47,379	1,961	5,527	2,890	586	36,415

6万(?)

旗县级以上革委会成员中被揪数字统计表

·3·

地区	总数	主任	付主任	常委	委员
内蒙级机关、厂矿、企事业单位	13	1	5	7	
呼市	22	7	5	2	8
包头市	17	4	6	2	5
乌盟	54	2	14	14	24
巴盟					
伊盟	1			1	
呼盟	9	1	2	3	3
哲盟	1			1	
昭盟	4		1	2	1
锡盟	3		1	2	
合计	124	15	34	34	41

5.內蒙古革委會人保組組長公安機關軍管會主任任家驥同志十二月七日在政保三組傳達滕吳首長指示會議上的講話（記錄稿）（1968.12.07）

38-12-168　1-5　[illegible]　21

内蒙革委会人保组组长公安机关军管会主任
任家骥同志十二月七日在政保三组传达
滕吴首长指示会议上的讲话（记录稿）

内蒙自治区档案馆
"38-12-168"　1-5页

内蒙革委会人保组组长、公安机关军管会主任任家驹同志十二月七日在政保三组传达滕吴首长指示会议上的讲话。（记录稿）

昨天汇报实际没谈下去，当汇报到第二个问题时就打住了。

我们做了大量的工作，还是肯定的，最大的是敌人的司令部找到了，这里就包括三组的工作在内嘛。前一段主要是和敌人司令部打交道，但有一段工作杂乱无章，根本的就是对这个案子没有规律性的认识，对大量的材料没有理出条条。

首长插话，指示了什么呢？我的体会有三条：

第一条：必须要认识到这是和隐蔽的敌人作斗争，他们的活动是地下的，内人党不是执政党，我们是和地下敌人作斗争，是和在合法下的隐蔽的敌人作斗争，是和地下的、伪装的敌人作斗争，这是一个特点。因此，破案不要希望有完整的系统的组织手续这一套，什么左右有标语，正面有像，不要轻信这一套。

第二条：你们前段工作目标不集中，目的不明确，缺乏计

第 2 页

判。一段时间，一个战役，一场斗争，要解决什么不明确，是打的糊涂仗，有时是被敌人牵着鼻子走了。说叫敌人牵着鼻子走，就是跟着敌人的指挥棒，我们面对的敌人是老特务，是老奸巨猾的。二〇六案件是整个内人党的一个重要的案件，这是全局和局部的关系，是一个整体，活动有各种样式。

第三条：下一步怎么办？

1、你们要组织学习，掌握毛泽东思想去办案，我看要学习"实践论"、"矛盾论"，要想摸着规律，就要用毛主席说的"去粗取精，去伪存真，由此及彼，由表及里"的十六个字去分析，来制定你们的计划，陈子之依。二〇六案件，可以在呼市，可以在集宁，但究竟在哪？最大的可能性在那？我看乌盟对二〇六案件发信地点的分析比较客观，发信在集宁，开会就不一定在集宁，发信地和开会的地点的关系是什么？都要按照毛主席教导的十六个字去分析研究，排除假的，用其真的，

第 3 頁

找出来看的主要东西是什么。如果说前段思想不那么清楚的话，是不是没很好用毛泽东思想。

2、坐下来很好研究，制定全盘方案，有长期打算，也要有短的安排，现在最重要的是突破上层组织，大体上要有个数，木伦、巴图、特古斯、鲍荫扎布、客足字敦、陶克陶、特布信等按照前段大会战材料，特古斯突开了没有？研究了没有？乌盟报告是特布信写的，你们研究了没有。

司令部已找到了，下一步要你们能不能拿下来，你们现在的任务是组织力量拿下司令部，否则怎么去拿下王再天、哈丰阿？司令部的范围、人头都算够了嘛！重点就是那么十几个人，这些人中还有重点，要找出重点，体现毛主席抓主要矛盾的思想。线索很多嘛，民族工作会议，语文研究工作会议都要联系起来嘛，估计计划要体现毛泽东思想，你们要加强对特布信的审讯；审了没有？军队上鲍荫扎布，地方上是特古斯，特布信这些少壮派。

二〇六案件，信是谁起草的，谁发的，谁抄写的，时间、地点都要搞清楚。二次代表大会究竟开没有开，时间、地点，都谁参加了，揪住上层委员不就出来了嘛！

3. 战场指挥：

①根据破案的需要，向各地、各专案组提出要求，要什么问题向下也提出来，也是具体指导，又是专案与群众路线相结合。

②加强工作研究，熟悉情况，下边来材料要看，要分析研究，又不跟着跑，要按照我们的需要去做。坐下来很重要，研究问题，分析问题并不轻松，不坐下来怎么能得出自己的一定的看法呢？但是不要主观，又必须有自己的主见。看一个材料，提出一个问题，认定一个问题就是成绩。特别是掌握案情的同志。

③关于审讯工作，重点人审讯，要有专人负责，有分工，不摸情况的，不要去审讯，真假你不知道，怎么审呢？敌人会用真的试探，更会用假的试探，对于无关的人不要去谈。对于审讯对象，不许外人要

讲话

第 5 页

接触，归那里管，就是那里管，别人要提审，我们也要参加。审讯要按计划去审，一口一口吃，不要给他什么准备时间，他是敌人，不能用解决人民内部矛盾的办法，要有这个思想，说假的，要顶回，要训斥，审讯过程中，只是提问，不要下定义，我们要少讲，要他按我们需要去讲，要不准许他长篇大论，胡诌一顿通。不要认为好容易开口了，就让他讲吧！那不行！不能中敌人的计。有时连续审讯是必要的，不一定每次都多长时间，要我们打主动仗，进攻战，我需要什么，他就要给什么。

④重点突破。要加强内线审讯，不要先搞外围，网不要撒的那么大，要把力量放在内线人物的审查上；仗要一个一个地打，又要抓住他们的内在联系。

⑤注意抓物证、旁证。领导上对这一点很感兴趣，发现了有可疑依案证据的要抓到底，在不同地区不同单位不同的人交待大体一致的就可作为旁证，叫他写成材料，这是旁证。

⑥保密，

6.公安機關革委會政保三組對內人黨十個上層人頭專案突審情況小結意見（1969.01.13）

112　2½

38—12—168　　6—29

一九六九年元月十三日

公安机关革委会政保三组

《对内人党十个上层人头突审情况小结意见》

（草稿）

内蒙档案馆

“38-12-168”　6-29页

共24页

对内人党十个上层人员专案审情况的小结

意见（草稿）

（1968年12月14日—69年元月14日）

公安机关军管会

政保三组

1969年元月13日

第　　页

③

最高指示

清理階級隊伍，一是要抓紧，二是要注意政策。

※　※　※　※

对内人党十个上层人头专案突审情况的小结意見

在党的八屆十二中全会公报精神的巨大鼓舞下，在内蒙革委会的直接领导下，全区批判了以高錦明为代表的右倾机会主义路线，在内人党上层专案工作上，也狠反了右倾，並在学習公报和反右倾的基础上，各专案组普遍地从思想上组织上进行了整顿、充实，调整了专案力量，加強了领导。六八年十二月十四日，我们又召开了内人党十个上层人头专案组全体成员会議，傳达了滕、吴首长及内蒙核心小組领导十二月六日对内人党上層专案工作的指示，明确了方向，找到了重点，基本上统一了認識，统一了計划、统一了行动，至此，向内人党黑司令部发起了总攻击。从六八年十二月十四日到今天，整整一个月，在这短短的时间里，深挖内人党黑司令部的斗争，战果輝煌，成绩很大。不少专案对象相继打开了缺口，攻中了要害，斗争局面为之改观，极大地改变了专案对象对内人党中央现行活动、机构内幕拒不供認长期僵持的局面。通过这段工作，挖出了大量的

38-12-168

有关内人党数次重要会議。中央组织机构、人员发展、中央和各盟市的上下联系及叛国投修里通外国的四十三人委员会等一些重大罪恶活动情况，对这些问题，觀其全貌，初步较清楚地看出乌兰夫反党叛国的暗班子，内人党这个庞~~大的反革命组织~~从中央到地方的各级领导核心、组织机构、人员分工、会議活动、及其活动方式的状况和眉目，进一步揭开了内人党黑司令部的内幕。在这些方面，在内人党处于党魁地位的特古斯、核心骨干都固尔扎布、鲍荫扎布、徒力格尔（外囚）等均有程度不等的交待。有的专案组目前虽尚未突开，但也正在紧張地突审和战斗，并在某些方面也初見战果，从整个斗争情况看，形势是好的。以上这些成绩的取得最根本的一条就是各专案组在斗争中認真的坚持了活学活用毛主席著作，用毛泽东思想指导办案。通过学習毛主席著作，促进了专案隊伍的思想革命化，增強了信心，鼓足了干劲，提高了斗志，不怕疲劳，连续作战，如五分校徒力格尔专案组元旦不休息，连续突审。各专案组运用毛主席的政策々略思想对敌人展开強大的政治攻势，認真貫彻毛主席的最新指示，~~不言不語~~，效果显著，如特古斯、都固尔扎布等专案组在这方面都提供了很好的经验。其次，各单位领导重视，毛主席说："工人階級必須領导一切"，工人階級登上上层建筑斗、批、改的政治舞台，工宣隊、解放軍直接領导专案和亲自参加战斗，是专案成绩取得的一个十分重要的因素。再次，战斗在第一线的同志们斗志旺盛，决心大，干劲足，主攻方向明确，斗争方法得当，也是取得成績的重要原因。

总之，这段对内人党上层人头专案突审工作成绩是主要的，但也还存在一些问题，如：在如何继續深入、执行党的政策；斗争方法等方面都还有一定问题，目前各专案組正以毛主席思想为指南，总结上段工作，找出经验，吸取教訓，准备争取下一个战役的更大胜利。

对特古斯、都固尔扎布、鲍荫扎布、佳力格尔（外戏）、木伦五个专案对象口供的分析。

◎关于内人党中央领导机构问题：

根据特、鲍、佳、木五人分别不同地交待，内人党的上层机构設有中央主席、付主席、書記、付書記、秘書長、付秘書長、常委、执行委员会、中央委员会，中央机构涉及人员共65人（其中汉族3人，其余为蒙族人）五人的交待，对内人党上层机构尽管說法不一，但都交待出了上層領导机构，这些机构虽然不可能都是真的，但也不能都是假的，其中少有一种或两种是真的，因此，内人党存在一个黑司令部，中央领导机构是肯定的。从65人名單看，我们掌握的一些重要人头基本上被包括进去，而且其中多數是过去新老内人党的党魁和骨干。

一．在内人党中央职务分工方面的交待基本有三种情况。

交待中央設有[redacted]主席、付主席的，有徒一人交待。

交待中央設有書記、付書記的，有特、都、鲍三人交待；特、都二人交待哈丰阿为書記；特、都、鲍三人交待特古斯为付書記，其中都、鲍二人交待特木尔巴根也为付書記，另，鲍交待王再天为書記。从交待書記和付書記的情况看，有很大的吻合性，从而不难看出哈丰阿、特古斯、特木尔巴根在内人党上层领导机构里是处于领导地位的。

交待中央設有秘書长的，有特、都、徒、木四人交待，分别交待为特古斯、哈丰阿、王再天、戈仁布僧格，口供不一，出入很大，我们分析，其中有真的，秘書长一项是有的，但不可能有这样多的秘書长。[illegible]。

交待中央設付秘書长的，只有徒一人交待，交待戈仁布僧格、浩凡均为付秘書長。当只佳一人交待，但和特交待哎为秘書長有吻合之处，只是一正一付之差。

二、在内人党中央領导机构設置上也有三种情况：

交待中央設有常委的，就鲍一人交待，常委11人，尽管从机构名称上（叫常委）就鲍一人交待，但从人选上，鲍交待的常委名单和特、都、木三人一致交待的9名执委名单除一人外，其余全部吻合，这吻合的8人是：哈丰阿、特古斯、朋斯克、木伦、巴图、鲍荫扎布、特木尔巴根、哎仁布僧格；由此可見，鲍交待的常委很可能就是别人交待的执委。

交待中央設有执行委员会的，五人中有特、都、佳、木四人均有交待，在人选上，都、木均交待为11人，特交待为9人，佳交待为23人，其中：特、都、佳、木四人交待一致的有哈丰阿、特古斯、朋斯克、木伦、鲍荫扎布五人。特、都、木三人交待一致的有哈、特、朋、木、鲍、巴图、特木尔巴根、都固尔扎布、哎仁布僧格等九人。

内人党上层有个组织机构这一点是肯定的，现在，五个人口供就有四个人交待有执行委员会，这是交待组织机构中最吻合的，再加上各方面因素的分析，我们倾向的看法内人党的上层机构是内人党中央执行委员会，从人选上，哈丰阿、朋斯克、特古斯、木伦、鲍荫扎布这五个人过去在内人党处于党魁地位，現在又有四人一致交待該五人是中央执行委员，因此这几个人处于领导地位。从执委的数量看，其中都、木均交待为11人，鲍交待的常委也为11人，三者交待吻合，因此，我们認为内人党中央机构的人数不可能是大量的，如有的交待七一八十人，但也不是几个人。

另外，徒交待23个中央执委里，有很大一部分是乌兰夫明班子黑代常委的成员，如潮洛濛、布赫、厚和、云世英、云北峰、和兴革、李贵、陈炳宇等，而且在五个人里，就徒一人这样交待，因此，徒的口供很值得研究，究竟是什么问题？是明暗结合？还是以明混暗？需要进一步探討。

交待内人党有中央委员会的，有都、徒、鲍三人交待。其中都、徒的交待既有中委，又有执委。三人交待中委共涉及人头65人，其中三人交待一致的有15人即：哈、特、朋、特木尔巴根、巴、木、鲍、义、都、戈、王海山、高万宝扎布、巴图巴根、赫尔格勒、乌力吉那仁。交待比較集中的还有王再天、旺丹、李淇范、额尔敦陶克陶、宝音巴彦尔、泰音巴图、乌力吉敖其尔等7人，加上15人共22人。从交待出的65人中央名单中，交待比較集中的

22人，十分集中的15人，这些比较集中的人头中其中9人和执委名单相吻合，这九人是：哈、特、朋、木、鲍、巴、都、戬、特木尔巴根。此外，六盟（除昭盟外）二市，北京市内人党的重要骨干分子，如文万宝扎布、巴图巴根、暴音巴图、捷尔格勒、旺丹、乌力吉那仁、富青巴彦尔、李洪范等均在内人党中央委员名单之内。以上这些中央委员除哈丰阿、特木尔巴根、朋斯克、都固尔扎布，外其余全是哈丰阿内人党的老班底，少壮派。

由以上材料可看出，执委名单都在中央名单内，由此可见执委是领导核心，处于指挥机构，中委是个全面性的上层机构，各委员分兵把口。

三、中央下设各部的问题。五人分别不尽地交待出八部一室，即：宣传部、组织部、军事部、联络部、青妇部、农牧部、工业部、政治部和办公室。其中，都、鲍、德三人交待一致的有宣传、组织、联络、青妇、军事五个部。农牧、工业、政治、办公各部室，分别只有一人交待。

从各部的人选看，都、鲍、德三人交待特古斯为宣传部长（或董）；特、鲍二人交待察哈尔敖门陶克陶为组织部长，都、鲍二人交待义达戌为付部长，交待哈仍布僧格为联络部长；鲍、德二人交待德力格尔（文协）为联络部长或付部长，口供接近；特、都二人交待鲍为军事部长，鲍也自供自己是军事付部长。但是在部长人选上也有不一致的地方，如：特交待木是宣传部长，木自供是组织部长，鲍交待木是青妇部长。再如巴图，特交待巴是联络部长，鲍交待巴是军事部长，都交待巴是青妇部长，木交待巴是办公室负责人。又如青妇部一项，都交待巴为部长，德交待荔云、色玉倩为部长，鲍交待木为部长。

从以上情况看，内人党不但有中央领导机构，而且也有下设的办事机构，尽管在机构名称和各部人选上交待不一，有不少矛盾，但都一致交待有部存在。交待比较集中的有宣传、组织、联络、军事四部。在部的人选上，有的也较集中，如有三人一致交待特为宣传部长，鲍为军事部长。即便没有正式建立各部和完全明确部长、付部长的职务，但是，抓这几方面的工作，肯定是有分工安排的。如察克、木抓组织，特抓宣传，巴、鲍抓军队，[illegible]、德抓联络等，可能性较因为内人党的分工一般是：1.利用合法的职务身份，如特古斯是内蒙党委宣传部付部长，德力格尔在文化口，鲍在军队。2.根据这些人在历史上在内人党的地位和现行活动中所起的作用，3.根据每个人的特点。如四国交待：宝音木适合于搞组织工作。

四、厅局设内人党党委的，有鲍、木二人的交待，设内人党总支的有特、都二人的交待，设内人党支部的有特、都、木三人的交待。

盟市，除木外，四人分别交待设工作委员会，执委会，党委会，性质相同，名称不一。

旗县，都、特、德三人分别交待设支部或执委会。

厅局、盟市、旗县的内人党组织，尽管目前交待不一，但内人党在各级是有其代理人的，从上到下有相应的地方和基础组织。

五、内人党上层组织机构的产生时间：

中央委员会的产生，都交待是1961年11月，鲍交待是61年冬或62年9-10月，前在哈会，后在承德。而德交待是63年夏产生。

中央执行委员会的产生：特交待是62年1月，木交待是62年夏天，年度一样，月份不一。都交待是61年11月和中央委员会同时产生。德交待是63年夏和中央委员会同时产生。四个人交待三个时间，即61年、62年、63年，尽管有出入，但这些年里有活动是肯定无疑的。尽管交待机构产生最早的是61年，但并不意味着61年前内人党没有活动，而是在活动中，根据需要建立了内人党的上层组织机构。

关于内人党上层重要会议问题、

一、重要会议活动的概况。

据特、郝、鲍、德、木五人的口供，分别交待出内人党上层集团从59年至64年期间，开过大小型会议累计17次（注：从交待情况看，最多的交待五次，最少的交待二次，因口供互不对口，故摆出17个会议情况）其中大型会议13次，小型会议4次。在59年至64年这个期间：特交待4次，即59年夏、62年1月、3月、63年4月各一次；郝交待4次，即61年11月、62年3月、63年3月、64年内蒙人代会期间各一次；鲍交待5次，即61年冬（或62年9-10月）一次、63年2-3月一次、61年春节和夏天开过三次；德交待2次，即60年初一次，63年夏一次。木交待三次：62夏、63.3各一次。从交待的情况看，61、62、63三年开会的次数最为集中，61年开5次，62年开4次，63年开5次。

二、内人党第一次代表大会。

郝、鲍二人的交待虽有出入，但有很大的吻合性：

1.会议的性质吻合，都一致交待叫内人党第一次代表大会。

2.开会的时间接近，郝供是61年11月，鲍供61年冬（或62年9-10月）

3.会议的内容基本上吻合，二人一致供出这次会上产生了内人党中央委员会，在人选上，鲍交待21名，郝交待17名，其中15名二人交待一致，这15人是哈、特、朋、木、义、巴、鲍、郝、成、特格巴根、王海山、乌力吉那仁、特尔格勒、宝石扎布、巴图巴根。二人一致交待会上通过了内人党的党纲党章。

但也有不吻合的地方。如会议地点，勉交待在呼市宾馆的二楼会议室，而都未作此交待。又如勉交待会上通过了给蒙古的信，而都的交待没讲通过信的问题。

三、内人党第二次代表大会：

都、勉交待，一致的地方有：

1. 会议的性质基本吻合，都交待叫内人党第二次代表会议，勉交待叫内人党第二次代表大会。

2. 会议的组织形式都是利用中共内蒙第三届党代会作掩护。

3. 会议的内容有吻合的地方，一致交待哈丰阿在会上作了形势报告。

4. 会议的时间基本吻合，都是在63年3月开的。

不吻合之处，会议地点：都交待在大白楼西楼会议室，勉交待是在呼和宾馆二层会议室。但[illegible]作掩护使用。参加人数，都交待20人，勉交待34人，其中只有13人吻合。

另，本位交待，在内蒙第三届党代会期间，召开了内人党中央执委扩大会议。

四、对内人党会议活动几种情况的分析：

1. 会议名称。从交待出来的17个会议的名称看，主人共交待为13种名称：有三人小组会议、代表会议、第一次代表大会、第一次代表大会的筹备会、内人党临时会议、贯彻内人党64年1月会议精神的会议、内人党中央执委会议、内人党第一次正式会议、中央会议、中央执委扩大会议、中委扩大会议、内人党第二次代表大会、第三次代表大会。

内人党开过会看来是无疑的，但这样多的名称是不可能的。从目前占有的材料看，对代表会议和中央执委会议的交待比较集中，可能性比较大。

2、会议地点。五人交待累计一起的17次会议，开会地点就有9处，即：水电宾馆山二楼会议室，侨委会议室，小白楼西会议室，师院校部二层会议室，人委主楼206会议室，侨委哈丰阿办公室，哈丰阿家，特古斯家。小型会议一般在特古斯家，大型会议一般在宾馆、小白楼、师院，这是容易符合他们地下活动的特点。但是由于这9个地点是五人交待的累计数字，而交待最多的是5次会议，因之，不可能在这9处都开过会。

3、会议时间。内人党的组织机构的形成、演变，从时间上看是符合发展过程的。59年是小组活动；61年筹备召开内人党第一次代表大会；62—63年主要是内人党的中央会议、执委会议的召开、活动时期。63年还召开了内人党第一次代表大会。64年内人党的各种会议次数大幅度下降，经过分析，这是和四清开始，内人党减少了活动，组织逐步分化开的。

4、会议主持人。五个人的交待，每次会议的主持人不外乎是哈丰阿、特古斯、朋斯克三人。由此不难看出，哈、特、朋三人在内人党内是主持党务和处于领导地位的。

在会议的名称、地点、时间、主持人上，虽然从目前的口供中还没有发现一次会议完全对上口、交待一致，所以交待出的17个会议情况不可能都是真的，但也不能说完全是假的。之所以出现这种交待不一至有出入的错综复杂的局面，恰恰暴露了这伙坏家伙们是中所惯用的真真假假、假假真真的欺骗手法，因此，对这伙所交待的会议活动情况必须进行反复认真的分析研究，通过进一步突破，搞清这方面的问题。

我们对内人党黑司令部总的看法：

从目前一些重点对象交待情况看，尽管口供不一，名称多种，会議活动也对不上口，五花八门，但是，从多人头交待一致的方面，结合全区深挖内人党情况进行分析后，我们认为：内人党地下黑司令部的存在是肯定的，内人党有现行活动这也是无疑的。

对内人党上层领导机构虽有多种供詞，但我们比较倾向是中央执行委员会，其核心领导人物是哈丰阿、特古斯、特木尔巴根。根据：1.从多人头的口供中比较集中的交待是中央执行委员会，哈和二特是领导。2 历史上的新内人党的上层组织形式就是中央执行委员会，原来的新内人党没宣布解散，原来的执委（哈·特·特·义·木·纪·阿思根）也没宣布辞职，现在的内人党核心领导除原新内人党执委外，又充实了一批内人党的少壮派，也是当时内人党的骨干，如巴·鲍·王海山·赵万宝、巴图巴根·捷尔格勒、李洪范、徒力格尔等，因此运用原来的组织形式即中央执行委员会的可能性非常大。3.内人党以中央执行委员会对内行使职权，以中央委员会对外（指外蒙）进行联系，这符合地下党秘密活动的特点。在人选范围上，尽管目前还不能肯定中央级骨干成员是三十、四十或六十，但其中十五人即：哈、特、朋、特木尔巴根、木、巴、鲍、义、都、哎、王海山、赵万宝、巴图巴根、捷尔格勒、乌力吉那仁是中央成员，是看得比较明显的，此外象王再天、旺丹、李洪范、额尔敦陶克陶、宝音巴彦尔、暴彦巴图、乌力吉敖其尔、徒力格尔（外办）等人，并不象上述十五人那样集中，但在中央这个范围内问题不大（是中央成员）。内人党的组织从呼和到各盟市，从中央到地方都贯穿着内人党这条黑线，各级都有一套内人党的领导班子，内人党有一定的基层势力，从而形成一个有组织有纲领有计划的一个庞大的反革命组织。

从内人党的活动情况看，47年五一大会后内人党并未宣布解散，也没停止活动，而是有计划的转入地下，大多数重要成员、核心骨干纷纷混入中国共产党内部，窃据要职，分布在各个方面，从而具备了（创造）打着红旗反红旗进行秘密活动的方便条件，其方式是以地上掩护地下，以公开掩护秘密，以合法掩护非法，以明的掩护暗的，领导核心左右串通，组织系统上下联系，多年来一直没有间断地进行活动。从时间看，47年5月1日至49年内人党转入地下作应变布署；49年至57年，积蓄力量占领阵地，保持联系，待机行动；57年至59年内人党的重要成员云集呼和，频繁接触，小型串连，筹划酝酿恢复或（重）建立内人党中央领导班子。59年至64年内人党中央领导班子形成，建立或进一步健全各级内人党的领导班子也大致如此的相继健全（主要指中央、盟市旗县）积极开展内外勾合併的活动，大造舆论，召开会议，发展组织吸收党徒，人员也有较固定的分工。特别是国家暂时困难时期和中苏论战开始右，即61、62、63年内人党感到形势对其有利，活动更为嚣张达到高峰，适应乌兰夫反党叛国的需要，全面地进行篡党、篡政、篡军的罪恶活动。有的交待[redacted]61年63年分别开过内人党的第一次第二次代表大会，又与206反动信件中声称的两次会议时间上相吻合，但目前还没一个交待这些人直接参予作案。

内人党的活动以呼和为中心，波及全区，从目前看，主要活动点均集中在語委、党委宣传部、宾館、哈丰阿家、特古斯家、師院、内大几个地方或机构，分别被交待在語委、党委宣传部，虽说法不一，也不吻合，但就分散这一点这是符合地下活动特点的，即使这些地点不可能都是他们的活动地点，但其中肯定有内人党的活动点，因为：1.该单位有雄厚的内人党势力。2 内人党某一两个头目是该单位的实权派，便于掩护。3 有合法的掩护形式和进行活动的有利条件与机会。一些口供说明哈丰阿、特古斯是主持内人党工务，而其他骨干成员在各厅局、各盟市、各分区分兵把口。

鲍荫扎布是軍隊干部，从工作上和地方没有什么联系，因此，鲍和地方的特古斯、木伦、佳木格不古来往频繁是不正常的，也說明他们之间是有内人党的组织联系和活动的。

乌兰夫和内人党的关系：虽然已有一些人交待乌兰夫是内人党的中央主席，而且也有活动，乌兰夫在内人党处于什么地位，有什么活动，与内人党什么关系，这些都在今后专案工作中是不能忽视的一个重要问题，就目前我们掌握的材料看（五个人头的交待就一人交待乌兰夫是主席，而且还是听说的）还没有更多的材料肯定乌兰夫就是内人党的主席。然而大量的材料証明乌兰夫对内人党进行包庇、纵容、卵翼、利用，这一点是肯定无疑的。

王再天和内人党的关系：有的交待是書記，有的交待是秘書长，也有的交待王再天是内人党的黑后台，对后者这一点，我们的看法是倾向肯定，事实上47年五一大会后 哈丰阿的声誉没有王再天高，而王再天也就乘机将内人党的少壮派特别是东部的势力网罗在自己的棒下，从敌人的狡猾和反革命策略的需要，王再天有可能不亲自出面，而是幕后指挥，这样进可以攻，退可以守，便于他们进行叛国投修活动。如特古斯交待：60年12月王再天指示特恢复内人党，但又説："你们搞，我不过问"。鲍荫扎布交待："特古斯把列有王再天是内人党書記的中央名单交王再天看后，王説："你们的人选很全面，我同意，我支持你们，但我不出面"。

暗班子和明班子的关系：我们掌握的十个人头之外的人头如哈仉布僧格、阿木古朗、乌力图、和兴华、厚和等人均支持乌兰夫的明、暗两套班子的成员都是内人党的核心领导和重要骨干，既然是多人头的支持所以对此情况不能忽视，但我们的倾向看法是：乌兰夫为了搞反党叛国的需要，是有明、暗两套交替使用，而且二者之间肯定也不是绝然分开的，但是否明暗搅在一起，从目前我们手头占有的情况看，还没有充分的材料说明这一问题，有待今后深挖内人党的工作解决这一问题。

以上分析和看法是粗浅的，由于手头占有材料有限，因此提出的看法一定有很大的局限性，提出来仅供参考，共同探讨、研究。

存在问题及今后意見：

总结上段工作，领导是重视的，同志们是辛苦的，而且战果煇煌，成绩很大。有的专案组也摸索了不少好的經驗，好的做法，对進一步推动专案工作将会起很大作用，这是主要的一面。但是，也要看到在整个工作中也存在一些问题，需要提出和同志们一起研究解决，有些问题可能看的不太准，但是还是把它提出来，这些问题主要是：

1. 目前十几个内人党上层人头专案工作发展不够平衡，虽然一批专案对象已被突开，打开了缺口，但是也还有一批专案对象至今尚封口不供或没突开，如额尔敦陶克陶、特木尔巴根、巴图、义达嘎苏，也有极个别的专案组，对突审内人党上层问题至今尚未行动起来。

2. 当前内人党上层人头专案工作中突出存在的问题是在已突开基础上如何继续深入下去的问题，影响继续深入下去的关键问题是心中没有底数，内人党中央组织机構和组织活动到底是个什么样子的，基本情况，目前掌握的物証材料不多，因此对敌人所交待口供，究竟那些是真的，那些是假的，心中没底，真假难辨。由于心里没底所以对敌人的口供不敢轻易表态，对手头占有些材料也不敢大胆使用，怕打错了让敌人摸了底，反而起负作用，特别是当敌人全部翻供或封口不供时，由于心里没底就更感到没有办法。所以对下一步如何突，突那些下不了决心，因而对斗争的深入有着一定影响。

3．从上段工作看，有突审和调查研究脱节的现象，整天埋头突审，连续作战，很少对敌人口供中提出的线索做系统的分析和必要的调查研究，即便跑一跑也多半是看其他人头是怎样交待的，有从口供到口供，单纯对口供的问题存在，调查研究分析核实工作跟不上去，加之这些口供又交待不一，互不吻合，这将造成围绕口供转来转去。

4．在执行政策方面，从总的方面看，一般执行政策问题还是好的，但是也有的专案组由于有急于求成的急躁情绪，而敌人又顽固不供，因而出现变相的武斗及套供诱供的现象，出现夹生饭，给专案工作特别是分析情况带来困难。

5．有的专案组缺乏统一领导、统一指挥、人员力量不够稳固固定，参战人员忽增忽减，时有变化违反专案专办的原则，今天你来插一杠子，明天他来伸一拳头，有的人头一旦突开，有关专案组蜂拥而至，急于核实各自的问题，这样一方面冲淡了主攻方向，另方面使敌人摸了底钻了空子，给工作带来十分被动的局面，如木伦被突开后，院内有关专案组纷纷找木伦核实问题，使敌人摸了底，木伦嚣张地说："你们深挖内人党有假象"。最后全部推翻口供。

6. 最近一些人被先后突开之后较普遍地出现口供反复翻案翻供，拒不交待[redacted]甚至公开抗拒的情况。如特古斯在反扑时说："你们总说内人党的组织，有中央，有地方，但我一直没见你们摆出証据来"。在这方面我们必须看到敌人既没有彻底交待问题的准备，同时以此进行正面摸底贯彻斗争的始终，而对这方面问题研究的很不够，所以在反翻供措施上不[redacted]时跟[redacted]上去。

7. 从我们办案人员的活思想看，有的当在突不开时，就产生急躁情绪，当突开后，又盲目乐观，缺乏对口供的冷静分析和必要的调查，敌人翻案翻供时，则容易发生动摇，敌人封口不供时，容易产生畏难情绪，长期不供则易产生厌战心理。当深入不下去时，又感到缺乏办法，犹疑不决。

今后意見：

1.首要的、根本的一条就是用毛泽东思想掛帥。用毛泽东思想促进我们专案隊伍的思想革命化，提高我们的战斗力，用毛泽东思想办案，特别是要按照毛主席最近关於"清理階級隊伍，一是要抓紧，二是要注意政策"的教导去安排工作，要充分認識当前的大好形势，抓住战机，乘胜追击，絲毫不許松懈战斗意志，发揚毛主席历来教导的"不怕疲劳、連續作战"的战斗作風。同时，要注意政策，特别是要不折不扣地坚决执行毛主席有关政策的最新指示，凡是违反毛主席政策的歪门邪道的做法一律不要，一律反对。严禁逼、供信和誘供、套供，否則将給我们专案工作帶来严重的后遺症。

2.重点要突出。继续突审内人党黑司令部仍是当前的主攻方向，在内人党的中央組织机構和組织活动问题上，已经突开的要想办法继续深入，尚未突开的要想尽一切办法打开缺口，对出現翻案的情况要坚定信心，防止右傾松劲、动摇，要进行反翻供的斗爭，对问题一定要打出个水落石出。鑑于上段内人党中央上层的組织活动，书口供出入较大，交待不一，因此，下一步要着重抓一下内人党中央重要集会、发展人员或组织活动的突审。

3.突审和调查研究要有机结合，要重证据不要轻信口供，在继续深入突审的同时，对口供中所提到的一些重要线索要组织一定力量进行查証核实，以进一步掌握材料，对深入开展审讯创造条件。（举例：如敌人交待内人党借助某个公开的会议开了黑会，就要把这个公开会議的开会时间、地点、参加人头调查清楚，做到心中有数）同时每个专案组要注意收集証据，一个纸条，一句話都不要放过。

4.边战斗、边总结，要不断地提高斗争水平。要做到战前有准备，战后有总结，每次突审，要打什么问题，怎样打都要明确，要统一思想。突审一段后要坐下来学習总結，运用主席的战略战术思想，要很好的認真研究分析：①.要把有关人员的口供及我们調查的材料加在一起，深入分析研究其内在联系吻合之处，找出矛盾，誤辨真伪。②.斗争方法要灵活得当，要打政策攻心，要揭露矛盾，要善于攻心斗智，尽量避免硬碰硬，顶来顶去的僵持局面，挖问题要由浅入深，发現缺口要抓住不放，对整个问题一口一口地吃，不要急于求成。③.要随时随地掌握敌人的思想动态，分析敌人的特点及其对付我们的办法，从这階就接触的一些敌人看其特点一般的是：不供—交待—反复—翻供—反扑—封口死守。所交待口供有真有假，但不可能全部是假，因此要局部推翻倒很值得研究探讨，如果全部推翻，推个一干二净，没有丝毫问题，这不仅不能说明其没有问题，相反正好暴露了敌人的弱点，从目前所掌握的情况看，敌人的口供不是一套完整的假口供，里边有假的，但也肯定有真的。翻供本身也意味着敌人交待问题时并没把问题全部拿出来，同时为了翻案而必然交待些假的，如我们把敌人活动周期的最后一环即封口死守阶段突开，那突审将有更大的深入和进展，会向前迈进一步。

总之，敌人反复，我们要反反复，翻案要反翻案，顶撞要狠打态度，敌人时软时硬，反复无常，我们要针锋相对，软硬兼施以战而胜之。

5．对上层人头专案要统一领导、统一指挥，固定人员，专案专办，要组织专门班子进行工作，人员不要经常变动，不要乱插横子，整个作战布署要局部要服全局。

6．对内人党上层的专案工作是一项十分重要的任务，因此专案队伍在政治上一定要绝对的纯洁、可靠，并注意质量，对于不适合于此项工作的要注意调整。

7、三组会后，要进一步加强和各专案组的联系，加强对材料的汇总和口供的分析研究，要配合各专案组做好当前的突审工作。

7.內蒙公安廳政保三組向核心小組滕、吳、權、李樹德、李德臣報送《突審都固爾扎布新內人黨問題的經驗》（1969.01.21）

N114

214

38-12-168　66-83

一九六九年一月廿一日

内蒙公安厅政保三组向核心小组滕、吴、权、李树德、李德臣报送《突审都固尔扎布新内人党问题的经验》

内蒙古自治区档案馆
"38-12-168"　66-83页
共18页

內蒙古自治區公安廳發文稿紙

9

簽發：

打印壹份

丁振声 元.20日、已[illegible] [illegible]

核稿：

全宗号	目录号	案卷号
38	12	168

主辦單位和撰稿人：政保三組专案組拟稿，

事由：突审郭尔扎布新内人党问题的经验。

報送機關：核心小组滕、吴、权、高树华、高锦明。

抄送機關：人保组、群专会任、刘、陈、二办[illegible]、[illegible]、[illegible]专案办公室，有关专案组，存，共100份。

附件：

翻譯者：　　打字：　　校對：

發文　　字第 32 號 一九六九 年 1 月 21 日封發

66

最 高 指 示

清理阶级队伍，一是要抓紧，二是要注意政策。

※ ※ ※

这分"突审都固尔扎布新'内人党'问题的经验"是内蒙毛泽东思想大学校三分校二连都固尔扎布专案组在元月十四日"深挖内人党黑司令部专案工作经验座谈会"上的发言。我们认为，在当前深挖内人党的斗争中，他们在用战无不胜的毛泽东思想统帅专案工作、贯彻党的政策方面提供了很好的经验。现予印发，供同志们在对敌斗争中参考。並望各单位、各专案组注意总结经验，及时上报。

註：此材料请勿翻印

内蒙古自治区公安机关军管会

中国人民解放军内蒙古自治区公安机关军事管制委员会

一九六九年一月二十八日

发：人保组，军管会任、刘、陈，二办李双全同志，
总校，军区专案办公室，有关专案组。
报：核心小组滕、吴、权、李树德、李德臣同志。

最高指示

敵人是不會自行消滅的。無論是中國的反動派，還是美國帝國主義在中國的侵略勢力，都不會自行退出歷史舞臺。

突審都固爾扎布新「內人黨」問題的經驗

在偉大的戰無不勝的毛澤東思想指引下，由於內蒙直屬機關毛澤東思想大學校第三分校二連正確領導，經過我們專案組全體同志的刻苦努力，終於用七天的時間，把這個歷史上曾充當過日本大特務、老「內人黨」黨魁都固爾扎布的新「內人黨」問題突破了。他初步地交待了新「內人黨」中央委員和組織狀況，也交待了新「內人黨」在各盟市及原內蒙直屬機關各大口負責人和組織，以及新「內人黨」中央一些大的罪惡活動。這是毛澤東思想的偉大勝利。讓我們滿懷深厚地無產階級感情，衷心祝願偉大領袖毛主席萬壽無疆！萬壽無疆！萬壽無疆！！！

1、用毛澤東思想武裝戰鬥員的頭腦，認真總結失敗教訓。

毛主席教導我們：「你對於那個問題不能解決嗎？那麼，你就去調查那個問題的現狀和它的歷史吧！你完完全全調查明白了，你對那個問題就有解決的辦法了。一切結論產生於調查情況的末尾，而不是在它的先頭⋯⋯」。根據毛主席的教導，我們從68年5月分開始對都固爾扎布新「內人黨」問題進行了多方面的調查了解。我們掌握了他不少搞新「內人黨」罪惡活動的線索。由於受高錦明右傾機會主義路線的影響，使這項工作停止了二個多月。黨的八屆十二中全會精神傳達後，在批判高錦明右傾機會主義路線的高潮中，廣大革命群眾進一步提高了階級鬥爭和兩條路線鬥爭的覺悟。同志們一致認為，想要揭開本單位新「內人黨」的蓋子，必須先把「內人黨」魁都固爾扎布攻下來，在這樣的情況下我們事先沒有做好充分的準備工作，只是單純地採用了我們過去攻打都古爾扎布歷史問題的辦法（主要用實彈），想把他新「內人黨」問題突開。在突審中沒有耐心地給敵人交代黨的政策，更缺乏靈活的有針對性地應用毛澤東思想攻心鬥智。只是強調必須老實交代，不交代就用實彈打，不承認就說他死路一條，造成了「頂牛」現象。這樣的拉鋸戰搞了幾天沒有一點進展，敵人的囂張氣焰沒有打下去，結果是，敵人鐵了心，我們沒信心。

突審造成以上局面怎麼辦？有的人主張繼續突審下去，實在不行，就分班連續作戰。有的人認為再不能這樣繼續突審下去，急需重新研究戰略戰術。通過充分討論研究，接受了後一種意見，我們就停止了突審，帶著這樣一個問題，集中學習毛主席有關著作，用毛澤東思想總結檢查前一段突審不能攻勝的癥結所在。

我們學習了毛主席關於「優勢而準備，不是真正的優勢，也沒有主動。懂得這一點劣勢而有準備之軍，常可對敵人舉行不意的攻勢，把優勢者打敗。」的指示後，深刻地認識到我們有輕敵思想，認為我們過去用實彈攻下了都固日扎布的日特、蘇蒙修特務和老「內人黨」問題。我們一直是優勢，也主動，而敵一直是劣勢而被動，這次同樣可以用實彈攻下他新「內人黨」問題。而沒有充分地估計到「內人黨」是有組織、有綱領、有計劃和有組織紀律，並實行單線聯繫的反革命組織。敵人的防禦是比較充分的，而我們掌握的實彈把握性又不大，放出後，敵人不承認，而我們自己也懷疑實彈的真實性，因而產生了動搖，結果我們的優勢變為劣勢，主動變為被動，而敵人把劣勢變為優勢，被動變為主動。

毛主席關於《中國革命戰爭的戰略問題》中說：「攻擊點選在敵人陣地的某一翼，而那正是敵人的薄弱部，突擊因而成功，這叫做主觀和客觀相符合，也就是指揮員的偵查、判斷和決心和敵人及其配置的實在情形相符合。如果攻擊點選在另一翼，或中央，結果正碰在敵人的釘子上，攻不進去，這叫做不相符合。」我們學習了毛主席這些指示，感到我們把攻擊點正好選到敵人的釘子上，攻不進去，這叫做不相符合。我們學習了毛主席這些指示，感到我們把攻擊點正好選到敵人的釘子上，因為都固爾扎布在文化大革命初期就畏罪自殺兩次（未遂），他認為不管是日特、蘇蒙修特務，老「內人黨」等問題；哪一項都夠打倒的，而對這些問題，在運動中他一直又處於被動地位，因此，總是感到自己沒有出路了，就是現在主動交代也因自己罪惡多而嚴重，同樣是沒有出路，所以他感到交代與不交代都是一回事，也許不交代能夠滑過去。我們也沒有按照毛主席關於「不給出路的政策，不是無產階級的政策」，去從有出路方面引導，而往往在鬥爭過程中強調死路一條。這樣進一步促使敵人鐵了心。

總之，我們失敗的根本原因是沒有按照毛主席指示去做，脫離了黨的政策。

在這個關鍵時刻（六八年十二月十四日）內蒙公安機關軍管會政保三組召開了深挖「內人黨」黑司令部動員會，會上我們全組同志聽取了三組負責人和軍代表傳達的滕司令員等內蒙革委會核心小組同志關於深挖「內人黨」黑司令部的重要指示。特別是聽到「這是全內蒙古的大案，也是全國的大案，現在『內人黨』黑司令部已被我們包圍了，就得我們去個個突破」的指示後，我們進一步明確了鬥爭目標，信心更足了，決心更大了。在這個基礎上，我們根據毛主席關於「在戰略上我們要蔑視一切敵人，在戰術上我們要重視一切敵人。」的教導，重新部署了突審都固爾扎布新「內人黨」問題的做法，總的是；打態度、擺形勢、講政策、指出路、攻心鬥智、旁敲側擊、突然襲擊，一句話，用毛澤東想的強大威力去戰勝這個老奸巨猾的敵人。

2、戰鬥中的戰略戰術：

（1）打態度，毛主席說:「我們中華民族有同自己的敵人血戰到底的氣概……。」自從鬥爭都賊「內人黨」問題，便是他感到觸了他的治命之處，因而他表現得很不老實，竟敢在證據面前頑固抵抗。要使敵人投降，一定要把敵人囂張氣焰打下去。造成一種敵人不投降就叫他滅亡的濃厚氣氛。為了達到這個目的，我們一開始就把鬥爭場面進行了重新佈置，如戰場四圍掛的都是有針對性的毛主席語錄，場面佈置的及嚴肅又氣氛。使敵人一進門就感到來勢與往次不同，濃厚的政治空氣給了敵人一種很大的壓力。接著以主審同志為主系統地舉例了他過去不老實交代的例證，狠批他的不老實態度。如：今年7月間，我們叫他交代偽滿軍官學校參加日本特務組織「思想對策委員會」的問題。他說：「我沒有參加，我連額敦巴爾參加了。」我們問他：「誰能證實你沒參加？」他說：「額敦巴爾、王海山能證實。」後來我們叫他念已取得的額敦巴爾寫的證實材料：「思想對策委員會是特務組織，我參加了這個組織，在都固爾扎布領導下（當時都固爾扎布是連長）進行活動的。」在活生生的證據面前，他只好說：「連長當然是思想對策委員會的。」

就這樣的事例我們連續舉了七、八個，一個個地質問他：「你過去這種態度是不是事實？」他說是事實。問他：「既然是真實，為什麼九次都不老實交代？你老實不老實？」他說：「我不老實。」就這樣搞的結果，敵人不老實的態度逐步打下去了。

接著，我們全體戰鬥員在他面前亮明我們對他的態度和決心。我們說：「我們過去沒有搞錯你，現在也不會搞錯，我們過去提出的問題你了解，現在搞你新『內人黨』的問題你同樣了解，如果你繼續不老實，我們有決心和你鬥爭到底、血戰到底。因為我們有戰無不勝的毛澤東思想，你不投降就叫你滅亡，這個決心我們是下定了。」這樣鬥爭氣氛越來越濃。使敵人感到壓力越來越大，使敵人感到我們確實已經掌握了他們的材料，只有坦白交代才是唯一出路。

（2）抓活思想，解除顧慮，敦促都固爾扎布主動交代問題。

毛主席說：「知彼知己，百戰不殆。」總結前段鬥爭，我們深深體會到，必須摸透敵人的思想，才能對症下藥，有效地攻克敵人。

為了更好地促使他交代活思想，我們根據他多年在日本人訓服下等級觀念很濃厚的特點，加上兩年來還從未讓領導出面找過他。於是，我們決定這次讓領導出面從領導的角度對他進行政策攻心，以便引出他的活思想。我們請了分校作戰組的高風奎同志（解放軍團副政委）幫助做政治攻心。老高同志正好是軍管都固爾扎布的那部分解放軍的領導，因此那些戰士都認識老高，老高同志一上場，戰士馬上站起來要給老高敬禮，又給老高倒水，表示對領導的尊敬。但這一切，狡猾的敵人一一看在眼裡，想在心裡，他感到他面前是一位解放軍的相當領導幹部（當然還有年齡等原因）。老高同志對都固爾扎布說：「你的問題很嚴重，你以往的態度很不老實，所以廣大群眾鬥爭你完全是對的，你現在不主動交代新『內人黨』的問題，還要繼續鬥爭你。但是我們希望你老老實實地交代問題。毛主席說：『無論是裡通外國的也好，搞什麼祕密反黨小集團的也好，只要把那一套統統的倒出來，真正實事求是的講出來，我們就歡迎，還給工作做，絕對不採取不理他們的態度，更不採取殺頭的辦法。』你應根據毛主席的指示去做，這樣就有出路，過去你沒按毛主席的指示去做，一直很被動，現在革命群眾根據毛主席的指示在短時間內把主動權交給你，你應該爭取主動地交代自己的罪惡，這樣不僅在『內人黨』問題上可以得到從寬處理，而且還可以彌補你過去態度不老實的罪過。付作義的罪惡大不大呢？不小，他帶兵起義，黨和毛主席給他出路，你應該那樣去做。」

這時敵人聽得非常入神，聽後就表現反常了，撓頭搔腮，很明顯他的思想開始動了。在這種情況下，我們馬上問他：「剛才高政委講得你聽清楚了沒有？都固爾扎布一聽是「政委」，馬上回答：「聽清了，聽清了！」，「你打算怎麼辦？」他說：「我要老實交代問題。」緊接著我們幾個人分別給他講全國無產階級文化大革命的大好形勢和全內蒙一千三百萬廣大革命群眾深挖「內人黨」的大好形勢，從各方面說明「內人黨」中央組織，地方組織都已土崩瓦解，「內人黨」分子都已經坦白交代自己的問題，積極揭發別人的問題，走了棄暗投明的道路。並向他指出，你現在的處境，就是解放戰爭時期的解放軍把付作義圍困在北京城裡的處境……。在這樣的條件下，你只有走付作義當時走過的道路，才是唯一的出路。

經過長達六個小時的政治攻勢，都固爾扎布的思想鬥爭非常激烈，過去一貫對我們採用的，「武士道精神」沒有了，眼、嘴抽動、手也不自然，根據長期和他鬥爭的經驗斷定，他的思想鬥爭很激烈。這時我們就用黨的政策和毛主席給出路的語錄打他。這樣攻打的結果，敵人終於說出了他的活思想：「我有六個孩子，有的在工廠，有的在部隊，他們都怎麼處理了，我也不知道，我蓋的被子也是孩子的。他們可能和我一樣都在挨鬥呢。」並說：「我的腦子很亂，你們把我估計的太高了。」還說：「今年二三月（68年）分公安廳有個外調的對我說：『你是完了，將來也得法辦』，這話給我的印象很深。我想反正我的罪惡是多項的，那一項都夠打倒的。」他又透漏：「願在小會上交代」，並要求給他三天時間考慮交代問題，我們只給了他半天的時間。

我們認為都固爾扎布以上活思想可以反映出四個問題：第一，認為他問題嚴重，交代不交代都沒有出路；第二，他兩年多沒有見到他的家屬，對家懷有很大的顧慮，實際是對黨的政策有懷疑；第三，他摸我們的底，企圖動搖我們的決心；四，他不願意在大會上交代問題，而願意在小會上交代問題。根據都固爾扎布反映出來的活思想，我們研究出的戰鬥對策是：（1）固定四個人提審，其他搞內調外查，搞材料核實工作；（2）主攻方向「內人黨」中央組織及其活動，交代與此無關的問題，一律頂回去；（3）不給敵人交底，也不放實彈。但可根據實際情況旁敲側擊，主要是用毛澤東思想和黨的政策攻敵人，在鬥爭中體現黨的政策，發揮毛澤東思想的威力。

（3）用毛澤東思想和黨的政策攻心。

由於我們採取以上戰術，敵人交代了一些「內人黨」的名單，再不往下交代了，只是坐在那裡唉聲歎氣，愁眉苦臉，表現出非常害怕的樣子。這時如果不解除他內心的怕，是不能繼續交代問題的。於是我們就有針對性的給他講政策和最新指示，啟發他走付作義的道路，引導他反覆學習毛主席關於「無論是裡通外國的也好……。」那條語錄。為了使他形象的理解，我們給他講：「付作義被圍困在北京城裡的時候，他怕不怕呢？他想不想逃跑呢？肯定他是怕的，也是想跑的，當時他的思想也是很亂，鬥爭的很激烈。不過他也覺得『怕』和『逃跑』的想法都是不現實的，在這關鍵時刻，他下定決心帶兵起義，所以沒有殺他的頭，而且給了他出路。你現在的處境和心情同當時的付作義一樣，在這關鍵時刻，你要下決心走付作義的道路，才有出路，對你的家屬也有好處。經過反覆講，敵人在強大的攻心戰面前逐步冷靜下來，並說：「最近每次來叫我時，我就把衣服穿好，準備處決我，甚至連執行（槍斃）我的地方都考慮好了，可能是興安鎮（都過去在此有一條人命案）。我們立即批判他這種錯誤想法，進一步指出毛主席給出路的政策。這樣都固爾扎布又交代了新「內人黨」中央組織以及一些大的罪惡活動。

以後他又不交代了，說他確實不了解，並讓我們給他提示提示，並說：「我倒不是摸底」，實際是千方百計他摸我們的底。對他這種狡猾的手段，我們早就有準備，因此，我們一方面總的給他交底，告訴他：「你是新『內人黨』中■■■■■■■■■[1]的活躍分子之一，『內人黨』的內部你是全部了解，讓我們給你再具體的提示不就等於我們替你坦白交代了嗎？」另一方面，我們把掌握的材料從側面點，使他摸不透我們掌握他多少證據材料。如我們問他：「你認識不認識和興革？」他說：「我認識。」並講了和興革一段歷史，我們及時頂回去了，又問他：「你談一談你們之間的現實活動。」他說：「我們之間沒有現實活動」當下我們就警告他：我們提醒你一下，主要是看你老實

---

[1] 編按：此處史料塗黑處理，故以黑格替代。

不老實，這一敲，這傢伙慌了，意識到我們掌握他不少有關材料。在第二天提審他的時候，就交代了他在錫盟與和興革等人從50年—54年搞內人黨的活動。與和興革交代的完全一致。但他沒有把組織問題和介紹和興革入「內人黨」的問題談出來。這時我們就用和興革的旁證材料打了他一下，並告訴他不要抱僥倖心理，你的問題我們早就掌握，現在是看你老實不老實。這樣他又把錫盟「內人黨」組織情況比較系統地交代出來了。

為了使都固爾扎布進一步交代新「內人黨」的活動，我們還對他和他的家屬進行了分析，都固爾扎布被隔離軍管一年多以來，會幾次流露過他對他的孩子是非常留戀的。特別對他第二個兒子感情深，根據他兒子在工廠的表現，我們認為可以做他父親的工作。但是，怎麼做就需要細緻的安排，根據毛主席的教導：「攻擊時機的適當，預備隊使用的不遲不早，以及各種戰鬥處置和戰鬥動作都利於我不利於敵，便是整個戰鬥中主觀指揮和客觀情況統統相符合。」我們認為必須做好他兒子的工作，而且掌握敵人的態度好轉的情況下，採用這種辦法，才是有利時機，而當時正在這個火侯上，都固爾扎布說他的鞋壞了，我們就讓他兒子給他掌鞋，等我們再提審他時，先讓敵人上場，在提審中間讓他兒子提著鞋進場，給他父親送鞋，這樣使敵人感到很自然，敵人看到他兒子，由於一年多未見面，激動的幾乎哭出聲來。他兒子因年齡小，不能控制（才19歲）也哭了，在這種情況下，解放軍老高同志趁機對敵人進行了政策攻心。他兒子也逐漸冷靜下來，一邊給他介紹家裡的情況，一邊也用毛主席的語錄及黨的政策對他做工作，敵人聽後，覺得大家講的都是真實話，深深打動了他，他當場表示要進一步交代自己新「內人黨」的問題。之後老高同志又給他具體指出：「你已經交代了一些問題，但很不徹底，應該徹底交代。你們這個集團（指『內人黨』中央組織）有些人走在你的前邊了，有些人還在頑抗，你應該爭取時間往前趕，不要往後退。這樣你就有出路。對你家庭和孩子也好。並給他念了毛主席十二月一日關於新華印刷廠對敵鬥爭經驗的批示。通過反覆地交代政策，都固爾扎布進一步相信了黨的政策，又交代了第一、第二次「內人黨」代表大會的情況。並表示要徹底交代自己的問題。

六八年十二月二十二日，都固爾扎布提出：「內人黨登記第二個期限到了，我怎麼登記？」企圖了解我們對他登記的態度。我們對他說：「這些日子我們幫你，也就是給你登記創造條件，你的問題都沒有徹底交代，人家能給你登記嗎？」根據他的要求，我們認為他還想了解一下像他這樣的處境怎樣登記。從而也托托這個底。我們想，就利用他提出的要求，充分利用二十三號這最後一天的有利戰機，把登記站的同志請上，共同提審，首先登記站的老趙同志給他講：「你現在開始邁步並已交代了些問題，比過去好，但交代的不徹底，如果今天零點前把大的問題交代出來，你的登記可以從第一期算起。如果不徹底交代，就取消你登記的資格，這一切都完了。但我們希望你走前一條路。」登記站同志講完後，我們也緊跟上進一步將政策，講形勢，在火力集中的政策攻心，再加上我們也表現出替他著急的樣子，這一切都迫使敵人感到需要抓緊最後幾個小時交代了，於是交代了不少問題。在二十三日下午最後的半個小時，我們給他說你步子邁的太慢，這樣下去，已經來不及了，為了爭取時間，讓他點大題，告訴他只要把問題的題目點出來就算你交代。於是都固爾扎布慌忙抓緊時間，又點出六個大題目。

（4）抓重點，抓要害。

毛主席說：「研究任何過程如果是存在著兩個以上矛盾的複雜過程的話，就要用全力找出它的主要矛盾。抓住這個主要矛盾，一切問題就迎刃而解了。」都固爾扎布的問題是多項的，當前主要的是新「內人黨」問題，新「內人黨」的要害，是新「內人黨」中央組織和中央組織活動，這個問題解決了，其他問題就迎刃而解了，這也是敵人極力回避的問題，我們抓住這個不放，交代其他問題，我們就堅決地頂回去。如他在交代問題過程中說：「我1945年在小城子還殺過一個人。」我們說：「你主動交代這個問題很好，說明你態度比過去老實，實際上我們早就查證落實了，今天你還是交代新『內人黨』中央組織活動」。後來他又說：「我交待一個現實活動。」我們允許他交代了。他說：「去年我給王風雲（畜牧廳頑固不化的走資派）捎出兩封信，捎回一封信。」我們說：「像這些問題，你以後交代，你還是交代新『內人黨』中央組織活動。」又把他頂回去了，這樣他只好交代新「內人黨」中央組織活動。這就造成一種我們牽著敵人的鼻子走，而不跟著敵人轉。

（5）連續作戰，不給敵人喘息機會

毛主席領導我們說：「發揚勇敢戰鬥，不怕犧牲，不怕疲勞和連續作戰

（即在短時間內不休息地接連打幾杖）的作風。」我們這次突審連續打了七天，每天上下午八個小時面對面讓其交代問題，他不交代問題，我們就集中火力給他講政策，指出路，讓他腦子裡經常進行鬥爭，每天下午突審結束前給他佈置晚上學習毛主席指示，並讓他帶著問題學，活學活用，第二天突審前，首先讓他談學習毛主席指示和語錄後的感想。他說：「我晚上學習毛主席指示，思想鬥爭很激烈，夜間只睡兩個小時覺。」問他鬥爭結果怎麼樣？他說：「黑暗面光明面一半一半。」抓住這個活思想用毛主席的指示批判他黑暗面的想法不對，叫他多想有出路的一面才能徹底交代問題。這樣就形成了白天我們鬥他，晚間是他自己鬥自己，不給他喘息的機會。

（6）由淺入深，誘敵深入。

都固爾扎布一貫老奸臣猾，你打他，首先要把他抓住，抓不住就打不上，過去我們有過這樣的教訓，沒有把他抓住就想打他，結果很被動，這次就採用了先把他抓住，然後再狠狠地「打他」。如新「內人黨」問題，他知道是要害，因此，他極力回避這個問題，所以我們就採用由淺入深，誘敵深入的辦法，先打迂回戰，一步一步從身分上把敵人牽進新「內人黨」的圈裡。首先從歷史上搞民族分裂，內、外蒙合併追起，一直追到現行的民族分裂的言行和新老「內人黨」徒的接觸。問他：你和這些新「內人黨」徒接觸，你是什麼人？」他在事實面前無可抵賴，只好承認自己是新「內人黨」。接著又追問他新「內人黨」名單，有了名單就追問中央組織，他承認自己是新「內人黨」中央委員，但不交代中央組織，說他不了解，可是他已被我們抓住了，哪有中央委員不了解中央組織呢？在我們攻得迫不得已的情況下，他交代了新「內人黨」中央組織，但又說活動他不知道，隨著我們又緊追一步，哪有知道中央組織而不知道中央活動的呢？就這樣，採用了追窮寇的方法，一直追出了新「內人黨」中央活動。

（7）戰前研究，戰後總結。

毛主席教導我們說：「必須隨時掌握我們工作進程，交流經驗，糾正錯誤，不要等數月半年以至一年後，才開總結會，算總帳，總的糾正。這樣損失太大，而隨時糾正，損失較小。」這次突審中我們堅持了每天戰前抽出一定時間，根據敵人暴露出來的活思想，研究我們的對策。突審後及時總結交鋒中成功的經驗和失策的教訓。比如第一次突審中，感到參加突審的戰鬥員和主審配合的非常得力，目標一致，能打準敵人的要害，所以我們就一直堅持下去。又如，在敵人交代重大問題時，有的戰鬥員因為高興壓不住障腳，對敵人交代問題有影響，我們馬上就糾正了。後來我們作到了不管敵人交代什麼重大問題，都是泰然處置，不慌不忙。在突審過程中，每次都帶很多材料，有意讓敵人看到我們掌握他大量材料，但又不讓他看清楚是什麼材料，從精神上給他很大壓力，進一步促使他交代問題。

※　　※　　※

都固爾扎布新「內人黨」問題，雖然突破了，但就其交代的罪惡來看，僅僅是開始，更艱苦的鬥爭還在後面。由於我們活學活用毛澤東思想差，因此工作中還存在著很多缺點和錯誤。但我們有決心和信心在工宣隊、解放軍的直接領導下，與本單位廣大革命群眾共同戰鬥，一定會取得徹底勝利！

內蒙毛澤東思想大學校三分校二連

都固爾扎布專案組

1969年1月14日

8.李樹德在「內人黨」專案工作經驗交流座談會上的講話（記錄稿未經本人審閱）（1969.01.16）

N115 2/5

38-12-168 82-101

一九六九年一月十六日

李树德在"内人党"专案工作经验交

流座谈会上的讲话(记录稿未经本人审阅)

内蒙古自治区档案馆

"38-12-168" 82-101页

共20页

最高指示

清理阶级队伍，一是要抓紧，二是要注意政策。

李樹德同志在"内人党"专案工作

經驗交流座談會上的講話（記录稿）

（一九六九年元月十？日）

全宗号	目录号	案卷号
38	12	168

同志們：

對"内人党"这个最大的反革命民族分裂主义集团的斗争取得了很大的成绩，应該说基本搞出了眉目来了，但是任务还很艰巨。这次交流"内人党"专案工作经验是有利于斗争，有利于专案工作发展，有利于彻底搞清"内人党"的问题，开这个會议是必要的，要经常不断地开，形式可以多种多样，可以大一点也可以开小点，可以人多一点或少一点，因为这个案件是个整体，需要协同作战，但不要形成你到我这取点口供材料，我到你那里取点口供材料，要形成从别的案件对象口供材料里找线索，找矛盾，进行核实查证，使我们心中更有数。

当前全区形势很好，从党的八届十二中全会以后，形势大好。全区广大革命群众认真贯彻执行伟大领袖毛主席关于"清理阶级队伍，一是要抓紧，二是要注意政策"的指示，狠反了高锦明的右倾机会主义

路线，形势空前好，发展快，发展迅速，取得的胜利是很大的。内
蒙自治区革委会核心小组，在这一个时期一直在考虑分析这个问题，我们
形成了一个概念，从党的八届十二中全会公报到现在已经是七十多天，这
个期间，从发动群众的充分性，从群众的阶级斗争、路线斗争觉悟，从
开展对刘少奇、乌兰夫的革命大批判的深度、广度，从城市到农村，从机
关到工厂、学校，人人口诛笔伐，批的臭不可闻。揪出一批人，无论从数量
质量比过去一年成绩还大。一些重大案件，包括"内人党"这个大案已全面清
查，土崩瓦解，也是在这七十天里，取得的胜利成绩是很大的。从以上
这些方面已超过过去一年，为什么能够取得这么大的胜利和成绩呢？
就是高锦明的那个领导小组执行路线过去压抑革命群众的积极性，真
正的革命群众革命积极性得不到充分发挥，这次把路线斗争交给
了群众，任务交给了群众，毛主席的声音和群众直接见面，发动了
群众，群众就行动起来了。由于抓了根本，发动了群众，抓了阶级斗争，
深入到各项工作上去了，这样就把工农业生产带上去了，这方面不多讲了。工农

业生产，特别是这几个月发展很快。如煤炭去年供应不上，68年欠炭生产上半年按中央计划差一半，到下半年，特别是十月到十二月上升了，全部欠炭生产任务完成了，地方欠炭生产任务超过了。乌达煤矿有一个特别，高锦明直接指挥，去级机会派的代干扰，一抓革命、生产上不去，这次生产上去了，党的八届十二中全会公报精神落实了，过去日产量不到五千吨，现在超过了六千吨，最高达到一万二千吨，他们开了大会向毛主席献了忠心，他们由日产四千二百吨到四千八百、八千四、九千六，一直到一万二千吨。要高产稳产，拖进有适当比例，破坏了不行。革命好，生产也上去了，革命是火车头嘛！包头钢铁厂，~~过去不能生产钢轨~~，六个师施工建的厂，搞了二年才搞15%，由于包钢二十天开展了大会战，经验很好，对全区推动作用很大，抓了根本，抓了人的革命化，仅用四个月完成了二年任务，包头钢铁在十二月二十三日开十万人庆祝大会，向中央报捷，对今年大跃进贡献很大，这是文化大革命结成的丰硕成果。包头~~在向中央报捷时，曾打算提出用多少钢材来修一座黄河大桥，内蒙古但没同意，但主席说明不要多少钢材就能修一座黄河大桥~~，这对建设六九年大跃进居于很重要的地位，全国现在在那里开现场会。农业上，去年遭东部分地区干旱，我去过那里问了贫下中农，他们说这是六十年来没有的干旱。经过无产阶级文化大革命，贫下中农的毛泽东思想水平、阶级斗争、路线斗争觉悟提高了。他们战天斗地，同灾害斗，取得了好收成。现在看，全区七千五百万亩人产量达到八十亿斤左右，平均亩产是一百斤，当然这还是低产了，我们这种十亩也不如浙江种一亩，但要看到我们还是有潜力的，亩产可以上去。在征购粮工作上，群众发动起来以后，也很快上去了，这月前的统计已完成70%，现在已完成90%。那里不仅完成了征购任务，而且还超过了。总之成绩很大，革命上去了，带动了生产。我们在呼市的时候，我们是注意这个问题，包头工宣队来到呼市后，他们毫不客气的提出了批评，说呼市革命[illegible]不如包头。包头工宣队已进驻内蒙革委会的政治部、生产建设委员会的二级单位，进驻了河西公司和呼市的一些单位。呼市这几个单位前面，还要加把劲。现在形势好，胜利大，群众发动的充分，毛主席的一系列最新指示、毛泽东思想、毛主席的革命路线空前深入人心。

运动的主流是好的，发展是健康的、正常的，必须肯定。但是有没有另外一种看法呢？我们说是有的。这么一个大的运动，由于缺乏经验，在个别地方上发生这样或那样的问题是难免的，也是不难解决的。如果抓紧，采取按党的政策去办，问题是可以减少的，也会加快运动的发展。现在只要认真落实毛主席的指示，坚决执行党的政策是不难解决的，而且有的已经解决或正在解决。这是一种看法，正确的看法。还有一种看法，把支流看成主流，把运动中出现的问题看得过分严重，把我们坚决执行毛主席的革命路线，看为是刘少奇、乌兰夫的反动路线，说我们形左实右，按这种看法去办，就要回到高锦明的右倾机会主义路线上去，又一次灭火，去打击左派革命群众，我们要对这种看法狠狠地批，坚决顶回去。现在有公开跳出来的，也有同情的，运动的主流他们看不到，只看支流。这两种不同的观点在斗争，而且还很激烈。前一种肯定了大方向，认为运动发展是健康的，主流是好的，同时也承认运动中出现某些问题，这是难免的，只要领导重视可以避免、可以解决的，这种和后一种观点是对立的，实质上是两条路线斗争在人们头脑中的反映，这是不奇怪的，是符合阶级斗争规律的。

这个东西在人们的头脑中，主要是来自敌人的造谣中伤和破坏，往往
被我们的一部份同志所接受，而且去做传声筒，按此必然要来一个
大反复。当前还有一个不正确的看法，就是认为另一种，一讲政策就说什么要有第五次反复，对这种说法我们是不
赞成的。毛主席最近指示"一要抓紧，二要注意政策"嘛！中央的
政策三令五申嘛！既要抓紧，不获全胜决不收兵，但同时又要注意
坚决执行党的政策，按毛主席的指示办事，获取全胜。上述那种不正确
的观点也是有市场的，其目的就是分裂革命委员会，把红旗推翻下去。有
的散布说什么，北京有指示了，来清查工作等等。
北京军区当然要有指示了，天天有指示，这本来是正常的嘛！北京军区来
指导工作，这是对下级帮助嘛，推广经验嘛！雷锋、李贤模……就是
通过清查工作总结出来的嘛！北京军区支左是大力以赴，就是和地方有联
系的嘛！如提"同外内人党"，这实际上是地方提出来的嘛！但北京军
区指示不要这样提，叫"深挖内人党"比较好，就是从思想上、组织
上彻底摧毁它，从思想上肃清其流毒嘛！另外，呼市要开个政

宽严大会，我们没同意，召开宽严大会还是可以的，如果严、宽都不准

就没有政策兑现，还是解决了事情。搞自卫团 我们

不赞成。毛主席不是教导我们说，不要打人，不要骂人，不要戴高帽子，

挂黑牌子，不要搞喷气式，那是

，但是我们十年来都不搞这个，因为这一套搞的结果更

不好嘛。内蒙革委会准备最近发一个关于坚决贯彻执行毛主席

对敌斗争的最新指示，稳、准、狠地打击敌人的通知，内蒙革委会核

心小组已向各盟、市发了电报，告他不要再提围歼，这有它的弱点。有的

人不知他们从那里搞到这么一根针，这么一条线，这是阶级斗争。还

有的说滕司令员去中央打报告去了……。看起来，内蒙"内人党"还没挖

出来。现在需要研究落实政策，这个通知是滕司令员提出的建议，核心

小组讨论了好久，征求了两次意见，就是要"从群众中来，到群众中去"嘛！

通过这种做法，宣传党的政策，向群众下毛毛雨，免得思想

上无准备，这个通知是积极的，是进一步发挥革命积极性

支持群众的

不讲政策的

的。我们现在每天都在和保守分子通话嘛！按照他们的那种错误观

才真的

点搞下去，[illegible]会有反复。为什么只能提抓紧，不能提执行政策呢？党

的政策是积极的，是向敌人进攻的，是调动群众、发动群众、发扬群众

打击敌人的

积极性的，只有用毛泽东思想、用党的政策武装起来，才会有战斗力。子

拳头

弹、武器是什么？不是子弹，是毛泽东思想，是党的政策。你们看，从毛泽东

最新

选集第一卷到四卷以及毛主席的一系列指示，都是向敌人进攻的，都是

都充分体现了工人阶级和广大劳动人民的根本利益

积极的，都是

调动群众、发动群众积极性的。我们要时刻满腔热情地保护群

这

众的革命积极性。因为是无产阶级政策，贯彻政策与发动

阶级敌人

群众，贯彻政策与斗争，都是一致的。贯彻毛主席革命路线与贯彻具体

执行各项

无产阶级司令部的政策，是伟大的毛泽东思想的重要组成部分

政策是一致的，毛主席革命路线[illegible]没有[illegible]政

是 无产阶级 的伟大学说，是指引我们

革命思想 胜利前进的最高行动准则

策的路线。只[illegible]用毛泽东思想武装起来，就攻无不克，百战百胜。现在

广大革命群众 用党的政策

没有一个可以说世界上

我们是打文仗，不是打武仗，打武仗也还要搞政治攻势呢，何况打

文仗。只有认真宣传、落实毛主席的指示，才能稳、准、狠地打击

一切阶级

敌人，才能有效地打击坏人党的首要分子和骨干分子。威力[illegible]大嘛！

毛主席的话，一句顶一万句，

参加会的同志都是运动中的骨干积极分子，应当成为学习、宣传、执行党的政策的模范。事实上，凡是好经验，根本的一条就是落实毛主席的指示，凡是落实了毛主席指示的这个单位就好。还没有发现有那么一个单位，说落实了毛主席指示，而成了"老大难"单位。（党委）我们都是斗争在第一线，各级运动的组织领导人员，就更应注意落实毛主席的指示，执行党的政策。因为阶级斗争是复杂的，不能不反映在我们内部。~~[illegible]~~，当前运动的阻力还是右，包括形"左"实右，实际还是右。只看支流，不看主流就是右。本来客观存在有阶级敌人，而他说搞过了头。用他的话，那就是证明资产阶级刘少奇的谬论真对了。当前右倾表现的形式很多。有的讲"老保翻天"、"老造反派变龙"；有的领导不敢提出来讲党的政策。有的单位对毛主席批转北京新华印刷厂在对敌斗争中坚决执行党的"给出路"政策的报告，对群众保密，这就是右的表现，是错误的。有的单位看到毛主席指示，就议论，就反复讲。内蒙师院对这个文件印的很多，促进了群众斗争的积极性，增强了战斗力。现在也有人在搞挑拨破坏民族关系，妄图搅混水，转移斗争大方向，保护他自己，要及时识破揭露，不能上当。毛主席说："民族斗争，说到底，是个阶级斗争问题。"民族是按阶级划分的，否认那就是乌兰夫的观点。

为什么往往不善于积极向群众宣传党的政策，有逼、供、信呢？批评说，毛主席指示"严禁逼、供、信"。执行不执行毛主席指示，就是相信不相信毛泽东思想威力的大问题，是忠于不忠于毛主席的大问题，是一个大是大非问题。~~执行不执行毛主席指示的问题。~~毛主席指示要严禁。啊，严禁就没有逼融商量的余地。当然，有些单位对这个问题已经纠正或正在纠正。我们要经常讲，群众最听毛主席的话，是按毛主席指示办事的，宣传政策，反复讲政策，最后还是孤立一小撮敌人。~~谁不执行毛主席指示就孤立谁嘛，不执行毛主席指示的就是敌人，或者说是上敌人当的~~，执行不执行毛主席指示，是看一个人的标准，是革命不革命的分水岭。要团结他们，孤立敌人。某些地区和单位是有逼供信的问题，"内人党"群众是愤恨的，只要我们讲清道理，问题是不难解决的，不能因为有些具体问题就看成漆黑一团，把支流看成主流。杀人灭口，人死了，但口供还没有搞出来，这种事情非常损失。作为反面教员嘛！这种问题完全是可以避免的，我们要提高革命水平。内蒙古党委关于坚决贯彻执行毛主席对敌斗争的最新指示，稳、准、狠，把打击杀人的通知已定稿，现在派人给司令员送去了，估计今晚就可能来电话，明天就能定下来。要开大会宣讲，把政策交给群众。（"新内人党"主要是打击和孤立极少数首要分子和骨干分子以及有重大罪恶的分子，一般内人党员）有人说："新内人党"是个最大的反革命民族分裂主义集团，为什么又处理这么宽？我们认真执行毛主席关于利用矛盾，争取多数，反对少数，各个击破这个马克思主义的策略。没有区别就没有政策嘛，有不少一般内人党徒还是受蒙蔽的，是可以教育过来的。另外，这个反革命民族分裂主义集团人数较多，更需要加以区别。这对"内人党"的斗争有利。同志们，你们在今后的肃清工作中都应成为学习、宣传、执行党的政策的模范。

这次会议上交流经验，也很好，有经验也有许多教训。教训是什么？

开始，我们对"内人党"这个反革命民族分裂主义集团认识不足，知道它是有

组织、有纲领、是里通外国的，但它和乌兰夫在政治上是一致的，但组织上是不

是一致的，认识不清。现在看，乌兰夫就是"内人党"的头子，他们在政治上、思

想上、组织上都是一致的。我们这个认识，是从去年逐步清楚的。最近看到我们材料，

越看越清楚了。乌兰夫、奎璧、吉雅泰、佛鼎、高[illegible]泽布、特木尔巴根、新[illegible]

[illegible]扎布他们一开始就搞的是"内人党"。后来，他们借共产党的帽子，实

际搞的是"内人党"活动。乌兰夫本身就是"内人党"。从乌兰夫的一系列

活动和他在蒙古、苏联的活动看，就是搞内人党活动。~~[illegible]~~

~~[illegible]~~。他在内蒙的活动就是想搞独立，想搞内外蒙

合并。乌兰夫他自己供，搞内外蒙合并他当头，搞个蒙古联邦。1947年

"五一"大会"内人党"名义上宣布解散，实际是形式上解散，由公开转入秘密活动，

~~[illegible]~~，由搞民族自决，发展到接受外国指挥。我们

大家都深有体会，现在发现有那么一个单位就是"内人党"的情报站，今天还

查出来三部电台，和部分发报机，而且这是原来公安厅的内人党头子亲自部署

的，直接受他们指挥。

我们也有教训。这个教训就是用"内人党"去侦破"内人党"破不了。"二〇六"案里就有毕力格巴图、腾和呀！他们去侦破怎么能破案呢！王逸伦他们已革命领导小组，王再天就要对我说，"二〇六"案不存在，是不是将这个通知说一下销了。按照他们的意图也就是否定，去的黑手掌。王逸伦等要会前他"亮相"了表示要帮我立功，当时王再天又出来，要找这个人谈谈会，这个人有利。后来，按他们会当家时发现有问题，估量是领导的，王再天又提出要腾和去破这个案子，当然破不了。"二〇六"这件事全下决破了个案子。但他人就在中央里来人去西部哭，说乌盟来了一个"西西派"刘景平、许常山，说乌盟旺月有电台，结果派人去挖，挖不出来。他们那是破案，是去应付我们。所以我们的队伍一定要纯洁，要坚决不那。还有那么一种人，虽然没有发现他历史上什么问题，但他就是积极散布什么"现在是汉人整蒙古人"，鼓噪现在已经挖出了电台，我们深挖"内人党"是有根据的，"内人党"的党章、名单、大印都挖到了吗！"内人党"肯定是有，而且是里通外国、叛国投修的反革命民族分裂主义集团，他

各字校对一下。

须深挖深挖，彻底摧毁这个反革命组织，并肃清其流毒。要区别对待，要分化瓦解，坚决打击首要分子，争取教育胁从分子和受骗的群众。也有人提出"内人党"是不是有这么多？我们说可能不少，乌兰夫搞了这些年嘛！是不是有这些，要查证落实的。我们一定要按毛主席指示办，要相信毛泽东思想能战胜敌人。对"内人党"的一般党徒，要办学习班解决，暂不定性，不采取组织处理，可以防止问题的发生。我们在座的同志，都是攻打"内人党""碉堡"的，这些人的反革命经验比我们的革命经验多。如哈斯克是苏联派遣来的，后来又通过的钱字亲给日本特务干，以后过渡到蒙古，他从一九二五年就干特务活动，到现在已干了四十四年特务活动，可能比在座的最大的年龄都要长。这些人都是大叛徒、大特务。除了这些人，剩下的什么特古斯、木伦、巴图，也是一直在跟我们打。这是一场硬仗，是艰巨的。他们是反革命，干的都是见不得人的事。~~因此~~我们有战无不胜的毛泽东思想，有千百万已经充分发动起来的革命群众，因此是完全可以战胜制服他们的。我们完全有信心全部彻底地摧毁这个反革命组织。

怎么办？就是要抓住重点，集中力量打歼灭战。原来我们选了色能前扎布、巴图、特古斯、特木住、额尔敦陶克陶、德力格尔等几个突破口，现在看选的是对的，战果扩大了。"内人党"上层要搞垮，他们了解的东西多，一般的党徒了解的知道的面小，要集中兵力打歼灭战，争取其中起义，他们不是铁板一块。腾和原来是公安厅第一处的处长，是侦察处长，实际他是在侦察我们，他装的很相，这样搞清了他的问题~~[illegible]~~，他就能按情承认，但有了证据同样可以给他定案。~~[illegible]~~

要协同作战，要分析材料，特别是第二专案办公室要经常分析，要研究敌人的特点、弱点，要打有把握有准备之仗，不要打消耗战。打疲劳战，首先是疲劳了自己。我们是在打文仗，攻心斗志，不要搞疲劳战，这样搞，说明我们没有掌握材料。每战时间不要长，今天搞了，可以隔两天再搞，休息研究一下，长期这样疲劳搞下去不行。我是同情同志们的，同志们是辛苦的，斗争精神好。不要有急躁情绪，不要"顶牛"，碰见"顶牛"要赶紧想法拉开，研究研究，找找原因，你们都是攻打敌"碉堡"嘛！

要保持我们的革命旺盛斗志，去战胜敌人。

宣传政策，应造成声势，这是很重要的。要开展对敌人的政治攻势，宣传党的政策，宣传大好形势。宣传政策，要有革命的气氛，对敌人指出出路。如果争取了下边，事情就更容易搞，堡垒往往是从内部攻破，争取下边的工作那也是个斗争，不能忽视。再就是放手发动群众，专案工作要和发动群众密切结合起来，不要搞关门主义、神秘化，专案工作了解动员群众结合，这样去做侦破可能更快。路要一步一步的走，饭要一口一口的吃，不能急躁。有的审讯，一搞就是一专案，要注意这个问题。有的供说，他在大四节在边境上民兵里发展了党员，这不要轻信，如果你按他的口供到边境上民兵里一查一搞，就搞乱了。（任…插话：有的供认，在一个单位里的干部百分之百都是"内人党"，这是假的，要狠狠地斗，狠狠地批。）逼他就供，他供你就信，这是危险的，这不是党的政策，要注意分析。

我们对"内人党"这样一个最大的反革命民族分裂主义集团破不了，将要受到历史的惩罚。我们一定要用毛泽东思想去战胜敌人。现在对清理阶级队伍要全面提，在群众中挖"内人党"及其变种组织只是清理阶级队伍中的一个重要方面。有的把"联社"也说成是"内人党"的组织了。"联社"上边是受乌兰夫反党叛国民族分裂主义集团操纵的，是为乌兰夫翻案的，是用民族利己主义蒙蔽一部份少数民族群众的。有的还说土旗的"八、一九"也是"联社"，也是"内人党"了，这是不可靠的。我们决不能带派性去搞"内人党"，要按毛主席指示办事。

最后，关于对"内人党"上层人头子的破案、突审、侦查工作应归口统一领导起来。具体你们研究一下。

同志们！一九六九年，在中国革命和世界革命的进程中，将是光辉的、极其重要的一年。一九六九年，全国人民将要夺取完成党的八届扩大的十二中全会提出的各项战斗任务。无产阶级文化大革命将取得全面胜利！一九六九年，我们将隆重庆祝中华人民共和国成立二十周年。一九六九年是社会主义革命、社会主义建设大跃进的一年。一九六九年的任务是光荣而艰巨的，要狠抓根本，要进一步用毛泽东思想统帅一切，要狠抓阶级斗争，要紧紧地团结在以毛主席为首、林付主席为副的无产阶级司令部周围，去争取新的胜利。祝同志们再立新功，工作胜利。

×　　　　×

所以，一定不要整上。

任家驹同志：我没有什么更多讲的了。当前还是要根据两个倾向，两种倾向的表现，一种是看不到敌情的严重性，说我们对"内人党"的斗争是"老对立"，说我们"有材料也没掌握"，刚搞几年就怀疑起来，看不到这场斗争对巩固无产阶级专政，建设社会主义的伟大意义；另一种是夸大敌情，甚至有的单位把整个几百个人都说是"内人党"，过高的估计了敌人。在我们专案工作中一定要重调查研究，要实事求是，有多少敌人，就挖多少，但也要注意防左。绝不能用那些做法去搞专案工作，要注意政策，一定要按毛主席指示去办，要活学活用毛泽东思想办案。相信不相信毛主席的话一句顶一万句，毛泽东思想的威力，这也是个大问题。对已揪出来的内人党骨干分子，要组织革命的大批判，彻底搞臭。就是批判乌兰夫的反革命民族分裂主义、修正主义路线，反动的谬论就是乌兰夫进行民族分裂活动的纲领。乌兰夫他们那套东西，确实蒙蔽了一些干部和群众，去掉这就是我们"三不两利"嘛！要通过批判乌兰夫民族分裂活动思想，提高我们的政治觉悟。特别要注意争取教育那些受蒙蔽而出身好的一般内人党徒。一定要给毛泽东思想去揭发内人党的罪行，会使那些受蒙蔽的人觉悟起来。一定要办好学习班。还有的说，我们对"内人党"就是靠拳头打出来的，这纯属造谣，这是流言蜚语，要使敌人转变立场，不靠毛泽东思想是转不过来的，靠拳头是转不了的。也许用拳头使他交代一些东西，但那是依靠不住的。只要用毛泽东思想、用政策攻心，而取得的口供可靠性就大，用武斗出来的口供，虽说时间要长，可靠性小。我们一定要用毛泽东思想去制服敌人。

刚才树德同志的指示是对我们的鼓励，我们一定按树德同志的指示去做，这样会给我们的专案工作很大的推动。

（在任家昌同志讲话后，李树德同志又讲了一段话）

接18页。李树德同志：在战略上一定要掌握主动权，时时刻刻是我们指挥敌人，不让敌人牵着我们走。江青同志总结一条专案工作上的对敌斗争经验，每当我们手可以掌握主动的时候，就应该叫他反复写交代材料，没有什么写的，可以叫他写大事（提纲）记，在思想上我们时刻保持敌情观念（提高警惕），不放松他。对敌人的口供，不要轻易相信，对敌人他供出的错误东西，经过研究，坚决顶回去。

刚才宗勤同志讲了，革命的大批判一定要跟上去，要大造声势。所谓中间状态，就是动摇。有些人的问题搞清了也是可以嘛！对口供材料要用批判分析的观点判断问题的真伪。要用毛泽东思想武装我们，就能达到（掌握对敌斗争的）主动权，自由地指挥敌人，团结群众的目的。

（完）

9.中央首長二月四日接見滕海清同志時的指示

——滕海清同志二月八日在常委擴大會上傳達記錄整理

（1969.02.08）

绝密

用后交回
不得外传

中央首长二月四日接见滕海清同志时的指示

——滕海清同志二月八日在常委扩大会上傳达记录整理

二月四日晚八时至十二时，中央文革碰头会同志，有总理、伯达、康生、江青、张春桥、姚文元、谢富治、黄永胜、吴法宪、汪东兴、温玉成同志接见了滕海清同志。现将滕司令员傳达记录整理如下：

我简单的向中央文革汇报了自治区文化大革命情况。中央首长对内蒙的文化大革命是非常了解的，非常关心的。给我们很大的鼓励。对内蒙各族人民和解放军给了很高的评价。当然，我们在实际工作中还存在许多缺点。下边傳达中央首长的指示：

康老：

你们十月三日的电报，请示增加副主任、常委、委员问题，我看过了。我认为增加副主任、常委还要再看一看，在清理阶级队伍以后再增加更行把握些，所以没有批。不仅内蒙一个地区没批，其他省市早报了也没有批，包括北京、上海报来的也没有批。

姚文元同志：内蒙清理阶级队伍搞的比较早，也有不少经验。

康老：内蒙敌人很多，有伪满时代的，有蒙疆的，有付作义的，还有乌兰夫的。

谢富治同志：乌兰夫包庇了不少坏人。

这时，康老拿出了分电报说，你们发了个电报，说我们对挖内人党问题有个电报指示，我没记得发过这么个电报，是不是我们内部传达的。

总理：你们不要把我们某些讲话作为指示就说中央的指示，我们要坚决执行。

总理：内蒙很复杂，内部有敌人，外部有修正主义。乌兰夫在内蒙搞了二十年，他要搞独立王国。内蒙问题，要全部解决，有个时间问题。你们时间不长，搞的不错嘛。你们不要太急了。中央从来没有催你们，有些地方，我们说他们的步子太慢了，你们那儿，我们怕步子太快了。清理阶级队伍，要注意掌握政策，扩大教育面、缩小打击面。

江青同志：革委会刚建立起来，混进少数坏人是难免的，只要领导心中有数，没有什么了不起。对这些坏人可以不采取很快做组织处理，防止反扑。

张春桥同志：你们内蒙形势好，对这些人处理没什么影响，在其他地区可能有反复。

张春桥同志：不要只看内蒙问题，可能对外部有影响，起码对山西有影响。要顾全大局，防止阶级敌人对革委会个个击破。

江青同志：内人党是专门搞破坏活动的。

总理：对内人党的首恶分子，也要做争取教育，总会有个别分子起义。

江青同志：内人党一般党徒，只要登记清楚，就行了，扩大教育面，缩小打击面。

谢富治同志：内人党希望是共产党，反正是内人党，要把它搞掉。

康老：军队也有内人党，这个问题很严重。这样的部队要改造。那有内人党的部队，你们能掌握吗？

江青同志：你们边防线那么长，骑兵到处跑，怎么得了。

康老：内蒙既象拉丁美洲的智利那样长，打起仗来怎么指挥？

总理：已经有了个决定，准备把两头划出去。

康老：有这个决定，我还不知道。

总理：文化大革命以来，内蒙跑了多少人？蒙族有多少？

滕司令员说：没跑几个，蒙族有一百四十多万人。

总理：你们比新疆少数民族还少些。

康老：内蒙归北京军区领导，还是单独的？

总理：早就划给北京军区了。

康老：谢富治同志你是政治委员，你应该管。毛主席接见时你把廖海涛同志忘了。

总理：你们在北京开会，对内人党问题要很好的研究一下。你们搞了个文件还不够，要搞一个好的文件给我们看一下。

康老：对一般党徒，要教育。蒙古族干部大多数是好的，他们加入内人党多数是受蒙蔽的。要教育他们回到毛主席革命路线上来。对蒙古族干部要培养，革委会要吸收一些贫下中农、贫下中牧参加进来。

春桥同志：这个问题怎么搞法，又不能脱离生产，是否采取轮换办法。

张春桥：我看内蒙古日报报头上没有蒙文，新疆日报有维吾尔文。

总理：不要使人感到，乌兰夫打倒了，蒙文也不要了。现 在内蒙是不是用斯拉夫文？

江青同志：乌兰夫会不会讲蒙古话？

总理：不会讲。

总理：内蒙是很复杂的，敌人很多。

康老：边防线这么长，敌人到处可以跑。

江青同志：现在有通过沙漠的汽车。

伯达同志：草原要很好保护，赫鲁晓夫把草原破坏了，现在还未恢复。

总理：要很好的保护草原。

法宪同志：包头有几个国防工厂，要好好抓一下。

总理：国防工业生产计划完不成，你们产值也完不成。

黄总长：你们要什么干部，写报告，可以调。

张春桥同志：工厂有的工人领袖，要把他们提起来。

康老：包头工业要抓一下。

总理：乌达问题解决了没有？

滕说：解决了。

总理：河西公司问题解决了没有？

滕说：两派已经联合起来，科研已经出了产品。

康老：河西公司我总感到是知识分子成堆的地方。

总理：他们搞不好，对国家影响很大。

康老：呼三司头头叫什么？

总理：郝广德，现在怎么样？学生，开始造反时是有贡献的，但要注意他们会搞当面一套，背后一套。

滕司令员说：已经下放劳动了。

总理：对，要接受贫下中农的再教育。你们把劳改农场人员分散到各地，这个办法好。

康老：高锦明的错误很严重，历史问题不清楚，还有三反言论，去年又搞了反复。

总理：高锦明搞反复，当时你们常委怎么样？现在转过来了没有？

康老：高锦明搞反复，就是看文件　看多了，这样他必然要犯错误。历次群众运动总要出些毛病，是不可避免的。高锦明对文件问题看错了，对你们有好处，使你们有警惕。

总理：地方现在结合了多少干部？对结合的干部要有个政策。

[illegible]同志：地方干部胆子小，不敢大胆工作，你们要知道，人家犯了错误，怕再犯错误。

总理：对这些干部要有个政策。

康老：今天就谈到这个地方。

滕海清同志：来北京很长时间了。一方面，我们工作安排不好，另方面，我们感到内蒙没有什么问题，这是主要的。

滕司令员说：我们生产建设兵团搞不搞？

总理：这个问题已经解决了，毛主席已经批了。

滕司令员说：国家没有给钱和物资。

总理：那好办，可以报一下。

春桥：内蒙形势很好，清理阶级队伍成绩很大，应当肯定。

康老：运动中出现些支流是难免的。高锦明的错误严重，要做检查。要把内人党组织摧垮、搞臭，打击少数，教育多数。

总理问滕海清同志，你最近就回去吗？

春桥：他回去一下有好处。出来后谣言很多。

二月三日还向军委办事组作了汇报，黄总长对军队工作有不少指示，另外给军区传达。

滕说，中央对我们的工作，再三鼓励，我们不要骄傲自满。在北京已经给盟市负责同志讲了这个问题。

一九六九年二月

10.反革命叛國集團「新內人黨」部分罪證（1969.03.31）

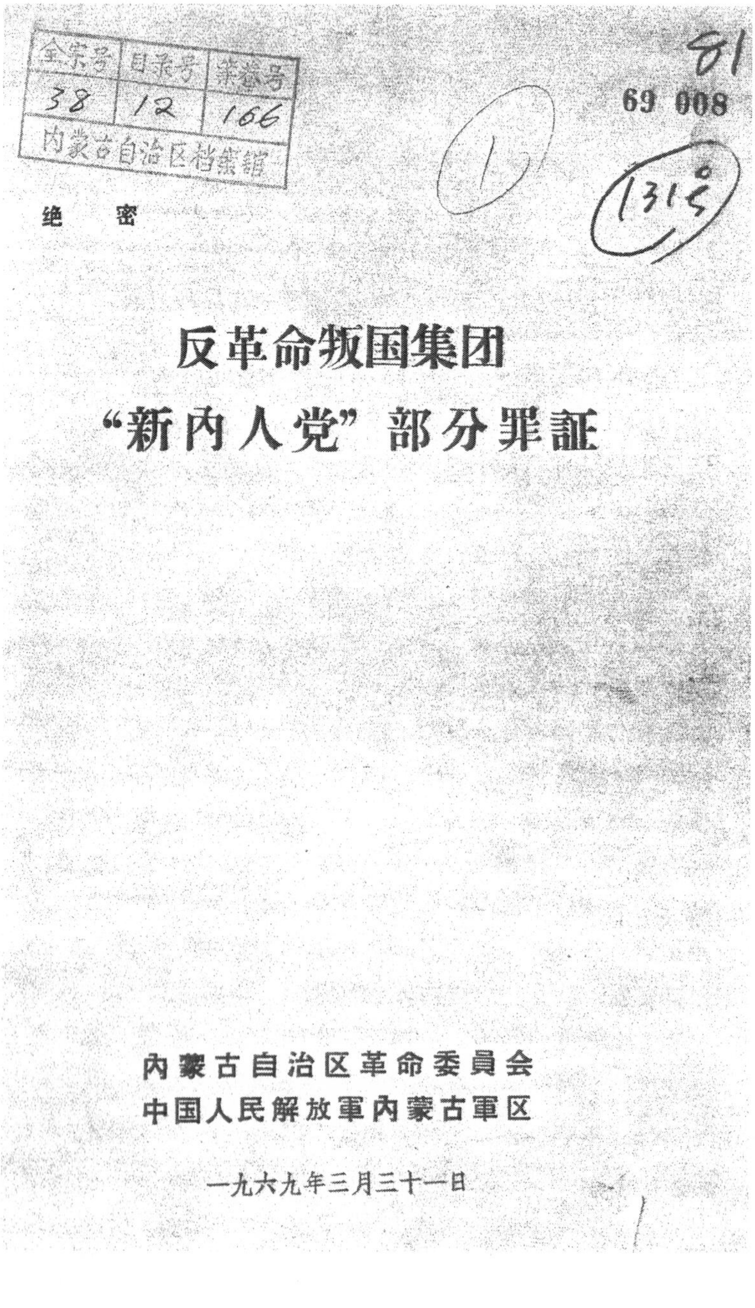

81
69 008
(1)
1315

绝密

反革命叛国集团
“新内人党”部分罪証

内蒙古自治区革命委員会
中国人民解放軍内蒙古軍区

一九六九年三月三十一日

「新內人黨」組織活動的主要罪證

新內蒙古人民革命黨（簡稱「新內人黨」）是一個有組織有綱領，旨在進行民族分裂、叛國投修的反革命集團。

一九四六年三月，哈豐阿、特木爾巴根等一小撮蒙奸、日特，妄圖抵抗共產黨進入東蒙地區，他們籠絡一些民族上層分子和蒙族中的資產階級知識分子，拼湊一個「新內人黨」。其反動綱領是「第一步統一內蒙古，繼而逢相當的時機」進行內外蒙合併。

一九四七年四月，我黨中央明令規定「不組織內蒙古人民革命黨」。「新內人黨」改變了策略，由公開轉入地下，與反革命修正主義、民族分裂主義分子烏蘭夫達成政治交易，狼狽為奸，有計劃的打入共產黨內，任以要職，控制我東蒙地區的黨、政、軍權。從此，便形成一個隱藏在革命陣營內部，以烏蘭夫為總頭目，公開以共產黨的面目出現，暗中繼續進行「新內人黨」活動的反革命集團。

一九六〇年後，正當我國遭受三年自然災害，蘇修叛徒集團公開反華，蔣介石匪幫叫囂反攻大陸，西藏、新疆相繼發生過叛亂。「新內人黨」認為「中國共產黨已進入一個嚴重的危機」，於是加快了叛國步伐，與蘇、蒙修裡應外合，大搞反革命活動。曾數次召開黨代大會，重新修訂黨章、黨綱，惡毒地攻擊偉大的中國共產黨，胡說「一九四七年雖然成立了內蒙古自治區，但是沒有實權，仍然受漢族的支配和壓迫」，揚言「不能接受共產黨和其他黨派的領導」提出「內蒙、外蒙、布里亞特合併，建成蒙古大國」是「新內人黨」的「最高綱領」。並且利用他們所竊取的權利，以合法身分做掩護，極力在我黨、政、軍內和一些農村、牧區祕密發展黨徒，擴大組織，瘋狂進行反黨叛國活動。

在無產階級文化大革命中，他們又以攻為守，繼續進行反革命的篡權活動，並用盡其反動伎倆，破壞我區文化大革命。無限忠於毛主席的內蒙各族革命人民，高舉毛澤東思想偉大紅旗，一舉破獲了「新內人黨」這一反革命叛國集團，消除了我國北部邊疆、反修前哨的一個極大隱患，給蘇、蒙修正主義集團又一沉重打擊！

（1）一九四六年三月，由「新內人黨」頭目、大蒙奸、日特哈豐阿（原內蒙古自治區付主席）等泡制的反革命叛國集團「新內人黨」的黨綱黨章漢文稿節選。

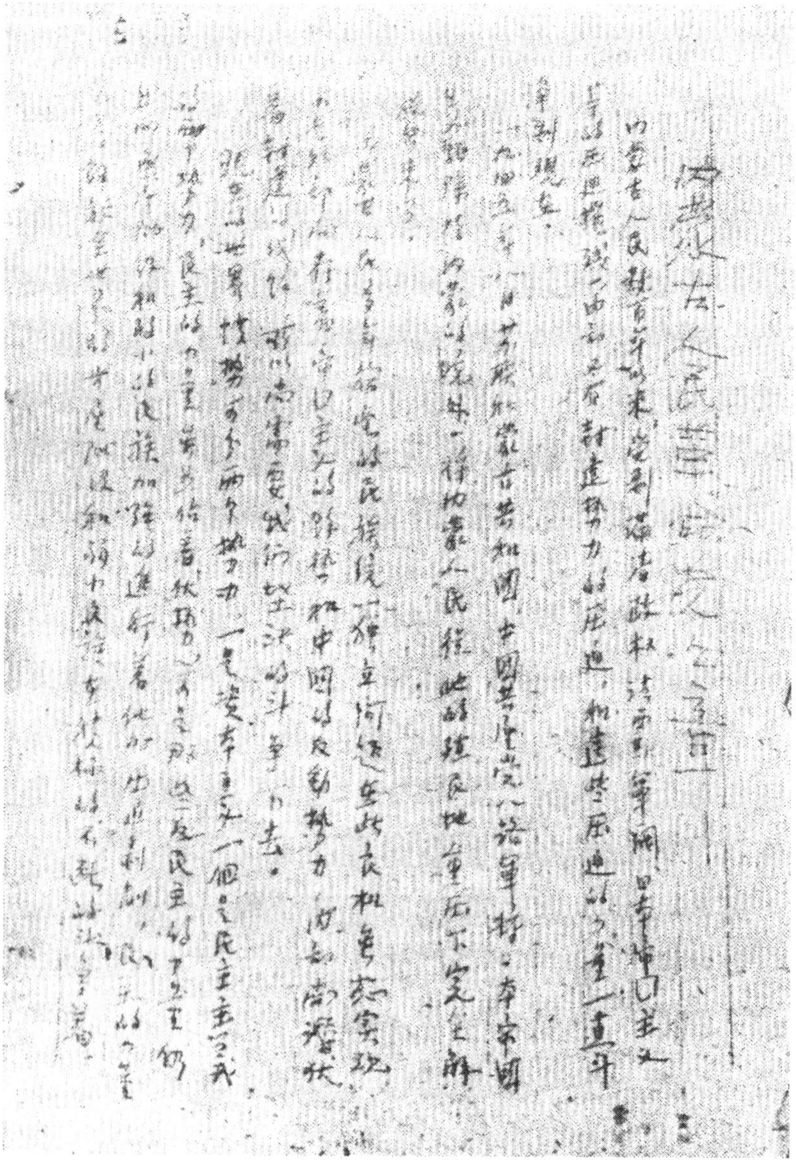

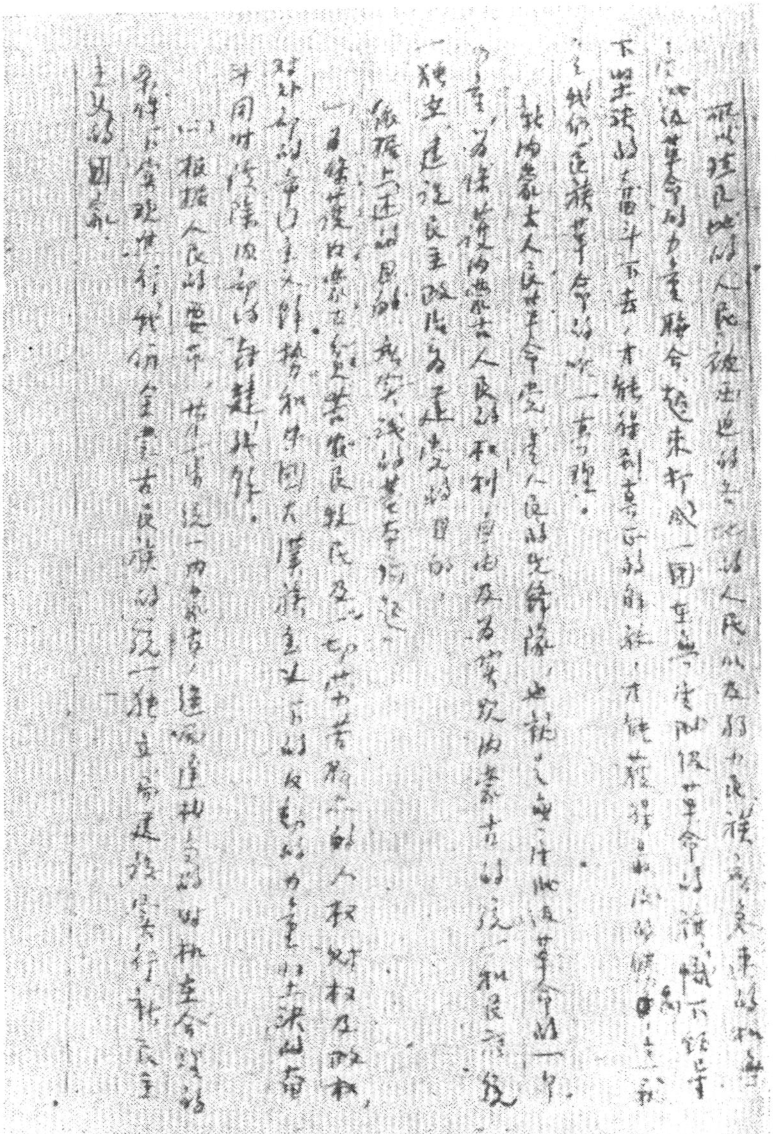

註：「新內人黨」黨章赤裸裸地提出其奮鬥目標「為實現內蒙古的統一和民族統一獨立」，「根據人民的要求，第一步統一內蒙古，繼而逢相當的時機在合理的條件下，實現進行我們全蒙古民族的獨立、統一」。

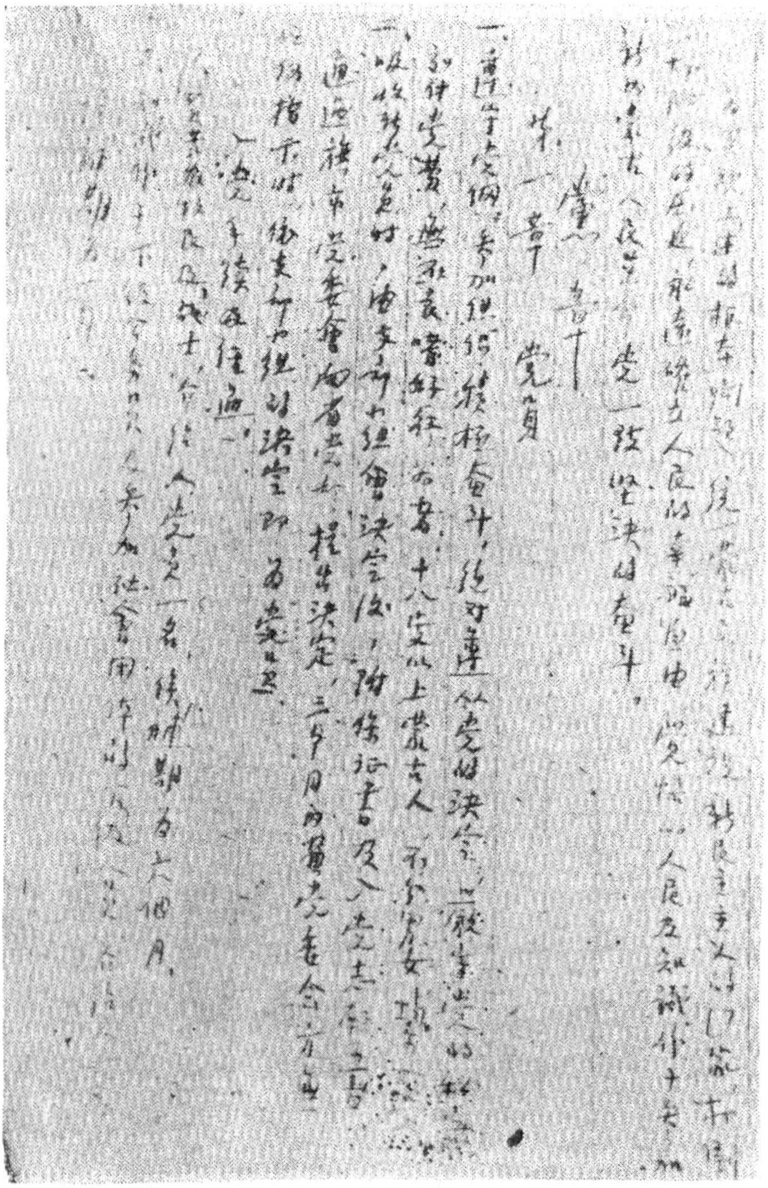

[illegible]都要消滅[illegible]建設新民主主義[illegible]
[illegible]的家庭，永遠保證人民的幸福自由，使人民在知識[illegible]
[illegible]蒙古人民黨一致堅決的奮斗。

黨[illegible]章

第一章 党員

一、贊同本黨綱、章，加入組織，積極奮斗，絕對遵從本黨的決定，[illegible]
交納黨費，無論農、牧、工人、商人，十八歲以上蒙古人，不分男女，[illegible]
二、吸收黨員時，由支部小組會決定後，附保證書及入黨志願書，[illegible]
直送旗、市黨委會，由黨委提出決定，三個月內報黨委會[illegible]
[illegible]指示時，由支部小組討論，即為黨員。
入黨手續及經過，
[illegible]農牧民及戰士，介紹人黨員一名，候補期為六個月。
[illegible]下[illegible]及參加社會團体時，入黨[illegible]
候補期為[illegible]

十二、黨的領導機關

1. 全黨有全黨代表大會，在大會中間則有大會選出之中央委員會。

2. 省有省黨代會，在代會期間有代會選舉之省黨委會。

3. 旗、市則有旗、市之代會，在代會中間有旗、市代會選舉之旗、市

各盟會

4. 努圖克、蘇木、村及工廠則有小組（或支部）會及小組選舉之小組長（支部總書記）

艾力四五人 黨小組（或支部）

十三、有黨員三名之政府團體、工廠、學校、軍隊內組小組，一支或二支時，須經過之支部或小組內工作。

十四、小組為黨的細胞組織。

1. 向民眾解釋黨的主張、政府的政策，為黨及政府的決定積極組織群眾，使群眾參加。

2. 經收集黨內黨外群眾的意見，報告給上級黨，並積極的扣

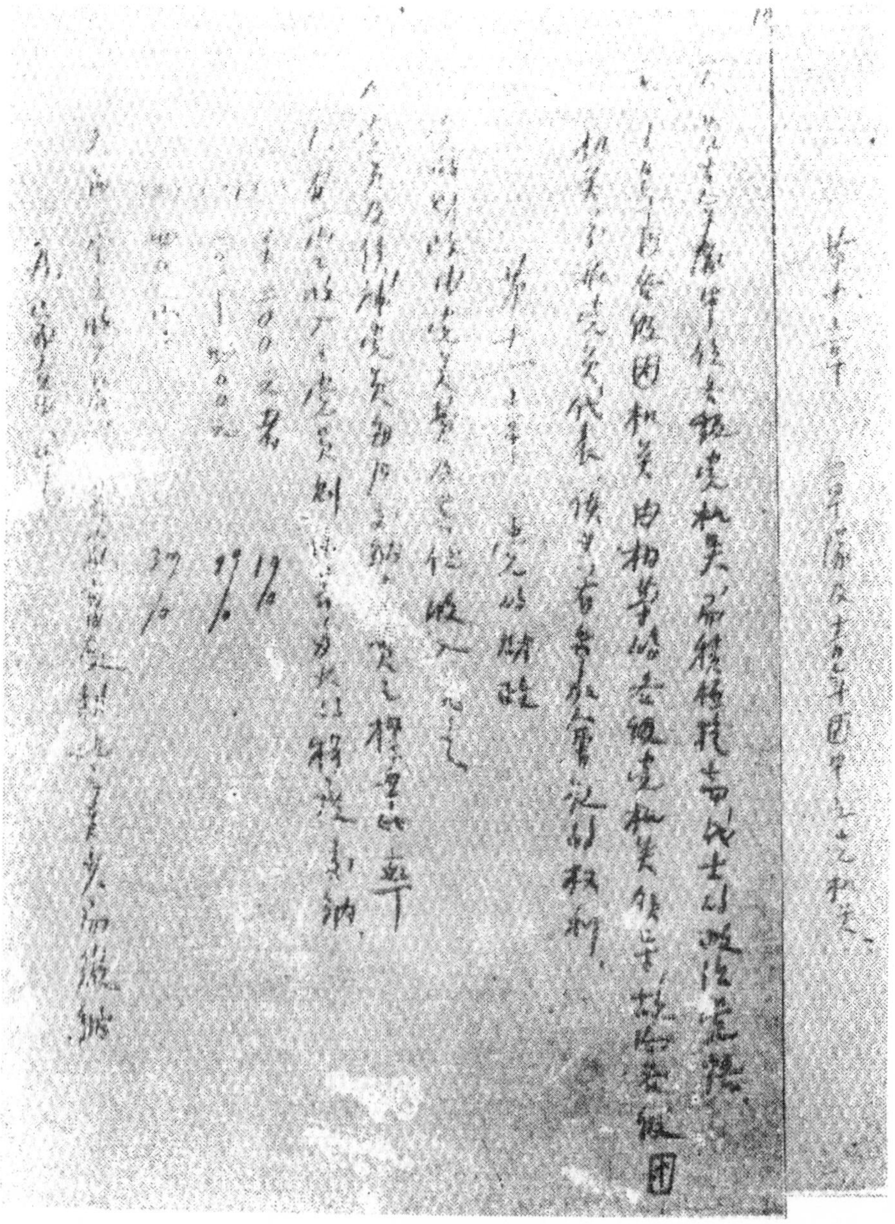

譯文：內蒙古人民革命黨綱領

第一章：總綱

第一條：七百年來，蒙古人民一道是受外國和外民族的壓迫和奴役。具體地說：明朝時代受漢族壓迫近三百年，滿清時代受滿族壓迫也將三百年之後，又有中華民國軍閥混戰的摧殘，蒙古人民的牲畜，財產被掠奪的不計其數。偽滿時期受日本的壓迫十四年，人民到了無法生活的境界。所以，建立一個蒙古的獨立國家是蒙古民族的共同願望。

第二條：一九四七年，內蒙古自治區雖然成立了，但是，蒙古人民沒有真正的權利，同樣還得受漢族的支配和壓迫。所以，領導蒙古人民把內蒙古建立成為一個獨立的國家是我黨神聖綱領。把內蒙、外蒙、佈日亞特[1]合併建成蒙古大國，列入世界先進國家的行列，是我黨最高綱領。

第三條：領導蒙古人民取得權利，提高人民的政治、經濟、物質生活和文化生活中使本黨成為核心力量。因此，不能接受共產黨和其它黨派的領導。蒙古人民勇敢直爽，但沒有為遠大目標奮鬥的決心，本黨要發揚蒙古民族的優良傳統，克服弱點。

第二章：黨員

第四條：以蒙古民族為主體，擁護本黨綱領，不分男女、成份、出身、歷史社會關係、宗教信仰，年滿十八歲以上者均可加入本黨，漢族和其它民族也可自願加入本黨。

第五條：入黨證書

凡是擁護本黨綱領者，自願寫申請書，由一名正式黨員介紹就可加入本黨。

第六條：入黨宣誓

繼承成吉思汗皇帝的業績，為蒙古人民的獨立自主，貢獻自己的一切。

第七條：黨的紀律

每個黨員必須遵守黨的綱領，保守黨的機密。不准打罵和搶劫人民群眾的財產，如有損害者，必須照價賠償。

1　編按：指布里亞特。

第三章：統一戰線

第八條：同支援我黨鬥爭、平等對待我黨的國家、區域、民族、黨派、階層及其它民主人士加強團結，建立廣泛的統一戰線。

第九條：堅決同排斥、反對我黨的國家、區域、民族、黨派，階層及其它人士作鬥爭。

第四章：民族經濟、文化生活

第十條：在內蒙古有步驟地發展農、牧、林及工業，保證內蒙古耕者有其田，牧者有其畜。

第十一條：蒙古人必須發展、興旺蒙古語言、文字，人人學習文化、穩步地發展民族文化。同時積極學習先進民族的文化，如漢語、俄語。

第十二條：努力提高蒙古人民的生活，保證本民族的風俗習慣。如：繼續發揚肉食、奶食等。消滅疾病、災害，做到人畜兩旺。

一九六六年三月二十三日

（4）「新內人黨」使用的印章、民兵旗以及「新內人黨」黨徒保存的原自治政府旗。

“內人党”印章之一。
譯文：内蒙古人民革命党鄂托克旗委员会印

[illegible]旗是原内蒙自治[illegible]旗。内人党和内蒙[illegible]军也使用过此旗，[illegible]察布军分[illegible]仓库。[illegible]有棉絮。

注：这是锡盟正兰旗“新内人党”一九六四年组建民兵使用的军旗。原字样是“正兰旗机关红光人民公社民兵团。”

（5）「新內人黨」首要分子特古斯關於「新內人黨」■■[2]成立經過的交待。

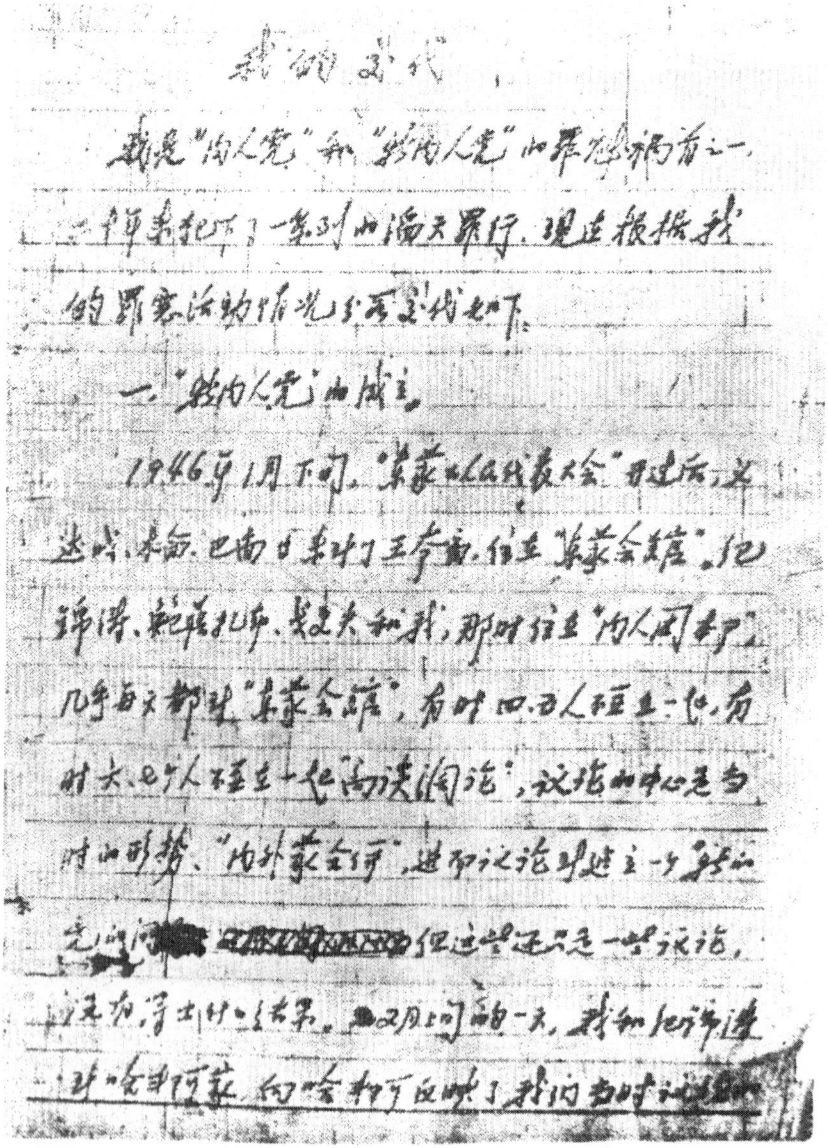
我的交代

我是"内人党"和"新内人党"的罪魁祸首之一。[illegible]把[illegible]了[illegible]的滔天罪行，现在根据我的罪恶活动的情况交代如下：

一、"新内人党"的成立

1946年1月下旬，"东蒙人民代表会"开过后，[illegible]、巴图巴根、特木尔巴根、王再天、住在"东蒙会馆"。[illegible]、[illegible]和我，那时住在"内人同[illegible]"，几乎每天都到"东蒙会馆"，有时四、五人碰在一起，有时六、七个人碰在一起海谈阔论，议论的中心是当时的形势、"内外蒙合并"，进而议论到建立一个新的党的问[illegible]但这些还只是一些议论，并未有得出什么结果。2月上旬的一天，我和[illegible]对哈丰阿[illegible]的[illegible]反映了我们当时[illegible]

2　編按：此處史料辨識不清，故以黑格取代。

原文之二

譯文節錄：致蒙古人民革命黨中央委員會、蒙古人民共和國大呼拉爾主席團、蒙古人民共和國部長會議 書

一九六二年十二月二十六日簽訂的中蒙邊界條約，極大地妨礙了為內外蒙合併，而作為一個共同綱領一貫進行工作的我蒙古人民革命黨的工作。一九六一年十一月二十六日召開有22名代表參加的首屆黨代大會……。

我黨根據上述兩點情況，最近（二月三日）召開了43名代表參加的第二次黨代大會，會上主要討論通過了我黨今後工作的方針、政策。與會代表一致表示，內外蒙——蒙古人民共和國和內蒙古自治區政府要合併，並對此滿懷信心，堅定不移。最後與會代表一致通過「致蒙古人民革命黨中央委員會、蒙古人民共和國大人民呼拉爾主席、蒙古人民共和國部長會議書」：……。

二、內外蒙要合併注意的幾項：（1）號召全國人民參加維護民族的真理鬥爭，並做好老老實實地聽黨的話的宣傳教育，以成吉思汗等人物做榜樣，打動人心，使人們積極參加這一真理的鬥爭，樹立戰鬥到爭取最後勝利的信心。成吉思汗這類人物，實際是我黨和您們黨所反對的人，但是他在蒙古人民當中確有著相當高的威望，所以用他作為一種帶動他們參加我黨偉大鬥爭的有效辦法。（2）中國共產黨如果不把內蒙地區連蒙古族人民不劃給蒙古人民共和國的話，那麼肯定是動武器的。因此，一定要把人民組織起來，不怕犧牲，以自我犧牲的精神投入戰鬥，迎接中國共產黨的武裝鬥爭。（3）必須取得蒙古人民的威信，動員全體人員，發揮指揮戰鬥的作用。（4）向全國老年人、青年、兒童普遍進行軍事訓練，注意隨時地拿起槍桿對準中國進攻。（5）對國內犯過錯誤的人也要進行教育，以便動員他們靠近咱們，共同站在一起，同時，也要注意團結一切可以團結的人，爭取他們，建立起戰無不勝的堅強統一戰線。……（8）要抓住適當時機，在蒙中邊界上再三的製造緊張局勢，以便威脅中國，鼓舞邊區蒙民之實效。並要分期、分批地派遣一批得力、高明和勇敢的地下工作者，在邊區蒙民中開展宣傳鼓動工作。特別是要大力進行對邊區蒙民群眾的組織動員工作。（9）實現內外蒙合併，必須在很大程度上要從實際情況出發。也就是說，可以放棄現今內蒙古自治區管轄下的部分旗、縣、市。這樣，對中國而言，不但是一種照顧，而且也能達到逼中國上「梁山」之

目的。我們要求，蒙古政府在充分考慮的基礎上，起碼要為爭得現內蒙管轄下的80個旗、縣、市中的50個旗、縣、市而奮戰。這裡應該指出的是可以放棄中國人最感興趣的包頭、呼和浩特、集寧及其周圍地區，歸中國管轄。我們認為這樣也許能夠使中國人的鬥爭走向收尾。……

四、讓我們共同向中國共產黨提出幾件事，質問幾個問題吧。

1、我們應該向中國共產黨共同提出的幾件事是：（1）內外蒙合併的、包括廣大蒙古領土的國家，才是我們蒙古族真正的祖國；（2）如果承認臺灣省是中國的領土的話，就必須承認內蒙古自治區是蒙古領土；（3）必須承認馬克思—列寧主義絕不是把一個民族分裂成兩個民族的這一真理；（4）中國共產黨人只要懂得最後勝利屬於真理這一道理，就必須放棄自己的反動立場，必須轉變極力反對堅持真理的蒙古人的一切言論和行動；……。

2、需要中國共產黨來回答的幾個問題：

（1）我們請問中國共產黨人：蒙古人就是蒙古人，不是漢人；你們是否承認這一點？

（2）我們請問中國共產黨人：我們蒙古人願意實現自己民族內部的統一，以便在馬克思主義的光輝照耀下，更快向共產主義社會前進。你們同意不同意這個要求？

（3）我們蒙古民族的人民要實現自己民族的統一，甘心情願地去過蒙古人民共和國人民的「貧苦、落後」的生活，而不願意過中華人民共和國的「繁榮、幸福」的生活。請問中國共產黨人：你們同意不同意這個意見？

（4）我們請問中國共產黨人：難道中國境內的民族只有願意漢化，才算遵循馬克思主義，而不願意漢化就是違犯了馬克思主義嗎？難道蒙古人把自己改為漢人才是共產主義者，而保持自己的民族傳統，發展自己就不是共產主義者嗎？

（5）請問中國共產黨人：難道內蒙古人民盲目地服從中國共產黨的領導，高舉「已經破產了的三面紅旗」，蕩洋貧困，飢餓的海洋，支持中國共產黨人破壞國際共產主義運動，和奪取對國際共產主義運動和社會主義陣營的領導權的企圖才是走了正確的道路，而實現內外蒙合併，在蒙古人民革命黨的英明領導下，為國際共產主義運動的偉大高潮，為加強社會主義陣營的團結和經濟建設的勝利奮鬥就是走錯了路嗎？

（6）請問中國共產黨人：你們如此關心內蒙古，是出於真正的好心呢還是為了掠奪內蒙古的富饒財富？

（7）請問中國共產黨人：你們承認不承認世界上只有真理才能最後取得勝利的這一真理？

（8）請問中國共產黨人：你們曉不曉得內蒙古人民永遠也忘不了自己蒙古祖國的這一事實？

蒙古人民革命黨萬歲！

蒙古民族的統一和團結萬歲！

蒙古人民革命黨第二次代表大會
蒙古人民革命黨委員會
一九六三年二月一日

我們把黨命名為「蒙古人民革命黨」，其理由：我們的最終目標能夠實現時，以免防止就為了黨的名稱而發生其他問題，也是標記著我們達到目的，也要堅決接受現在蒙古人民革命黨的領導，並認為我黨中央應在蒙古人民革命黨部下設立駐內蒙工作委員會，特命名的。

我們至今還是屬地下活動，沒有武裝部隊，正因為這樣，一直是未能與你們接上關係。

需要說明一點是，我們的這一鬥爭願意爭取世界各社會主義國家的支援，而不是希望一切帝國主義、資本主義國家的支援。

還有一點要求是，我們把這封信沒有直接報送蒙古人民共和國部長會議，而是寄給別人的，因此，接到這封信，及時高額的獎賞送信者，並號召蒙古人民共和國所有人民不管是誰，如接到這類信都必須送到蒙古人民共和國部長會議，並對送信者予以獎勵。

內蒙古自治區革命委員會
中國人民解放軍內蒙古軍區
一九六九年三月三十一日

11.中共內蒙古軍區委員會紀律檢查委員會卷宗，落實政策材料：挖內人黨致死同志登記冊（1978.12.05）

中共内蒙古军区委员会纪律检查委员会

卷　宗

年度　党纪办字第　　号

案件来源	落实政策材料		
案　由	挖内人党致死同志登记册		
姓　名			
收案日期			
结案日期			
审理人			
处理结果			
归档日期		归档号	
保管期限		编　号	

挖"新内人党"
致死同志登记表

78.12.5

挖"内人党"中致死同志登记

姓名	鲍凤	原部别	后勤政治部	原职别	科长	民族	蒙
入伍时间	1946.6.	入党时间	1948.11	死亡时间	1968.12.8.		
家属姓名	贾淑玲	工作单位		职务	随军家属		
工资		家属是否误伤	被抄 赶回老家宁城				

子女姓名	年令	性别	现在何地作何工作
鲍金梅	15	女	在本市十五中上学

死因调查情况及处理结果	

挖"内人党"中致死同志登记

姓名	巨如莫	原部别	内蒙军区卫生检验所	原职别	所长	民族	蒙
入伍时间	1946.9.1.	入党时间	1951.1.4.	死亡时间	1974.2.24.		
家属姓名	那仁	工作单位	铁道部二医院	职务	护士长		
工资	65.00元	家属是否误伤	被误伤				

子女姓名	年令	性别	现在何地作何工作
巨光	33	男	内蒙建委水文队
巨亮	31	男	内蒙物资局
桂胡	29	男	内蒙物资局机电公司
巨岳岳	26	女	内蒙建委水文队
巨小壇	25	男	交通学校
巨红星	23	女	内蒙地质局105队

死因调查情况及处理结果	

挖"内人党"中致死同志登记

姓名	敖福凯	原部别	356医院	原职别	[illegible]	民族	达
入伍时间	1946.4.17	入党时间	1950.5.29	死亡时间	1974年9月29日		
家属姓名	孫惠本	工作单位	[illegible]	职务	临时工(会計)		
工资	42.5元	家属是否误伤					

子女姓名	年令	性别	现在何地作何工作
敖玉平	21	女	阀门厂翻砂工(呼市)
敖春生	18	男	七二二五工厂工人
敖智平	16	男	呼市十五中高中一年级
敖和平	15	女	呼市十五中初中三年级

死因调查情况及处理结果

挖"内人党"中致死同志登记

姓名	王仁民	原部别	内蒙军区后勤部军马[illegible]	原职别	队长	民族	蒙族
入伍时间	1946.3.	入党时间	1957.3.8.	死亡时间	1970年8月30日		
家属姓名	秉喜	工作单位		职务	随軍家属		
工资		家属是否误伤					

子女姓名	年令	性别	现在何地作何工作
乌云	40	女	伊盟达旗。家属。
斯琴	33	男	呼市造纸厂工人
胡庆	31	男	包头青山区消防警
乌兰	20	女	内蒙化纤厂工人

死因调查情况及处理结果

挖"内人党"中致死同志登记

姓　名	宝音	原部别	[illegible]	原职别	[illegible]	民族	蒙
入伍时间	1946.6.	入党时间	1948.9.	死亡时间	197[illegible].6.30		
家属姓名	[illegible]	工作单位	[illegible]	职　务	医生		
工　资	56.5	家属是否误伤					

子女姓名	年令	性别	现在何地作何工作
于映利	[illegible]	女	[illegible]
于小军		男	[illegible]
于秋菊	16	女	呼二中高一班
死因调查情况及处理结果			

挖"内人党"中致死同志登记

姓　名	[illegible]	原部别	[illegible]	原职别	[illegible]	民族	蒙
入伍时间	1948.1.	入党时间	1965.1	死亡时间	1975.2.26		
家属姓名	刘凤英	工作单位		职　务	家庭妇女		
工　资		家属是否误伤					

子女姓名	年令	性别	现在何地作何工作
			有四个孩子.
			参加工作1人 下乡[illegible]
			上学1.
死因调查情况及处理结果			

挖"内人党"中致死同志登记

姓名	李才七	原部别	853医院	原职别	[illegible]	民族	蒙
入伍时间	1961年	入党时间	1959年	死亡时间	1968年10月31日		
家属姓名	陈红	工作单位	853医院[illegible]	职务	教员		
工资	70元	家属是否误伤	误伤				

子女姓名	年令	性别	现在何地作何工作
潘李文	11	男	呼市潘[illegible]小学
潘李[illegible]	10	女	〃 〃 〃 〃 〃

死因调查情况及处理结果	

挖"内人党"中致死同志登记

姓名	[illegible]	原部别	二八一医院	原职别	[illegible]	民族	[illegible]
入伍时间	1947.7	入党时间	1950.11	死亡时间	1968.11.29		
家属姓名	[illegible]	工作单位	二八一医院	职务	军医		
工资	102元	家属是否误伤					

子女姓名	年令	性别	现在何地作何工作
友[illegible]	28	男	二五三医院[illegible]
[illegible]	26	女	二八一医院[illegible]
[illegible]	22	〃	二九[illegible]医院[illegible]

死因调查情况及处理结果	

12.中共內蒙古軍區委員會紀律檢查委員會卷宗，落實政策材料：被誤傷病故人員登記冊（1979.04.17）

中共内蒙古军区委员会纪律检查委员会

卷　宗

年度　党纪办字第　　号

案件来源	落实政策材料		
案　由			
姓　名	被误伤病故人员登记册		
收案日期			
结案日期			
审理人			
处理结果			
归档日期		归档号	
保管期限		编　号	

被误伤病故人员名册

内蒙古军区后勤部

一九七九年四月十七日

挖"新内人党"时因严重致残病故人员名单 （四）

年 月 日

原部职别	姓名	民族	级别	诞年生月	入年伍月	入年党月	出身	成份	籍贯	病时死间	骨灰安放地点	家姓属名	职务	子女安排情况	家属子女要求	备考
检疫所长	巨如汉	蒙	16	22.6	46.9	57.1	地主	伪官吏	呼盟科右前旗	70.3.28	石家庄	赵国仁	医生	六个孩子已安排		已开追悼会
检疫所副所长	敖福凯	达	17	23.8	46.4	50.9	中农	伪军	呼盟莫力达瓦旗	70.1.29	呼和浩特	孙显荣	沿种	四个孩子已安排四个		已开追悼会
兽医检疫所长	王化民	蒙	17	23.8	46.3	57.3	地主	学生	呼盟突泉县	70.8.30		董喜	家务	四个孩子已安排		追悼会尚未召开
防疫科付科长	宝音	〃	17	27.5	46.6	48.9	中农	学生	呼盟科右前旗	72.1.30		包淑珍	化验师	六个孩子已安排四个 一个小的读上学		已开追悼会
后勤部营房科助理员	朱宗林	〃	19	25.1	48.1	65.1	中农	学生	哲盟奈曼旗	75.		刘凤英	家务	四个孩子已安排一个 下乡四个、上学一个		已开追悼会

13.內蒙古軍區後勤部致死者家屬及其要求

中国人民解放军 内蒙古军区后勤部信笺

后勤部副部长姜、韩、[illegible]
一九六八年三月三十一日死亡，
[illegible]

致死者家属及其要求

一、李国年，家属韩晓初，在呼市农林局工作。

提出的问题：

1. 追认为烈士。
2. 平反昭雪。
3. 揪打人凶手。
4. 解决房子。

二、韩俊林，家属刘琴，家庭妇女。

提出的问题：

1. 平反昭雪，
2. 揪打人凶手，
3. 安排子女的工作，
4. 要求盖房子，
5. 刘琴本人要求治病。

三、乔景洲，家属蔡松琴，内蒙医院工作。

提出的问题：

1. 平反昭雪、
2. 解决住房问题，
3. 写好出平反手续。

原四王子旗[illegible]
揪回临时[illegible]
一九六七年九月十六日
在二七九医院[illegible]
[illegible]
自杀。

原253医院副政委[illegible]
[illegible]、一九六八年
三月[illegible]
在内蒙古医院[illegible]

中国人民解放军 内蒙古军区后勤部信笺

（因挖新内人党）

07、侯镇宇 第二五三医院结核科文化组长 十四级，于69年3月5日致死（用木棒打头割断颈动脉）于呼市工学院 内蒙工学院

家属刘昌云（随军家属，住二五三医院内83栋西头）。

提出的问题：

1. 查清死因，彻底平反昭雪。

2. 追查打人凶手：组长：毕文才，还有崔秀彬，王金保，郝新红。

3. 做出历史的全面的正确评价和结论。

4. 清理侯的档案。

5. 安排儿子侯嘉光（又名周光）参军、在医院工作。

6. 搬进红砖级房子住。

7. 要求经济赔偿（有清单）。

8. 大女婿王致功被抓入狱140天，损失甚重，要求赔偿。

王——金将那送来阅

中国人民解放军 内蒙古军区后勤部信笺

291医院任校科说，5月15日

因挖新内人党，在用刀把割断颈动脉，

死于危状。68.11.29日

家属张玉芳、第二医院医院

要求：

1. 查清原因，抓住罪犯、明确

3. 恐成党员和幕后指挥者。

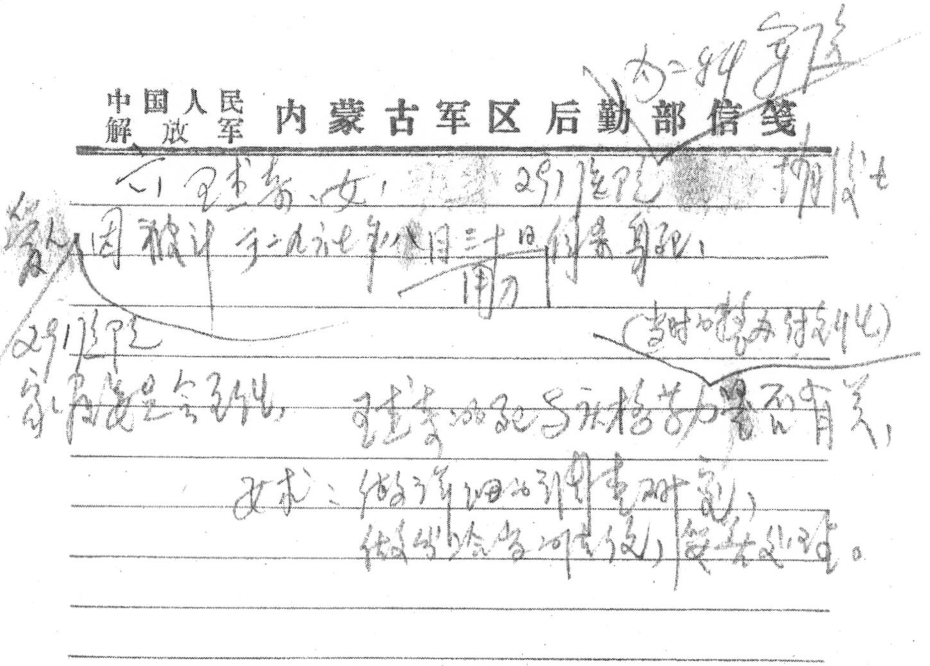
内2-84 [illegible]

中国人民解放军 内蒙古军区后勤部信笺

(1) 王淑芳，女，[illegible] 291医院 [illegible]

[illegible] 因被迫于一九六七年八月三十日 用刀 [illegible] 身亡，

(当时的情况附材料)

291医院 [illegible]

王淑芳的死与张格芬 [illegible] 有关，

要求：[illegible]

[illegible]。

中国人民解放军 内蒙古军区后勤部信笺

七、孙方宜（原化纪检部门副主任干事、科级）。在文化大革命运动中，[illegible]别[illegible]《中共中央关于处理内蒙问题的决定》下达别[illegible]，[illegible]中共中央[illegible]，因[illegible]于一九六八年九月八日在[illegible]跳黄河自杀。

要求：1、[illegible]
2、要求[illegible]一下安排一个子女。

家属：陈洁君

第　頁

11、陈家恭　原后勤管理科助理员

行政18级

68年被挖新内人党　55.2.2转业后

被遣回，本人和家属回到吉林哲盟

当农民工作。本人现已离休。

2、今后来呼市生活，要求安排子女工作，

搬家困难。

1、要求撤回呼市，以便和孩子们生活。

2、要求给予补助，男孩子当兵，女

孩给安排工作。

3、家庭生活有困难，经济困难，请求补助。

20×15=300

装订线

中国人民解放军 内蒙古军区后勤部信笺

批 [illegible] [illegible] 17级

六、七二[illegible]安置[illegible]、[illegible]

[illegible]

72年 月 日

[illegible]

1、[illegible]通知有关的人和子女，

2、过去的[illegible]，按"[illegible]"[illegible]的[illegible]。

3、[illegible]打人凶手，特别是艾广林、梁[illegible]。[illegible]打人和[illegible]要求[illegible]除艾广林的[illegible]。

4、[illegible]子女[illegible]，[illegible]回[illegible]，

5、[illegible]人人[illegible]的人[illegible]，[illegible]补助。

第　页

十八、巨兴汉（原卫生检验所所长，行政十四级）。

爱人（那仁，在呼市职工医院工作）。

7?年2月24日 杨[illegible]

家属提出要求给予解决的几个问题：

1. 要求军区党委对巨兴汉同志的死因实事求是的进行调查做出重新决定。

2. 对巨兴汉同志的结论评价重新做出正确的评价。

3. 对一九七〇年六月对巨兴汉同志的突然隔离作出答复。

4. 追查凶手秉存仁。

5. 追回巨兴汉同志受审期间发出的一切不实之词的证明。包括给子女及亲属的证明材料。

6. 退还巨兴汉同志的一切个人财物（清单在原后勤政办）。

装订线

20×15=300

在挖部内脏时，
用碗不要割断股动脉

中国人民解放军 内蒙古军区后勤部信笺

十八

第二五三医院军医奇才士同志，于68年12月31日晚被打死（呼市）。其爱人沙·仁同志，现在北京军区护校第六队任教员（地址呼市落花板）。

提出需解决的问题：

1. 查清死因，惩办凶手、
2. 给予抚恤。

68年12月8日呈报[illegible]致张于呼市(?) [illegible] [illegible]

二、包头石拐矿鄂保巴神钟书(?)，16级，其家属袁淑珍，提出如下几条要求。

一、要求调查死因。

二、开追悼会。

三、追求打人凶手，有人一棒子打在太阳穴，流血过多，而后推下楼的，说是跳楼死的。

四、重新写结论的历史评价。

五、抄家时抄走一个铜质台灯，要求退还。抄家人有郭晓婷、郭和、叶士可、怯宇红。

六、家属要求到外地治病。

七、生活困难要求补助。

八、打人的有王长春、刘厚、王海山，另一个姓不详，据郭宽家知道。

中国人民解放军 内蒙古军区后勤部信笺

三、敖福凯：原卫生检验站站长，行政17级。

于1974年9月病故。于呼市

其妻孙亚书，现在后勤部营房科做临时工，住防疫站家属院

提出落实的几个问题

1、敖福凯患肝炎发烧40度，正在住院期间被抓走的，从此们内人党学习班放出来后，后勤党委通信傲有问题，硬把敖福凯给逼死了

2、留下四个孩子没人照顾，要求大儿子上军政大学，大姑娘入医学大学，两个最小的孩子毕业后要安置。

3、要清查敖的档案材料，并把关系转到后勤机关，不要放在356医院

4、把骨灰送去后家葬到烈士陵园，追认烈士。

5、孙亚书48年参加革命当教员，后在后勤测绘队当文书。要求组织上安排正式工作或转为正式工人。

6、抓人时打坏一个暖水瓶，英雄钢笔也被拿走了。照片、还有敖的没有写完的小说底稿。

共 中国人民解放军 内蒙古军区后勤部信笺

十四、王化民 军马检验站站长 行政17级 47年参加革命

其妻 樊英，家庭妇女，住防疫队家属院

提出落实的问题

1、王化民究竟是什么问题 应搞清楚，做出正确结论

2、王化民死后，他们连没有人管，只给了一套军衣、一顶军帽，骨灰盒也不给买，其它什么东西也不给，是什么原因。

3、追回给子女造成写的证明材料。

4、大女儿、女婿从伊盟来呼的路费要求报销

5、儿子的工作，除学位问题，因文教问题受牵连，要求查清问题后，给以调动工作。

6、小姑娘在内蒙化纤厂 为了照顾家庭老人 要求调到军区附近工作。

7、生活困难 每月20元没法生活，现欠外债600元

8、追查打人凶手。

14.中共內蒙古軍區委員會紀律檢查委員會卷宗，落實政策材料：劉世峰（1985.09.25）

中共内蒙古军区委员会纪律检查委员会

卷　宗

年度　党纪办字第　　号

案件来源	落实政策材料		
案由			
姓名	刘世峰		
收案日期			
结案日期			
审理人			
处理结果			
归档日期	1985.9.25	归档号	
保管期限		编号	

我的遭遇，博仁（1979.08.10）

我於1945年參加革命，1946年入伍，1948年加入偉大的中國共產黨。家庭出身中農，本人成份學生，內蒙古自治區科右前旗人。原任內蒙古軍區後勤部衛生部付部長。

文化大革命以來，林彪、「四人幫」為了達到篡黨奪權的罪惡目的，瘋狂地推行了一條極左路線，全國人民被投入人們所厭惡的分裂和混亂局面，內蒙人民也被投入到血腥的恐怖之中。他們製造了一系列冤案、假案和錯案，在我區影響最大、危害最深的是所謂「烏蘭夫反黨集團」、「內蒙二月逆流」和挖「新內人黨」三大案件，使全區廣大幹部和群眾慘遭迫害。在這場大災難中，我也被無辜地加上種種莫須有的罪名。1968年7月10日中共內蒙古軍區黨委關於我的問題給中共北京軍區黨委有份（68）55號的「機密」報告。報告的題目是《關於對博仁實行隔離反省的報告》，在這裡給我捏造了三條主要罪狀：一是「竭力推行反革命修正主義民族分裂主義路線」；二是「與社會上反革命修正主義分子、叛徒、特務勾勾搭搭，來往密切」；三是「積極為烏蘭夫翻案」。此外，他們還給我加了許多莫須有的罪名。什麼「烏蘭夫搞民族分裂主義的忠實走卒」；「是烏蘭夫、孔飛、延懋派到後勤部的特務」；「是羅瑞卿的搞大比武的孝子賢孫」；「是劉少奇辦醫院高、大、洋、全的徒子徒孫」；「是後勤部內人黨的黨魁是黃王劉張的『黑幹將』」；是日本、蒙古、蘇修「特務」等等。

然後，真正對我進行「隔離反省」之日並非「報告」之時開始，而是在「報告」之前的五個月，我就被抓起來了，那是1968年2月26日。從這天起，近六年的時間，更準確地說，也就是一千八百二十八天的時間，我是在失去自由和法西斯專政下度過的。林彪、「四人幫」及其在內蒙的追隨者，顛倒黑白、混淆是非，他們對我殘酷鬥爭、無情打擊，使我精神上受盡折磨，肉體上被摧殘的骨斷致殘，皮開肉綻。全身共有九個部位、18處骨折。那些刑法和污辱是無法用語言來表達的。

1968年2月26日後勤整辦楊賀新、袁世昌來通知我說「後勤部黨委書記郤瑞卿決定叫你去步校學習」。到步校後，氣氛就變了，點名時四周都站著持槍實彈的戰士，我被宣佈為「現行反革命，實行軍事管制」。一位姓楊的隊長上來，不容分辯地扯下了我的領章、帽徽。我失去了自由，幹什麼都得請示報告，連吃飯睡覺、上廁所都跟著持槍的人監視，每天只有點「放風」（這是他們在作息時間表上規定的）的時間。從此，我開始了不白之冤的鐵窗戶生活。

根據轉移的地點和看押情況，我把這一千八百二十八天劃分為三個階段。

第一階段：1968年2月26日～1968年9月13日。這期間我在步校、烏素圖等地被關押。中間被押回國防工辦一次。那是68年5月6日，5月8日便開始對我實行肉刑。艾廣林兇狠很的說「要報階級仇、民族恨」，第一個打了我嘴巴，當即打的嘴裡直流鮮血，我用紙擦了血之後，把紙放在口袋裡，等他們走了以後，又放在褥子底下。第二天王景堂搜出紙來，指著我的鼻子說「你小子想翻身連門也沒有，想要報仇啊！」艾廣林說「你的罪惡比你的頭髮還多！」然後王景堂把血紙拿走了。以後審訊到五月二十一、二日後押回烏素圖。六月三日又被押回批鬥了一次，主要批判者是劉世峰，主要批判內容是「民族分裂反革命小集團」，據說還出了簡報。以後又押回烏素圖。

第二階段：1968年9月13日～1969年6月9日從烏素圖押到國防工辦，這是我倍受迫害和侮辱的時期。

第三階段：1969年8～1973年6月29日這段是軟禁生活。

現在我想著重談談第二階段，也就是挖所謂「新內人黨」時，我所過的人間地獄生活。

1968年9月13日，我被解押到國防工辦院內最後棟平房東邊第四個門。我獨自一人，所謂的「專案組」：王景堂、趙祥宗、劉士峰、艾廣林、欒志和、梁樹均、楊秀芝、任振坤等人，對我進行了非法的祕密審訊和無情的肉刑。刑法名目之多，蹂躪踐踏之頻繁，是無可比擬的。

在這期間，我生活上受盡了折磨，他們取消了原在烏素圖時僅有的一點「放風」，連呼吸新鮮空氣的自由也沒有了。他們不讓我睡覺，白天黑夜逼供、誘供、搞武鬥、拳打足踢，搞「噴氣式」，晝夜輪番，常常搞到深夜一、二點，有時候凌晨三點，晚上審訊我時，審訊室的窗子都掛著牛皮紙窗簾。回到我的禁閉室，還得遵命寫「南京政府向何處去」或「敦促杜聿明投降書」，困乏的實在不行，有時抄錯一、兩個字，便無限上綱為「有意篡改」，迎接我的便是拳打腳踢和無數的肉刑。9月13日～10月3日這期間還罰我做勞役。他們不給我飯吃，1969年4月初，一連三天沒有送來一口飯。不給煙抽，不給水喝，最使我寒心的是68年11月初，在王景堂的逼供下，我一直彎腰，汗從額角一滴一滴落在地板上，大量水份消耗，加上我平時有個愛喝水的習慣，也正因為他們知道這一點，專門抓住「喝水」制我。我渴的實在支持不了，就要求給點水喝，王景堂拿了一缸子水走到我的面前，把缸子晃一晃，把水潑到地上說：「你他媽的想喝，我讓你一口一口地舔」。嘴裡喊著：「給我舔！給我舔！」「你不舔，看你博仁骨頭硬還是棒子硬！」我只好爬下去，像狗一樣一口一口地去舔地上的髒水。回到我的禁閉室，他們依然不給水喝，連喝水的缸子也拿走了。這還不算，更難以容忍的是他們逼著我喝尿。68年11月下旬或12月初左右，有天晚上審訊，我要解小便，他們不讓去，我實在憋不住了，經再三的要求才同意了。在艾廣林的監視下，我走到廁所。一進門，艾廣林搶先一步到廁所的窗口，拿了一隻積滿污垢的缸子說：「拿著！」我不明白幹什麼，就拿著。他又說：「往缸子裡尿！」我不明白做什麼，就尿到缸子裡。尿滿缸子後，他看了看，便惡狠狠地說「你喝了！」我萬沒想到他會這樣做，我憤怒地說：「我不能喝……」話音未落，艾廣林就喊道：「什麼，你敢不喝？給我喝了！」這真是奇恥大辱，我忍著悲憤將尿和眼淚一起吞嚥下去，還得把缸子放回到原處。因為他們限時大小便，實在憋不住了，有時還拉褲子、尿褲子。我的審訊室距我的禁閉室約100多米，12月份的審訊中二十多天。每次審訊時，都得喊著「坦白從寬，抗拒從嚴」的口號跑步到審訊室，劉士峰、艾廣林、欒志和等人輪流騎著自行車跟在後邊，還大聲喊叫「快跑！大聲喊！」由於長期人間地獄般生活的折磨，我病倒了。有次跑步到審訊室時，我只覺得渾身無力，步履蹣跚，兩腿像灌了鉛似的沉重，不由得一個趔趄栽倒在路旁，欒志和上去還踢了我一腳說：「快起來！耍什麼賴狗！」後來甄樹德醫生給我作了檢查他悄悄地告訴我說「肺炎高燒40度」，他們晚上把我拉到二五三醫院放射科做了透視，回來後，只打了幾針就不管了。那麼重的病，卻得不到住院治療，而且照常審訊，打罵卻未停止過。69年6月9日出獄後我到內蒙醫院等處檢查，確診為老年性肺炎，而且加重了我的肺氣腫，現在老年性肺炎有時還犯。

在這段人間地獄的生活中，我在政治上受盡了侮辱，肉體上遭了摧殘，精神上極度苦悶。王景堂經常罵我：「擒賊先擒王，你是籠中之鳥，甕中之鱉，」「你的問題不是鐵板上釘釘，而是鋼板上釘釘子的！」同時打賭地說：「你如果不是反革命，我把腦袋扔到大青山山溝裡」。68年11月中旬王景堂、趙祥宗、劉士峰、艾廣林突然闖進我的禁閉室，進門就叫我脫衣服，我一件一件地脫，脫完了上衣，只剩一件背心，還不行，讓我把背心也脫了。然後又脫下衣，一件一件地脫，直到脫得只剩下褲衩，還不行，硬讓把褲衩也脫了，最後連鞋、襪子都一件一件地脫了。我一絲不掛，裸體而立。王景堂還不罷休說「這小子狡猾，屁股裡還藏著東西。」緊接著，劉士峰又喊道：「轉過去，面朝牆。」在他們一夥的逼迫下，我彎下腰，撅起屁股，劉士峰低下頭看了看，打了我的屁股一巴掌，嘲笑地說：「這小子屁股裡還有屎呢！」。有一次楊秀芝走到我的禁閉室，用手絹捂著鼻子說：「啊呀，真臭，嗆死人啦！你不是衛生部長嗎？！不是挺講衛生嗎？怎麼這樣臭啊！洗一洗嘛。」這種人格上的侮辱和羞恥，使我精神上蒙受了極大的痛苦。艾廣林、欒志和等人，嘴裡又總是罵著要報階級仇、民族恨。有一次我忍不住了就說：「我祖祖輩輩沒有雇過長工，沒有出租過土地，更沒有出租過房子（在我的記憶中，欒家出租房子，說這話是影射欒的）。」這回可觸到了欒的痛處，他就對我又打又踢。而劉士峰、王景堂嘴上成天掛著的是：「你是鋼板上釘釘的反革命，是籠中之鳥，甕中之鱉」，「擒賊先擒王，這回他媽的抓住了，你是跑不了啦！」令人氣憤的是69年4月30日，王景堂說：「明天過『五一』，你的月亮（我愛人名叫莎仁，譯成漢語是月亮）帶著你的小崽子來看你，不許你說你們的話！」第二天，即是「五一」，艾廣林去禁閉室叫我到審訊室，在路上艾廣林說：「你見你的家屬，不許說你們的牲口話！」

在這段人間地獄的生活中，我的肉體受到了摧殘，更是令人髮指。他們使用了各種各樣的刑法，有的刑法名字是他們起的，現大致歸納以下28種：

1.吃豬蹄（這是他們起的名字）：1968年12月19日晚，王景堂等人審訊我，這時喬克順帶了十多名突擊隊員（後改為遊擊隊員）來助威，在趙祥宗、王景堂、喬克順的指揮下，共近有二十多人，從晚上七點直打到凌晨三時左右。這一晚上，他們採取了綜合性的刑法，什麼「噴氣式」、什麼「打嘴巴」、「棍棒打」、「揪頭髮」、「揪鬍子」、「灌涼水」、「掐脖子」、「掐臉」總之他們近二十個人打得打、踢的踢、揪的揪真可謂「各顯其能」。把我的外衣、襯衣、背心都撕碎了，把我手上戴的手錶也打壞了。我實在起不來了，靠著牆歪在那裡。這時，楊桂景說：「給他吃個豬蹄」。把我的大拇指抓住猛力地扭向腕關節，同撓骨貼近，疼痛難忍，我越說痛他越用勁，當時手腕關節就腫脹、充血了，極度疼痛，活動受限，在很長一段時間裡不能寫字和拿東西，現在還落下後遺症，有時疼痛腫脹一、二天。這晚審訊結束，我連步子都邁不了啦，從審訊室下二樓，是一點一點爬下去的。

2.擰耳朵、揪耳朵。「擰」就是用力捻耳軟骨；「揪」是用力把耳垂往上提。68年10月審訊中，王景堂交替地使用「擰」、「揪」耳朵兩種肉刑（約十五、六次）。把我的雙耳垂撕裂，鮮血直流，王景堂怕我看見，從兜裡掏出塊紙給擦乾，一會兒又流出來，他又掏出紙來擦。而「擰」耳朵專門擰軟骨，當時雙耳腫脹、充血，疼痛難忍，聽力一度受到極度障礙。現經醫生診斷為雙耳耳軟骨骨折。感音性雙耳聾。

3.揪鬍子。在禁閉室裡，他們搜走了我的刮臉刀，我的鬍子長得很長。有時審訊，王景堂就一根一根的揪，有時揪住幾根鬍子用力一拽，疼痛情況是難以用語言形容的。

4.挾鎖骨。68年11月初審訊時，任振坤用兩手指掐住我的鎖骨，猛地往外揪，往上提，我疼的汗流浹背。

5.砸反骨。（這是王景堂起的名字）68年10月末的一天審訊，王景堂摸著我的枕骨說：「這小子的反骨比魏延還大，來，爺給你砸反骨。」說著就讓我背靠牆站著，王景堂抓住我的額部一次又一次地往牆上撞。開始我只覺得頭又痛又脹，嗡嗡直響，撞了三十多次，我就暈倒在地，等我醒來已吐在地上了。艾廣林就指著吐在地上的東西說「拿墩布去，把你的狗屎擦了」，我忍著頭部的劇烈疼痛，跌跌打打地去擦了。以後一直五、六天，我的頭又痛又暈，後來漸漸地記憶力也減退了。後經醫院確診為「腦挫傷」（這比腦震盪還重了）。

6.王爺表演（這是王景堂起的名字）。68年11月初，王景堂在審訊中又想起了新花招，說「讓他來個王爺表演。」王在椅子上放凳子，讓我坐在凳子上，雙手叉著腰，兩腿相搭，架成「二郎腿」，然後往後仰，就是一個斛斗；摔在地下後，他們又讓我重新坐在凳子上，再仰，再摔，這樣摔了廿多次，我就暈過去了。然後，他們就把痰盂裡的髒水潑到我的臉上。我甦醒後，用手一摸臉，滿臉是痰、鼻涕。我覺得頭痛劇烈，噁心嘔吐。這是第二次「腦震盪」。

7.「日本兵表演」。（這是王景堂起的名字）68年11月末或12月初的一次審訊中，王景堂說「這小子有武士道精神，給他來個『日本兵表演』」。王景堂、劉士峰、艾廣林、欒志和等人找來了四塊很髒的破抹布，用一塊捂著我的嘴當口罩，一塊蒙住我的眼鏡，當防雪盲紗，另二塊放在我的頭上，當防蚊罩；再給戴上帽子，把我化裝成日本兵，然後把墩布掉過頭來，讓我扛在肩上，當三八式。王景堂喊「起步走」的號令後，我就按他的口令向前、往後、向左、右走。由於蒙住我的雙眼，看不見路，我便東撞西碰。王景堂之流卻哈哈大笑，開心取樂。王景堂還說「這小子還沒有訓練好，將來還得繼續訓練訓練！」

8.「孫悟空表演」（這是王景堂起的名字）。68年11月末或12月初，審訊時他們讓我低頭彎腰做「噴氣式」的架式，然後站在一米見方的地方，四個角站著四個人（王景堂、劉士峰、艾廣林、欒志和），他們輪流按住我的頭，抓住我的褲帶「翻斛斗」，在水泥地板上翻了三十多次（這種刑法用了五、六次，有一次把我的塑料褲帶都揪斷了），把我的頭撞起個拳頭大的血腫。王景堂說「來，爺給你來個以毒攻毒」說著就用手猛捏血腫，我疼得直縮脖子咧嘴咬牙，王景堂慘無人道地說「這小子還笑，爺再給你來一下。」這樣反覆的捏，直到我再疼也不敢咧嘴為止。

9.「牛魔王表演」（這是欒志和起的名字）。68年12月末在審訊中欒志和讓我戴上皮帽子，放下兩個帽耳朵，他就用勁猛擰帽耳，擰得我出不上氣來，就又猛力前後左右搖動我的腦袋，把我搞得暈頭轉向，汗流浹背，再把我拉到暖氣片上烤我的臉。

10.掐脖子。68年11月初在審訊中，王景堂讓我背靠著牆，他用手狠掐我的脖子。不讓我呼吸，然後猛往牆上撞，有時一次審訊中掐五、六次。有時既掐脖子又拳擊胸部，有一次拳擊後，我胸痛的實在受不了，抑制不住自己而倒下了，這時王景堂便踢了我幾腳說「你起來，耍什麼賴狗！」我痛的實在受不了，呼吸也感到十分困難，回去時，我是抱著胸跌打回去的，一連幾天，我吃飯、睡覺都不舒服。後經診斷查明胸骨三處骨折。

11.乒乓球拍子打嘴巴。68年10月下旬，王景堂戴著白手套，手拿乒乓球拍子打我的臉，左右開弓。據我所見，曾打壞二個拍子（一個是打得三合板壞了，另一個是打得塑料和拍面裂開了）。

12.踢足球（這是欒志和起的名字）。69年4月初一個星期天，欒志和一個人到了我的禁閉室，他手裡拿了一個特大的麻袋，他把麻袋口張開說「你蹲進來」，我蹲下去後，他就把麻袋一提，把我裝進去，把口紮上，來回地踢，踢過來踢過去，使我疼的連腰都直不起來，後來一檢查，腰椎五處骨折。

13.踢皮球（王景堂起的名字）。68年12月審訊時，王景堂說「你小子還沒嚐過踢皮球的滋味吧，來，嚐嚐！」說著就讓我彎下腰，讓他們穿著皮鞋，坐在椅子上，輪流來回踢我的頭。

14.倒栽蔥（這是艾廣林起的名字）。69年1月，艾廣林、劉士峰、王景堂讓我面向牆，頭朝下，腳朝上，倒立起來。我倒立不住，王景堂就用桌子擋住我，艾廣林、劉士峰一邊一個把著我的腳，還喊叫「交待不交待！」。

15.戴緊箍咒（這是艾廣林起的名字）。68年12月初一次審訊中，艾廣林拿來一個破油漆筒，筒口四周圍爛的像鋸齒，艾就把筒口硬扣在我的頭部，扣不進去就一拉一拽，把我的頭部劃了許多口子，鮮血直流。

16.棍棒打。在審訊室裡有一根一米長左右的棍棒，劉士峰就常用這棍棒打我的腰部，臂部、腿部。劉士峰還不斷的喊著：「看你博仁的骨頭硬，還是棒子硬，叫你較量較量。」經過他這種「棍棒」刑後，我的臂部、腿部的皮膚都腫成紫紅色的。行走、上廁所、蹲下都十分困難，連看守的士兵都不忍目睹。有次我上廁所蹲不下去，看守的戰士到門口看了看，見沒有人便扶著我的兩手，我半蹲下，才解了手。

17.打賴狗。68年12月（這是史同錄起的名字）史同錄兩手左右開弓打我的嘴巴，打的我兩腮紅腫得不像樣子，因為他打得用力過度，也累得滿頭大汗。他就反剪著我的雙手，把我翻倒在地，用腳踹我的臉，說這是打賴狗。一腳把我的門牙踹斷了三個。三個牙斷了後，我的假牙戴不住了，搞噴氣式時劉士峰踢我屁股，假牙就掉在地上，劉士峰喊道「把你的狗牙撿起來！」。

18.挾手指。68年10月末，任振坤把沾水鋼筆挾在我的兩指中間，有時他自己準備了一個小姆指粗十公分長的一根小棍子，挾在我的兩指縫中，然後用力擠壓我的兩指，疼痛得厲害，汗水滿面，兩手指都紅腫了，還不准說痛，說痛再來。

19.「大蒙古帝國馬戲團表演」（這是欒志和起的名字）他們有個二公分厚、二十公分長、十公分寬的木板，底下釘有個十五公分高的圓柱子，讓我站在上面做各種動作。或者把刑具倒過來，讓我站在僅有十公分直徑的圓柱子上做各種動作。我站上去，摔下來，反覆地摔。他們嘲笑地說「沒有經過訓練好的演員」然後在我屁股上踢來踢去，說要訓練好為止。

20.「悔過自新」。一個星期日，艾廣林和欒志和把我提到審訊室，用一根鐵絲拴在五塊磚頭，然後套在我的脖子上，搞噴氣式，並要求磚頭不能挨地面，兩腿不能打彎。

21.「鑽狗洞」（這是王景堂起的）。讓我做「噴氣式」，然後把頭鑽到桌子底下，後腿不能彎。這是王景堂幹的。

22.「米達尺打脖子」。楊秀芝審訊我時，專用米達尺打我的脖子。

23.逼著上吊、跳樓。在審訊室裡有根像小姆指粗，一米半長的繩子。在68年11月末或12月初的一次，審訊中，王景堂說「你小子不坦白、不交代，給你繩子，就上吊！」我說「我不能上吊，我相信黨、相信毛主席，問題會搞清楚的」艾廣林把窗子打開說「你小子不上吊，那你就跳樓！跳不跳？！」說著又打我幾個嘴巴。

24.踢肋骨。68年11月末或12月初，在審訊中，我像往常一樣，低頭彎腰，拉起「噴氣式」的架子。王景堂等人對我一邊連踢帶打，一邊七嘴八舌地罵著。王景堂說「你到底交待不交待，你是鋼板釘釘的『內人黨』，還裝什麼蒜！」罵後，突然用他穿皮鞋的腳，向我左側肋部猛踢一腳，當即把我踢倒在地，我疼痛得實在起不來了，王景堂又罵道「你起來不？耍什麼賴狗！」又沖我的屁股踢了幾腳。我手按著左側肋骨部，忍著劇烈的疼痛，勉強地站起來，又繼續審訊了一會，他說「滾回去！」回到我的禁閉室，我感到疼痛難忍，呼吸困難。我的左側肋骨部又紅又腫。但在禁閉室也不讓休息，從早起一直坐到晚上，戰士看見我確實支持不住了，同意了我的要求說「那你稍稍躺一會吧。」出獄後診斷為左側第十一、十二肋骨三處骨折。

25.68年12月下旬，在一次審訊中，我還是低著頭，彎著腰，他們對我又踢又罵，這時艾廣林穿著皮鞋，突然向我的右前方肋骨部猛踢，一腳就把我踢倒了，我只覺得右肋部猛烈地疼痛，想站起來，可是咬咬牙，怎麼也站不起來。艾廣林便又沖我的屁股踢了幾腳，罵道「你要什麼賴狗，踢死你們這些人比踩死個螞蟻還容易呢！」出獄後，我經檢查，右第二肋骨骨折。

26.69年4月初，王景堂在審訊時說「你小子不吃敬酒，吃罰酒，你到底交待不交待！」左右開弓打嘴巴，並用穿皮鞋的腳猛跺我的右腳，我當即倒下去，痛得起不來。他又踢了幾腳屁股說「你起來不起來？你還想活不活？」我逼得沒有辦法，只好忍痛而起。當即腳背腫脹，走路困難。後經確診為右腳第五蹠骨骨折。

27.跪著請罪、低頭思過（這是艾廣林、欒志和起的名字）。一個星期日，艾廣林和欒志和把我提到審訊室，讓我面向毛主席像跪著請罪，低頭思過。跪在那裡一個小時左右，然後又罵一頓，打一頓，押回禁閉室。

28.「滾出去」。68年11月初審訊後，讓我回禁閉室。這時劉士峰喊道「滾出去！」我就要走出去，劉士峰兇狠很地說「你他媽的想的倒輕鬆，讓你滾出去，你給我滾！」我只好按著他的要求，一步一個斛斗滾到審訊室外邊，然後又滾到走廊的下樓梯處為止。

除此以外，還有很多說不清的刑法。打我的人除了我的「專案組」那些成員外，還有史同錄、栗存仁、陳子斌、趙家壽、馬如孝、楊貴景等人。他們私設的法西斯式的公堂嚴重地摧殘了我的身心健康，我的身上有九個部位、十八個骨折，腦挫傷、感音性雙耳聾、老年性肺炎，精神一度失常等，尤其精神上的創傷更是無法平復的。

這個「專案組」，不僅毫無人道，而且品質也是極其鄙劣的。他們不僅從政治上，精神上、肉體上、生活上迫害我，而且還從經濟上對我進行敲詐勒索。有一次他們來我的禁閉室，對我裸體進行檢查後說「把你的煙拿出來！」我全部拿出來共七十多盒，其中有一條中華煙，一條牡丹煙，七、八盒前門煙，其它還有三門峽、太陽、暑光等。王景堂說「你小子鬼頭鬼腦的，數清楚」。數後，他把煙全部拿走了。過了四天在審訊室把煙一古腦地扔在地上說「把你的爛煙拿回去！」拿走時再三強調數清，扔給我的時隻字不提數清楚了。我拿來一看，原中華煙一條、牡丹煙一條都沒有了，只剩下前門、三門峽、曙光和太陽煙了。

我被抓走後，我愛人受株連也被抓了。家裡就剩下幾個孩子，他們更趁機到家裡要東西說「你爸爸病了，要好酒、好煙、好吃的」先後達六次之多，有好酒、好煙、好吃的等，每次均在50元左右。其中只有春節第一次給我一小部分外，其它幾次連影都沒有見過。除此之外，丟失的衣服、毛毯之類，不在這裡詳述。請組織上與我家屬子女調查。

以上物質上的損失是嚴重的，然而更悲慘的是我的幾個孩子的遭遇。我愛人被關後，家裡只剩下幾個孩子，他們沒有升學、參軍的權利，大女兒連去兵團的資格都沒有，在學校通緝令的脅迫下，被攆到了農村。二女兒連升高中的權利和資格都沒有。這樣，家裡最大的孩子就是年僅十五歲的次女，她帶著十三歲的弟弟和十歲的妹妹，過著受人欺凌歧視、孤苦伶仃的苦難生活。孩子們被攆到一間破房子裡，房頂漏雨，炕不好燒，凍一層冰，也不給修，孩子們的腳都凍了。房租卻得照常交。房子裡老鼠多的不行，想養個貓都不讓。孩子們不會做飯，就吃炒米，喝稀飯，沒人照護，姐弟幾個人便相依為命。此外，他們還得隨時準備應付突然而來的抄家。所謂的抄家人員，今天一夥，明兒一幫，一來就把家翻得亂七八糟，特別是專案人員還抓住那幾個可憐得嚇得發抖的孩子，逼著他們交待父母的罪行。什麼「你爸爸半夜發過報沒有？」、「收過報沒有」「你們的收音機就是你爸爸的收發報機」什麼「那裡藏著你爸爸的手槍！發收報機」等等。專案人員還把我二女兒叫去辦什麼「黑幫子女學習班」，讓她（他）們和父母劃清界限。這些從來沒有離開過父母的孩子，那裡經受得住這種恐嚇、威脅，他們只是在電影裡看見國民黨抓共產黨人的情景，那裡會想到現實生活中也有這種不平之事！孩子們恐懼害怕，加上生活重擔的折磨，致使二姑娘患了頑固性神經性頭痛，至今未癒。這使我終身悲痛。父母的遭遇，社會上的誹謗，專案組的殘酷，使孩子們幼小的心靈受到嚴重的摧殘，留下了深深的創傷。我每當想到幾個無辜孩子們的遭遇，心頭就隱隱作痛，悲憤、憐憫，難過得不能控制自己的眼淚和悲痛。

我所慶幸的是以華主席為首的黨中央，一舉粉碎了「四人幫」徹底摧毀了他們制定和推行的極左路線，挽救了黨，挽救了革命。中央一九七九年一月二十一日批覆了「關於徹底推到烏蘭夫反黨叛國集團」和「內蒙二月逆流」的請示報告，推倒了「內人黨」的冤案，並為受害的同志平反昭雪，恢復名譽，這是黨對我區人民最大的關懷，我從內心感謝黨和人民給我洗清了這深沉大冤。今後我一定要堅決擁護黨的三中全會的決議，以有生之年，為祖國的「四化」建設貢獻力量。

博仁

一九七九年8月10日

致殘情況表（一）

部位	傷情程度	年月	致殘者	致傷方法	當時治療情況
雙耳	均軟骨骨折	68年10月	王景堂	擰耳朵	當時沒給治療
雙耳	感音性耳聾	68年10月	王景堂	用乒乓球拍子打的	當時沒給治療
肋骨	第十一、十二兩個肋骨三處骨折	68年11、12月	王景堂	穿皮鞋踢斷	沒給治療
胸骨	胸骨三處骨折	68年11月	王景堂	拳擊胸脯	沒給治療
左腳	第五蹠骨骨折	69年4月	王景堂	穿皮鞋跺斷的	沒給治療
口腔	三個門牙骨折	68年12月	史同錄	穿皮鞋踹顏面	沒給治療
胸部	右側第二肋骨骨折	68年12月	艾廣林	穿皮鞋踢斷	沒給治療
腰部	第1、2、3、4腰椎骨折五處	69年4月	欒志和	把我裝入麻袋裡，穿皮鞋踢斷	沒給治療

致殘情況表（二）

病名	致病原因	當時治療情況	後遺症
腦震盪（兩次）	1968年10月王景堂砸反骨、1968年11月在王景堂指揮下進行「王爺表演」。	沒給治療	偶發頭痛
老年性肺炎	1968年11月肉刑下身體高度衰弱。	僅注幾針，未徹底治療，吸收不良。	每年復發，七八、七九年二年[1]末復發。
精神失常	1969年後精神失常，因長期威逼所致冷熱不知。	沒給治療	今正常
腕關節炎	1968年12月因吃豬蹄扭腕關節造成的。	沒給治療	現有時腫脹，活動受限。

1 編按：此處應為二月。史料如此，編輯予以保留。

我在挖「新內人黨」這一冤假錯案中的主要過錯和我所知道的原衛生部專案組的情況（1979.10.24）

①　　1

我在挖"新内人党"这一冤假错案中的主要过错和我所知道的原卫生部专案组的情况

十月十八日后勤部落办的田瑞梅乌甘二位同志找我谈话，了解当时挖"内人党"和原卫生部专案组的情况并要求写一书面材料，现根据我的回忆，实事求是地汇报如下：

首先，由于我平时学习马列和毛泽东思想不好，理论联系实际不

15×10＝150　　第　頁

够，认识水平低，识别能力差，缺乏科学地实事求是的态度，缺乏党的政策观念和纪律观念，因而轻信了林彪、四人帮及其在内蒙的代理人的谣言，参加了所谓挖新内人党活动，并犯了严重的错误，给内蒙人民带来了严重的损失，破坏了党的民族政策，破坏了党群关系、干群关系、军民关系，把一个好端端的内蒙古推到了全面崩溃的边缘，同時，給受誤傷的同志在政治上、精神上和肉体上都造成了深度的創傷，長期蒙受着不白之冤，經濟上也受到了很大的損失，這一历史悲劇是極其沉痛的，應該深刻汲取，我願借此机会，再次向受誤傷的領導同志表示道歉，並表示在今后人生的旅途中，以實際行動改正錯誤洗刷靈魂。

　　我於一九六八年四月底支左任

务结束后回卫生厅工作的。当时正
值卫生厅及厅揪揭付厅长的所谓历
史问题，因为人手少，经负责专案
工作的赵祥琮、王景堂二同志提议，
原卫生厅之前程信忠同志同意，自
此我就参加了专案工作。后来人员
陆续增加，至十二月底已发展到八
人，他们是：赵祥琮、王景堂、刘
去峰、艾广林、栾志和、杨秀芝、
梁树军、任振坤。赵为组长，王为

付组长。在六八年十月底以前，专案组主要搞胡付户长的所谓历史问题，方法是审讯和外调相结合。胡付部长何时被隔离、怎么立的案、谁搞定成立的专案组我不知道，后来我也未问过，此情赵玉山能知道。

我记得从六八年十一月份开始转为搞新内人党，卫生户专案对象除搞付户长外，先后被隔离的还有达木仁、阿其格、宝音图等。刑讯

逼供武斗风气从十一月份逐渐开始
的，至六七年一、二月份展到高峰，
在这个特问室，在会客房间内，一
些同志被打死，许多同志被打残，
无数同志被打伤。此期在卫七甲专
案组也是武斗风气引，以揭付甲长
为例，身受二、三十种刑罚，诸如：
拳打、脚踢、用棒椎打、倒立、砸
反背、揪耳朵、拔胡子、揪头发、
球拍打、木棍敲、爬狗洞、翻跟斗，

单腿立、头戴油漆桶、脚上挂砖头"杂技"表演和武士道精神表演台上。除肉体摧残外，还使用了一些污辱人格的语言，在精神上和肉体上都受到了严重的打击，使在后勤机和后勤像绝望了一样的。在隔离期间曾患过肺炎，只做了简单的处理未住院治疗。大约在六八年十二月为了找"内人党"证据，抄了借住户我的家，参加人主要有安广林、栾忠和、梁树军。我也去转了一下，但未动手就回来了。搜回的东西主要有图书、子弹和照片等物。

　　对达、胜、家三同志都不同程度地进行过逼供拷打，其中达木仁同志的小腿骨被打折。胜其格的头和腿被打伤，家秀也受害不浅。

　　大约在六九年一月对专案对象进行了分工，博付甲由金纪负责，以赵祥琢为主，胜其格由王世杰和

15×10=150　　　　第　　页

我负责，达木仁和家畜由艾广林、高兴和、梁树芳负责。

在挖"内人党"过程中，除赵祥踪未动手打人外，其它人都不同程度地打过人，但艾广林、高兴和表现的更突出些，我除了拳打、脚踢过扎付尼玛外，未打过其它人。

以上是我亲身经历的情况，是属实的。

刘吉峰

79.10.24.

關於原衛生部「內人黨」專案組有關情況的補充說明（1979.10.26）

②

关于原卫生部"内人党"专案组
有关情况的补充说明

1.我是一九六八年五月底支左回来后参加专案组的。据我所知，这个组早于六八年一、二月份即已成立。当时只有赵祥琮、王景堂二人。后来人数不断增加，至年底先后发展到八人。赵祥琮为组长、王景堂为付组长，刘世峰、艾广林、韦忠和、杨秀芝、梁树军、任振坤为成员。

15×10=150　　第　　页

2、专案组开始专搞特付户发的所谓历史问题，因为未弄出什么名堂，就转到一九六八年十一月份转向挖新内人党。这个专案工作是在后勤党委、后勤专案办公室领导下进行的，主要负责人有杨什亭、程俭忠、徐礼、王振江、乔克顺等人。专办召开的会议都是组长或付组长参加，上级有什么具体意见我没有直接听到过，但在专案组内经常强调稳准、狠地打击"敌人"，以狠字为基础；对"敌人"决不能心慈手软；始终反右倾，同时指导思想是极左的。在挖内人党过程中出现的严刑逼供的情况，各级领导都是支持的，包括付细李王罗等在内，都不同程度地打过人，但细发起详踪从未提出过异议。专办负责人程俊忠、徐祝时人，曾多次~~现场~~"视察"刑讯现场，但"未查问或过问制止，甚至有时还坐阵指

15×10=150　　　　第　　页

揮。例如，六九年一月的一天晚上，在审讯室普问点之前，专案组召开了誓师大会，赵祥瑞、王黑堂主持，艾广林带领全体人员在毛主席象前宣誓，誓词大意是：我们要牢记阶级仇、民族恨，誓与内人党分子血战到底。其杀气之浓，令人毛骨悚然，程洛忠也参加了这个会，并插话了句"不要打"的话，但未制止体罚和刑讯离开了现场。

15×10=150　　　　第　　頁

文卫生厅专案组刑讯逼供是严重的。大约从六八年十一月末开始，至六九年一二月分发展到高峰，在这两三个月的时间里，情付厅长、牺其格科长、还有正付院长；还有付科长都在精神和肉体上受到摧残，其中以情付厅长最重，身受二、三十种刑罚。我能点出名目的有如下九种：围攻推打：包括组长、付组长在内全体专案人员参加；拳打、脚

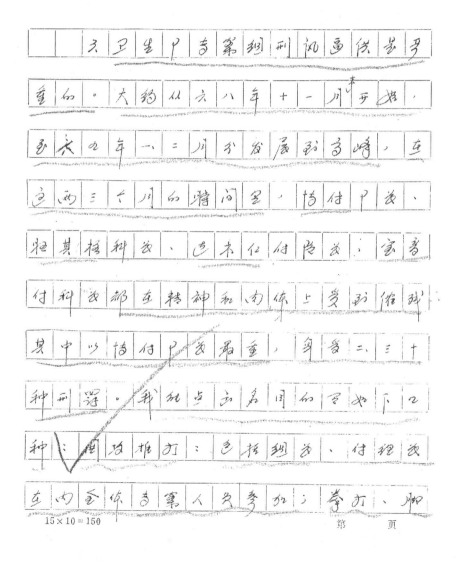

路：除赵祥瑞外，其它人都参与了；
砸反帮：谣言五团是艾广林，引动来
自王景堂；揪耳朵：有一次刑讯时，
王景堂将持付中共的耳朵揪破了血，
为了掩饰现实，手拿铺着纸，揪一
下按一下血；拔胡子、揪头发：为
能当王景堂说为；爬狗洞、翻跟斗
单腿立、头戴油泥桶、喝了抓鸡头
杂技表演和郭士道精神表演等，主
要是艾广林的点子，艾广林和柔点

和刘光耀，其它人推波助澜，其中
翻跟斗王崇堂也参与了；打嘴巴：
我见过王崇打过一次，还有用乒乓
球拍和木棍打。我记不清是谁干的，
但肯定是学生的。由于连续刑讯两三
个月，学生刑罚如：翻跟斗、拳打
脚踢是最经常进行的，另外，单独
拷审的情况比较多，那两三个人将
受害者叫到审讯室毒打。象这种情
况我就不知道了。

只有向人在接收入党时说以表现了要报复，除受社会上的极左思潮的影响外，还受个人恩怨，例如，在一九六七年夺权机关时，艾广林、朱志和都是夺权的对象，而高锦明等都十分拥护，借任户名也参加了机关夺权，他们对此耿耿于怀。朱志和平素就有风头主义思想，因此，在运动中表现极左，整人和心黑狠的。由于朱志和表现突出，深受土办负责人王振江、乔飞顺、程俊忠等人的影响，因而在六九年初调往白塔第二学习班。

6、我在奉行大汉族主义路线，挖内人党过程中，在客观上是和抱真命的，因而犯了严重的错误，为了挽救教育我，请求组织给我一定的处分。

以上汇报如有不当，请指示。

刘云峰

71.10.26.

衛生部挖内人黨情況補遺（1979.10.28）

卫生部挖内人党情况补遗

1、在一次刑讯中，任振坤在揍付中发的手指间夹坚硬物，然后攥他的手。

2、所谓武士道精神表演，是对人格的污辱。是艾广林搞的，王黑堂乃雄也喊过口令。

3、关于挖我在后勤系统挖内人党组织动员会上发言问题"：我不记得有此事。我在文化大革命中，在北

15×10＝150　　第　　页

稍大一点规模会上的发言只有两次，第一次是一九六七年"八条"之后，在军区党委召开的后勤系统批判苏均的会议上，发过一次言。第二次是一九六九年九月，卫生部让我参加了后勤系统"双代会"，当时正值中央军委发出号令，强调"纲纪"问题，我在后勤党委发过言。

　　另有其他情况，例如对待什中多川兵楼坍，夹致当，指责作了分，因为时间较久，细节回忆不起来了，但有一条我确信不疑，我在某些人身上未动过手，在情仔户为身上也决不会下狠手。

有些情况我还要进一步回忆，愿意配合组织查清当时的问题。

刘吉岭

79.10.28.

15×10=150　　　　第　　页

幾個問題的回憶（1979.11.06）

④

几个问题的回顾

根据后勤管办团蓉植名、赵光二位同志提出的问题回答如下：

1、在所谓挖新内人党的刑讯逼供期间，专案组办公室的窗户都用纸糊住了。目的是以免在审讯时被外人发现，这说明知道打人是错误的，也意味着打人不是认识问题，而是个思想问题。据说有一次在对情报户多审讯后，史广林将一条绳

15×10=150 第 页

子扔给情付户发，口里还说："你死去！"后被专案组的他人将绳子解走。

六八元旦、春节期间情付户发家属给情付户发送来的香烟、点心和点烟，我和赵广林、乐点和、梁树军、王景堂等人都吃用过。

六八六九年初后期离开了专案工作组转交涂各，我没有做过"拳头下面出敌人"的发言，因为我在专案组里表现的并不那么突出，同时，

15×10＝150　　　　第　　页

我也没有那样的指导思想和行动，在我全部参加审案过程中，除了对连情何甲发外，未动过其它任何人。

关于指控悦光情何甲发的衣帽，所谓揭查的人竟证据和让情何甲发在地板上铺水解渴问题，我回忆不起来了，感到遗憾。

如果还有什么需要我回忆或证实的问题，请组织提出，我应该也愿意積协为组织弄清查对的问题。

15×10=150　　　　第　　页

刘安峰
75.11.6.

詢問筆錄（1979.12.19）

1

询问笔录

时间：一九七九年十二月十九日 八点半至十点半

地点：后勤部办清查办公室326号房间

被询问人：刘世峰

询问人：德力格尔

记录：思勒

？ 今天主要(向)你了解艾广林在挖肃中的情况希望你如实谈一下。

：可以。

？ 卫生部专案组审讯博仁时第一个打人的是谁把博嘴打出血是谁干的

： 在谈这个问题之前先谈谈我对艾广林的认识，以及他在运动中表现积极的来龙去脉。

2.

艾广林这个人思想比较偏激，行动过左。他是六三年大连医学院毕业分配来的，六三年在骑兵师下放，那时候是比较好使的，点子也多，平时工作还是可以的。我是六四年来的，六六年去昭盟四清，九月回来参加运动。回来后发现艾广林在卫生部成立了"红色造反团"，他先当了小头头。六七年他还跟陶明生、苗时大等成立了草原红战斗队——"红色观察员"。同北"八条"下来整顿机关时他是重点整顿对象。到筹备揪斗的二十八人中有艾广林。在卫生部第一个整顿对象是艾广林，其次是秦长扣、肖林，还有侯建旺其格、王景堂。

当时卫生部"整办"组长是宋青，成员有莫德力、王德双，我作为群众代表也

3.

参加了进去。我记得艾广林平时在办公室就骂过宝音，有一次还到宝音家去骂，我觉得这里肯定有让艾广林记仇的事，就是宝音可能在那方面得罪过艾广林。后来挖肃开始艾广林、栗忠和都参加了专案组、成了积极分子。

宝音有肝病，血小板减到四万，艾广林是知道的，但艾、栗主张从宝音突破，当时专案组里有不同意见，认为宝音如果真是"内人党"，肯定跑不了，况且他有病可以放一放。为这个事艾还闹过情绪，回家呆了两天，~~[illegible]~~。后来主张从宝音上的人多，就决定突破宝音。

那一次我的印象比较深，为突破宝音，事先还开了个宣誓仪式，杨秀芝、程传忠都参加了。赵祥瑞先动员，大概内容是：龄的团的意义、~~[illegible]~~

~~[illegible]"内人党"斗争胜利，[illegible]~~

6:

之美。然后由吴广林带大家在毛主席像前举拳决表态，中心意思也是、~~[illegible]~~、誓与"内人党"血战到底，不获全胜决不收兵。

开会时卫生部的人差不多都参加了，会场气氛很紧张，确实有白色恐怖的样子。我记得那次主要是栗志和打了宝音，栗同来只打了一下宝音的嘴，当时嘴角就出了一道印子以后肿了，鼻子当时就出了血。我是总记得宝音好象说过：我有肝炎，血小板减少，打坏怎么办之类话，其它就淡薄了。那次吴广林好象没动手打人，别人打的也少，由于气氛很紧张记得宝音很快就承认了，会是十二点结束的。

对卫生部挖，大约是六八年十一月开始搞的，有两个月时间，相比之是最长的。从开始到结束整个过程中，所遇到的武斗是最多的，而且

5.

次提审拷问的时间也最长。当时赵祥瑞是傅的专案组长。

第一次打傅部长，嘴出了血，这是没问题的。好象用纸擦？是别人替擦还是他擦记不清了，如果是他擦的话也是别人命令他擦的。其他细节记不清了。

? 让傅跑步，有人骑自行车在后边跟着，还让他边跑边喊口号、有这事没有

: 跑步是常有的，喊口号记不清了，骑自行车在后边跟的次数少，跟也只有艾广林、栗志和两人干，别人是不会干的，主要是为提审人员，艾广林点子最多，搞些别出~~新颖~~心裁的东西，~~他什么都干得出来~~。

6.

？ 让博士"倒栽葱"你知道不

： 这个事有，靠墙根头冲地倒立。用棒子顶住身子这个印象不深了。印象最深的是让博士做滚翻。我是一个人抓腰带提起，另一个人使劲往下按他的头部这样整个身子就翻过去了。

？ 给博士同志头上戴油漆桶，这起名叫罩抓瞎有这事没有

： 这个事有，但是不是艾广林干的记不清了。

？ 有没给博士脖子上挂砖头的事呢 怎么起名叫改过自新

： 这个事有，把砖头绑起来弄个绳子挂在博士脖子上，让他低头。这个事印象很深，是艾广林干的，时间是在十一月份一元旦期间，地点在

7、

卫校审讯室前二楼最东南角那个房子。

？ 是否让博々跪在主席像前请罪

： 跪着请罪有过，跪下请罪没这个印象。

？ 把博々衣服脱去，查肛门有过这事儿没，是谁干的

： 上次写材料我也说过，这个事儿我一直回忆不起来，印象不深。

？ 谁给博々绳子让他上吊，开窗户让他跳下去，博々有啥表示

： 有这个事，好象是艾广林扔给博々绳子，绳子大概有拇指粗，当时的情况是大家提审博々时很气愤，我扔给他了绳子，意思是你活着

8.

有啥意思就去吧！记得博没挨绳子，好象是动手处。绳子的来源去向都不知道。

? 让博仁做"日本兵"表演、"孙悟空"表演、"大蒙古帝国马戏团"表演、"牛魔王"表演、"王爷"表演你知道吗，是怎么表演法

: 这些名词都出自艾广林，"孙悟空"表演艾广林搞的最多，王景堂也搞过。艾广林不但用于博仁身上，在达木仁身上也用过。

"日本兵"表演就是往头顶上抹布，让抹布的两头搭在耳朵上耷拉着，没故意蒙住眼睛，可能是抹布滑下来挡住了视眼，手拿没拿抹布记不清了，只记得王景堂下令。记得让博仁在做"孙悟空"表演头后面肿了，后来还给他戴过绵帽子，可能是王景堂给戴的，搞些什么话的，是不是叫

9.

"牛犊子"表演我不知道了。

"大蒙古马戏团"表演，就是一条腿立着，艾广林还说："你们他妈的是大蒙古马戏团来的，你给来一个金鸡独立"，脚底下怎么回事记不清了。

"玲"表演，这个我记不清了，当时我可能不在场，没印象。

以上这些都是在审讯室搞的，多半是在十二月，因为那时候是高峰。

？ 踢断达木仁的腿是怎么回事，你了解吗

： 这是在十层里干的，踢断腿的当时我不在场，听说住院了，是巴累意给我讲当时的情况。据审达木仁时艾广林向达木仁小腿处踢去，同时用手推达上身部，达就倒下去起不来了，他们一摸骨

10

折线都出来了，就赶紧送了医院。王景尧是在场的。

? 到医院打述木仁，你知道吗

: 不知道，我没去过。

? 毛主席生日那天，大部分人去看节目，有的人去打述木仁，说是看他的节目，你知道是哪些人去。

: 艾、栗、梁书钧、[illegible]的人个别打的时候很多，都是在业余时间、中午和晚上打，大概就是个别打的。我不知道。（他们不但对中博仁个别打、对旺楚格、述木仁也打，打的时候把窗帘关上，实际上也是知道错误的。同时对别人是不说的，实际上那时候我们那里有些问题也是互相保密的。

11.

？审讯达木仁你参加过没有

：没有参与过。审讯、打我都没参加，材料也没整了。他到过鄂温克旗南屯调查过达木仁，我是达木仁参加"中国人民革命党"一事。那里有一个人交待：周西跟达木仁相好，没经过达本人申请就把他名字写进了名单。这事跟达没关系。当时我是侧重旧其格专案的。

艾广林在挖肃中是很有名望的，他本人也有私心，他谁都打，秦志绵配合他。比如鄂业海不是卫生部的，他们也去打。我记得有一天中午艾广林和秦志和去卫生部，我从那里过是目睹者。

？艾广林给达木仁开过窗户没有、还把达领到尸体房去装尸体的瓷盆跟前没有

：这两件事我都不知道，下边（楼下）倒是有过尸体房，有两个尸体是一大一小。

？审讯旺其格时艾广林参加没有

：参加过，印象深的一次是在卫生部三间房子的那个小房子里。记得是个下午，我们5个人都参加了（赵祥家、张昌、艾广林、栗志和、刘世峰 ）艾广林把旺叫去交待问题，因为是逼出来的东西，时间、地点总对不上号，就说旺不老实。艾广林先动手把旺摔倒，并用大头皮鞋把旺脑袋踩在地上，当时旺呼叫：哎呀呀。栗志和也在一旁用大头皮鞋踢倒在地上的旺，这时我也把旺领子揪起来推到墙角。~~当时我也~~向前去保护了他。~~是否~~是觉得头被踩在水泥地板上容易出事。后来我跟旺院长还谈起过这件事。那次栗志和动手打得也比较厉害，他是个二杆子。

？艾广林给旺开会记得吗？

当时审查是用纸粘贴的 13.

：不记得有这个事。我认为艾广林表现得很、在民族问题上他起的是啥可以查查、他就是这样的，他在这个问题上表现和行动是有问题的。

？ 整案者时艾广林是否揪住他头发往墙上撞过、还往地上摔

： 好象艾广林干过，往墙上撞，地上摔过不起来了。印象最深的是张某和用木尺打嘴。

？ 卫生部专案组有了"飞行小组"刘白塔还被扣留，你知道这个事吗

： 没听说"飞行小组"，听说过"游击队"成员有王文举、叶世万、杨贵荣。石

16.

黄文谦没参加，没听说到白塔寺过。

？ 到博仁隔离室搜查，拿血纸的事你记得吗

： 博仁隔离室搜~~查过一、二次~~去的次数较少，不记得有这事。

？ 你听黄广林说过：查出卫生部反革命小集团，在213莫德家开会一事吗

： 六八年五月我去地方劳动，回来好象听说过这件事，好象说的是：后期出过简报，隐隐约约记得有这个事。

？ 让博仁家属去见博仁那次情况你了解吗

15.

：　不了解，当时我不在，听说博部长家属去送吃的东西、香肠之类，其他不知道了。

刘去峰

21/12-79

此笔录阅过，无误。

15.中共內蒙古軍區委員會紀律檢查委員會卷宗，落實政策材料：鮑風（1985.09.25）

中共内蒙古军区委员会纪律检查委员会

卷　宗

年度　党纪办字第　　号

案件来源	落实树政策材料		
案由			
姓名	鲍风		
收案日期			
结案日期			
审理人			
处理结果			
归档日期	1985.9.25	归档号	
保管期限		编号	

最高指示

無產階級文化大革命，實質上是在社會主義條件下，無產階級反對資產階級和一切剝削階級的政治大革命，是中國共產黨及其領導下的廣大人民群眾和國民黨反動派長期鬥爭的繼續，是無產階級和資產階級階級鬥爭的繼續。

關於反革命分子包風畏罪自殺的報告（1968.12.08）

軍區首長、軍區政治部並軍區專案辦公室：

內蒙古軍區後勤部政治部原保衛科長包風（已於一九六八年八月十五日免職）。男、蒙族。現年四十一歲，一九四六年六月入伍，一九四八年十一月入黨，行政十六級。於一九六八年十月廿三日入學習班。十二月八日五時三十分畏罪跳樓，經搶救無效死亡。

一、包風自幼在歸綏省偽蒙疆興蒙中學上學，深受日本鬼子的奴化教育，一九四三年冬入張家口興蒙學院受訓（據公安廳檔案材料，興蒙學院是日特機關主辦的專門培訓日特的學校），有日特嫌疑。本人未作交待。挖肅運動以來表現神情不安極為恐慌，最近已突破的「內人黨」分子寶音、綽羅等人都揭發包風也是「內人黨」分子，但其一直抗拒不作登記。十二月六號開始正面接觸，交待政策，促其交待「內人黨」問題，但由於包風的反革命立場沒有改變，負隅頑抗。於十二月八日早五時三十分利用去廁所小便的機會，突然由三樓窗戶跳出畏罪自殺死亡。

二、包風的自殺主要責任應該自己負責，但我們工作上也有漏洞。雖一再強調要加強防範措施，交待政策指明出路。但仍有些同志警惕性不高，思想麻痹，沒有完全堵塞漏洞，加之交待政策，指明出路的政治思想工作做得也不夠完全。今日來大家戰鬥情緒很高，但個別同志也有急躁情緒，這些問題領導發現後已及時糾正。

三、已採取的措施：

1.召集了各戰鬥組的全體人員會議，一定要高舉毛澤東思想偉大紅旗，突出無產階級政治，提高警惕性加強防範措施，既要堅定不移地把挖肅鬥爭進行到底，又要嚴格執行黨的政策。

2.對全體戰鬥員要不斷加強思想教育，要用毛澤東思想戰勝敵人，用黨的政策攻心。對敵人也要做政治思想工作，指明出路，促其交待問題，堅持說理鬥爭，反對逼供信，提倡文鬥反對武鬥。

3.加強警衛防範措施，凡是進行的對象每個人都有三名戰士同住一屋嚴加看管，防止行兇自殺的類似事件發生。

以上報告妥否？請指示。

敬祝我們偉大領袖毛主席萬壽無疆！

內蒙古軍區後勤部政治部

一九六八年十二月八日

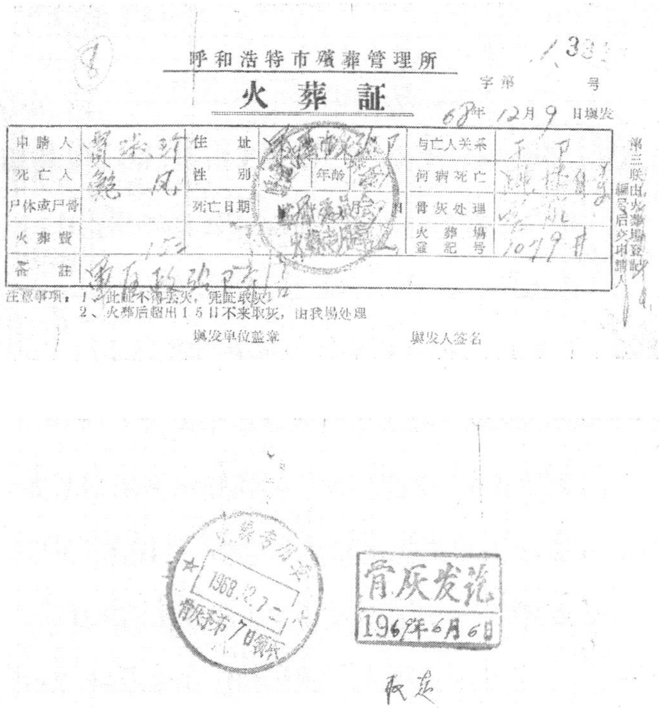
呼和浩特市殯葬管理所

火葬証

字第　　号

68年12月9日填发

申請人		住址		与亡人关系	
死亡人		性別	年齡	何病死亡	
尸体或尸骨		死亡日期	年　月　日	骨灰处理	
火葬費				火葬場登記号	1079
备註					

第三联由火葬場登記編号后交申請人

注意事項：1、此証不得丟失，凭証取灰
2、火葬后超出15日不来取灰，由我場处理

填发单位盖章　　　填发人签名

對包風問題的調查報告（1969.07.01）

（27）　　8

稿纸附页　1

最高指示

对于人的处理问题，要取慎重态度，既不含糊敷衍，又不损害好人，这是我们的党兴旺发达的标志之一。

对包风问题的调查报告。

一、根据政办党委指示由萧明光等四人组成对包风问题的调查组，从六月廿一日起，经过熟悉材料，走访其家属、个人进行调查外调至六月卅日止历时十天时间对包风问题的调查告一段落。

二、包风问题主要是查清"兴蒙学院"性质、学制、学习内容、学生来源、分配方法，落实包风在该学院学习情况，解决其特嫌问题。

于六月廿一日下午 ~~萧明光等四人~~ 我们去 走访包风家属看望了解包风在1943年至1946年（进兴蒙学院学习）前后

第　　页

①

稿纸附页 2

经过核实，并要求提供有关方面的线索

六月廿二日根据专案办公室的介绍线索及乌代表提出的有关线索分头进行查询。

1.葛明光等两同志从六月廿二日起在呼市地区内走访了17个单位，找到了伪兴蒙学院院长（现呼市语委工作）墨尔根巴图，伪蒙族中学校长（现内大物理系支书记）布和，伪兴蒙学院教务处主任（现内大图书馆工作）胡克今，也有其在伪兴蒙学院和伪蒙族中学的旧职学生共九人，先后谈话达16人次，索取证明材料七份（附后）。

2.六月廿六日由侯希舜等两同志前往张家口地、市委档案馆及市公安局档案馆查找有关伪兴蒙学院的档案。经过查找"伪蒙疆历年"伪蒙疆畜牧学校的档案和由张家口市公安局收发室于1950年

第　　页

②

的书理的有关"伪蒙疆学院"的书理材料(并抄录)等多方面的历史资料。没有发现"伪兴蒙学院"的历史资料。

三、根据以上多方面的查证,

①"兴蒙学院"于1939年9月在张家口市大境门外元宝山成立至1945年结束。原名为"蒙旗学校"1941年改名"兴蒙学院"。

②"兴蒙学院"是伪蒙疆政府领导下的一所公费培养小学老师的学府。学生来源于各蒙旗中小学校蒙旗学生。据当时"兴蒙学院"院长,蒙族中学校长包凯生"兴蒙学院"学习时老师,以及在"兴蒙学院"时的同班学生胡英证明包凯生1944年8月由呼和浩特市蒙族中学毕业时没共20多人去兴蒙学院师范班学习。

稿紙附頁 4

经查未发现其它错误。

1969年7月1日

（附调查材料8件）

装 订 线

正式材料（1969.06.26）

22页

正式材料

包风、蒙名（巴图道尔吉），1940年春——1944年春，在伪蒙疆巴彦塔拉盟中学（现在呼市郊大台什）的班同学。1944年春本科四年毕业后，全班有近廿名的学生集体升学到张家口市、伪蒙疆兴蒙学院师范班学习一年，主要课程（语文、算术、日语），1945年春毕业后，由伪蒙疆政府教育部分配到各旗县小学校当教师，当时巴图道尔吉不知分配到何处去了，直到现在没有见面和往来。

上述情况，已廿多年了，所述情况，仅供参考。

蒙古教育出版社

吉林枝

1969年6月26日

第　　頁

1

證明材料，哈斯楚魯（1969.06.20）

证明材料

鲍风过去的名字叫巴图道尔吉。一九四三年秋，我入张家口伪第七中学一年级学习的时候，他在该校二年级[illegible]学习。他们那个班在一九四四年底毕业后，除少数留校工作或考其他学校外，大部分都调到张家口伪兴蒙学院受了几个月的师资训练后分配到各旗（主要是牧区）当小学教员去了。短期训练从一九四五年一月开始，在四、五月的时候毕业。鲍风是受短期师资训练后被分配到牧区当小学教员的一个，但我记不清他到哪个旗去了。我也在同一时期考入兴蒙学院四年级学习，在年底才能毕业，毕业后也准备当教员。

张家口日伪兴蒙学院是师范学校，设有本科（四年制）和师范二部两个班。本科相当于中学，师范二部是中学毕业后才转入，相当于专科学校。受伪蒙疆政府兴蒙委员会教育处领导。当时的校长叫鲍崇新，现在内蒙古的报社工作，可向他调查了解该校的情况。据我了解，一九四四年，伪蒙疆政府在牧区开[illegible]办了很多小学，但是缺乏师资。所以，把几个盟的[illegible]中学的一九四四年毕业生和兴蒙学院的一九四四年毕业生和三年级学生（提前毕业）都集中在兴蒙学院，进行了三、四个月的师

2

2.

资训练后分配到各旗当小学教员去了。把我们的呼市和包头、张北等地的蒙古中学的一九四四年的三年级学生集体转到张家口兴蒙学院升入四年级（该校三年级学生提前毕业，入了短训班）。

哈斯楚鲁

一九六九年三月二十日。

對包風的歷史簡介，趙真北（1969.06.26）

内蒙古自治区革命委员会

对包风的历史简介

包风，原名巴音道尔吉，是我的老同学，是原伪蒙厚和蒙古中学的四班生。我们毕业于1944年冬。是年伪蒙政府将应届毕业生各蒙古中学的全部集中到张家口兴蒙学院，在那里训练三个月后，分配当小学教员。我们毕业班也不例外，除个别留校的外全部被送去，送我们的是原校教员巴彦孟和（此人据说在伊金霍洛旗工作）。

8

内蒙古自治区革命委員会

对内蒙[illegible]以下，我和几个学者入第一[illegible]校，对当在那里的同学包括巴音道尔吉在内，只间接地叫那些人接受一般的师资训练，详情我就完全不知道了。

供参考

政工组

高大嘉

69.6.26

關於鮑風的部分情況介紹，額仁慶（1969.06.27）

关于鲍风的部分情况介绍

我同鲍风（原名叫巴图道尔计）是于1941—1944年期间在伪"呼和蒙古中学（大包什）一直是同班的同学关系。在这期间除了学校的一般活动以外没有发现他参加过其他任何反动组织或者活动。

我们是在1944年底毕业以后，我留校当教员了，其余的二十多人，除了极少数几名考入其他学校外，绝大多数，由上边统一调到张家口（是当时伪蒙疆政府"所在地）的兴蒙学院接受师资训练去了。当时据说别的盟的"蒙古中学"的应届毕业生也被调去了。同时我们那个中学的三年级学生也集体被调到该兴蒙学院去了的。鲍风就是这样去的兴蒙学院的。以后的情况就不了解了，因为这以后分别以后，一直到解放后1957年左右才开始重见面的。

为此

额仁庆

1969.6.27

供参考

1969.6.27

關於興蒙學院的材料，胡格今（1969.06.30）

稿纸附页

关于兴蒙学院的材料

兴蒙学院原名蒙旗学校成立於1939年秋，当时在呼和浩特新城西街。1940年夏迁到張家口，大概1941年改名为兴蒙学院，改名的原因不是学生程度提高了，而是伪政府的人好高而改的。这学校办到1945年秋结束了。

这学校的招生是由各旗招的，当时各旗都没有学校（土默特旗有学校，只此一处），学生在本旗是由私塾学的。程度很低，有的有初小程度，有的只会蒙文，蒙文程度好一些。这学校的学生除土默特旗学生外，全不懂汉語和汉文，所以用蒙語授課。当时汉族学生在其他学校学习，这学校全是蒙古族学生。

这学校的学生班级有本科（本一本二本三）

第 页

11

稿纸附页

予科和(一次)师范班外，至于训练班是不属于学院，是伪政府主办，借学院的场所，由学院主事配合，除了一次集中会中学毕业生培养小学师资训练班，有学院教师参与授课外，一般短期训练班，学院教师不讲课，训练班的期限短，不挂牌子，所以学院的教师一般不怎了解。

关于课程方面，没有汉族初中完备，理化没有，史地讲的很少。在程度方面比汉族学校初中低，介乎高小初中间，这是指一般课程，蒙文程度好些，这是因为当时各旗(除土默特旗)都没有学校；想招高小毕业生也不可能，只好就学生原有基础向前推着学习。

稿纸附页

装　订　线

培养目标：这学校成立不久，院长勤换，加上战时，还没有计划几年毕业，学生毕业后成立什么专业。本科当时推荐学(一次)师范班是为当时小学培养师资，这师范班是招的年龄大些，蒙文程度好些私塾出身的有教学能力的二三十人，毕业后分配教小学去了。在1944年为在各旗办小学把兴蒙学院高年级的本科生编入小学师资训练班(短期的，和各中学毕业生合在一起)，训练完，全部分配到各旗教小学去了。对于本科的这样措施，不是原计划，而是由当时需要出发的。由这个情况看这个学校起了初级师范的作用。剩下的本科和预科人数不多了。这学校学生最多时有一百多人，一般在七八

稿纸附页

十人。予科是高小二三年级的程度，因为跟不上本科的程度，所以编在予科。师範班只办一次，毕业后，没有再招。

此外学院有附属小学，学生有几十人，学生是在伪政权下做事的职员们的子弟，也全是蒙古人，用蒙語教课。

另外，短期訓練班，这訓練班不是與蒙学院办的，是伪政府主管部门办的(例如财政訓練班，是由财政部主办，学院做主事帮助的性質)，借学院場所，学院的院長和教师不参与，期限又短，又不掛牌子，因此学院的教师不怎了解这訓練班的情况，据我所知道點滴的财政訓練班(因为我给讲述一次财政常识，两小时)，由伪政府财政部

稿纸附页

门主办学院主事帮忙，請内行人讲，是讲演式，某一样讲一两次，无非使受训的外行工作者听到一点常识而已。在这财政训练班学习的人是旗里小职员，年龄在三四十岁以上的，里边有好学的一个人他对来達人也不懂，还问什么叫来達人，由此可以知道他们的常识很低。这个训练班有二三十人。

学院授课方面，日本教师只教日语，主事除日语外讲时势，音乐，一般课程全由蒙族教师教课，管理学生的日本教师教体操，期限不長。

胡格〔?〕

所築〔?〕　　政　　1969.6.30

右食指

關於偽蒙興蒙學院情況的材料，墨爾根巴圖爾、寶道新（1969.06.28）

1

內蒙古哲学社会科学研究所

関于伪蒙兴蒙学院情况的材料（44.2.3月……45.5）

七七事变之后，日本鬼子沦陷了察绥地区，先后炮制了察南晋北两个政厅，内绥成立了伪蒙联盟自治政府。日帝为了统治压榨剥削蒙疆广大各族人民，为其侵略政策战争政策效劳出发，于一九三九、九、一，三政府合流，称为伪蒙联合自治政府，设在张家口市。同时日本的蒙疆驻屯军司令部控制一切。在此背景下，原在归绥市的蒙古学院（当时院長王宗洛）迁移張市元宝山改称兴蒙学院，時在约于一九四〇年，之后王宗洛转任驻日伪蒙驻日大使级代表，后任朝克巴特尔（陈治武）。四四年初朝克转任兴蒙委员会付委员長，着由墨尔根巴吐尔继任学院長。到差后了解情况。

(1) 学院组织机构：院長　教務主任　日人係前两任院長時期老资格的主任　教员，蒙人　胡克金（陈化新，北大出身，也是前任院長時期老教员）。寿敬业、乌恩斯钦、王守义？霍玉洁夫妇；日本教员三、二名。外有办理日常行政事務人员两、三名，常姓、錢姓等。伙夫、园工六、七名。

(2) 学院经费预算　由兴蒙委員会，专款兴蒙事业教育费项下开支。学院一切开支均由公费支出，学生只是入学受教育（免费上学）。

(3) 学生编班受教：一、師范班，四、五个班，一年班、二年、三年、四年毕业次，四年毕业。二、師範二部，分两班，短训班性质，一年或半载期的。三、小学部设在市内大境门里，蒙人教员富孟吉、赫古斯卜赫，还有日本老太婆。小学生

16

內蒙古哲学社会科学研究所

是主要由当地官吏职员子弟占多数，也是免收学费。

(4) 招生来源及其教育宗旨。按年定期招生，由兴学委员会通知所属各盟旗合格文化程度的青年，保送入学师范班、师范二部。按年限修学期满，仍需送原保送盟旗酌才任用于小教方面工作。学院教育宗旨是为了兴学事业的教育方面工作培养的。规定出校学生，必须作教育工作上去服务。但也不排除个别人出校后另找出路，那是个别一回事。可不是学院教育目的和宗旨。

(5) 学院年度、季度教育计划 由兴学委员会、教育处，前、后任教育处長陶立宾、包崇新等手拟订，经由主管丕付委員長批准、学院去执行计划。一直到八一五解放如此办理。

(6) 学生课业方面 为优学地区小教师资的培养为主嘛。所以招来高小初中文化程度的青年，入各班，达到能作小教课程或高小课业、适应地通达蒙汉语文更好。实际上通晓蒙文蒙语是一般要求的标准。但在师范二部学生间或有在职干部插列，文化程度比较高一点，也有实践经验。一般师资训练外，加以学生的管理、教学方法等课程，如学方法。教小学生达到认字写字读书能力即可以了。

最后，时过廿年有些记忆，恍惚不清醒了，虽任职一年，实际在学院时间很短少，经常在北京陪伴病人，因而了解情况不够全面和系统化。为了切近实际的反映材料，介绍知情人的线索如下：

1. 陶立宾 现在内蒙古参事室。

E1

[illegible]

内蒙古哲学社会科学研究所

2、包崇新，在内蒙古日報社。

3、胡克金，在内大出版館。

4、壽敏吐，在内蒙古日報社。

5、格日勒吐，在内蒙古日報社。

6、孟和布彥　在内蒙古文联。

7、布和　　内蒙古政协。对于5、6、7三人，当時是蒙学院学生。他们也许了解些情况。

墨尔根巴圖尔 [illegible]　宝道新

一九六九、六、二八。呼市

此人是[illegible]学院[illegible]

[illegible]

[illegible]

18

巴圖道爾吉的情況證明，證明人：太平（1969.06.25）

巴圖道尔吉的情况证明

据我知道，巴圖道尔吉是伪兴和蒙古中学的学生，他比我高一年级，他是一九四四年的八月份在这个学校毕业的，他毕业那一年我是三年级。他毕业是肯定的，但是毕业以后是升学了，还是干事了，我不知道，没有记忆了。在这个学校时，我们互相認识，但没有什么接触。他是那一年进的这个学校我不知道，但是在我于1941年进这个学校时，就有他。

根据我的回忆，现提供和他同班的一些人，请通过他们调查。

阿斯楞（现在乌盟察右中旗工作）；

装 訂 綫

第 1. 頁

趙真北（原在内蒙革委会工作）；苏木雅（据说是在乌盟商所工作）。

証明人：太平

1969年6月25日

此材料[illegible]

[illegible]领导小组 [illegible]6月25日

裝 訂 綫

抄河北省張家口市公安局偽蒙疆學院的情況，案卷號11（1968.01.18）

中国人民解放軍内蒙古軍区后勤部公用箋

抄河北省張家口市公安局　　案卷号11　第一页
伪蒙疆学院的情况

据乌兰浩特一中学教员兰陶斯的证明材料中是：1942年10月到张家口伪蒙疆学院学习一年，1943年10月结束。该学院的性质是专门培养日本法西斯的分子，也就是受的奴化教育。学生的来源是从各[illegible]是从伪官署政府——盟旗机关[illegible]调来的。该校共分两个区队，日本学生[illegible]第二区队为日本人，都有正副区队长[illegible]担任区队长是由汉[illegible]蒙人来担任，担任教员的人都是老师，不是学生。

档案机密
必须妥善保管
不得翻印转抄

此材[illegible]
卷[illegible]
对[illegible]

讲授课程的内容是日语会话、武术、政治、军事教练。所谓政治这门课程也就是政治课，通过这门课程达到他们的教学目的，让学生们首先认识日本法西斯的武士道精神，说有日本人才能保护大东亚共荣圈。同时在教学中广泛的煽动蒙、汉学生之间的团结，他们向蒙古学生说：“你们是建设蒙疆的主人，汉人都该屈服于你们蒙族。其次汉人是压迫你们蒙古人”，设法来使蒙汉学生之间的团结破裂。又对汉学生也广煽动说：“蒙古人不能建设蒙疆，他们没有知识，没有文化，

21

中国人民解放軍內蒙古軍区后勤部公用箋　第二頁

臨上兩年，這是蒙疆全體的畢業生，以鼓勵學生們努力的熱忱，並決心用這種在學校時把他們所學的職務。這個職務是全體學生被派去擔任，把他們學校的生活作為用于的學生以後，去蒙地旅行是一次，這是的地方是關係，為是講解了所的主要目的。不是關於貫東北地區的各種學校教育和蒙漢的各地區，或學校時開生活會或各旗地區的有關人物的講話，他們講的主要內容日本人在日本人的幫助和指導下，蒙族的建設蒙疆政權。——

……學校每日八號集中以後儀式，就是紀念大東亞戰爭的發生。由院長日本人向全體學生說明英、美戰爭的原因并說明日本人對英美的勝利，也就是戰爭的情况校學生（缺）……日本人是為保護東亞各民族的（缺）——號……有差錯，中国人解放

……因此蒙疆各地人民應該拿出全部力量來支援日本皇軍，以上是蒙疆學院的大致情况。

1968年1月2日

郭庭清原在該學院學員，現在呼和浩特[illegible]黃旗县工作，以及天津医学院之前办公室主任。

68.1.18 該院來調查。

河北省張家口市公安局「民族解放大同盟，蒙疆學院，高等學校材料」（1952.11.22）

中国人民解放軍內蒙古軍区后勤部公用箋

274#　河北省张家口市公安局

民族解放大同盟、蒙疆学院、高等学校材料。

"民族解放大同盟""蒙疆学院"（后改为中央学院）——1945年

"高等学院"（后改为留日预备班）

"以上三个组织，是日寇时伪蒙疆政府领导下的

据铁道部李人俊、以上学员毕业后派往日本参加日本共产党再到延安。

No.1

对日伪时期的"民族解放大同盟""蒙疆学院""高等学院"三个组织的调查情况报告。

一、材料的来源：通过张市公安一分局（治安股马股长）的内面关系吴子彬（伪人员、日本党员、留日生）张市图书馆丁希传（伪人员 新採用）等人。

二、调查情况之经过：据吴子彬说，于在1944年留日归口后，是由卧田机关保送到了伪蒙疆学院学习。该院的组织情况大体上可分为三部，第一部是日本人，第二

23

中国人民解放軍内蒙古軍区后勤部公用箋

部是汉人，（也有回民）第三部是蒙人。每部里也有区队的组织。例如，汉民里也有回民区。课程是日语和精神训练。精神训练的内容大部分讲的是"东亚共存、共荣"，宣扬"大东亚"等情况，里边的学生大部分是和关系送的。我追问一下那里边的学生都学习些什么。他说："我是学习那几些业务的，别的各部情况我不详细。"我又……（撕去）一下这些学员出学后都到那里去工作。他说："有的做财……（撕去）内政部的、经济部的、经警、交通、司法等，多了，行政、经济各方面去。"……（撕去）有什么事件和日本有和关系？他说："日本人最讨厌……（撕去）问："有个孙中山常在依学校学习过，你知道吗？"他说："……（撕去）……可他不能在那治街，那里面当过报务员，这个人不能……（撕去）跟咱学校撤走了吧。"他的情况常在图书馆……（撕去）……。

三、民族解放大同盟的组织情况，据铁道部教育……（撕去）他说："这个组织是在日伪时期的秘密组织，据现在了解有铁道部教育司负责（胡希曾）、时铁道部、都组织过等五六个人在大同纪念某地组织的。"他估计说："这个组织的人都是从抗日进步而自己要求的，其实际上都是日伪蒋帮之类的反共组织。"他也说这个

中国人民解放軍内蒙古軍区后勤部公用箋

组织据调查了解当时的[illegible]大[illegible]年前后不能改为青年救国团组合的组织吗，只是从各方面个别是[illegible]个性别的[illegible]肯定。

四、高等学院的情况，据调查了解也没有发复的材料，也没有发现这个学院的学生，大部分都是日本人和一些效忠中国人是很少的。

据中央铁道部教育司副司长[illegible]时说，这个高等学院的学生是留日学生，[illegible]当时日本参加世界[illegible]侵略时期实施日本特务工作的。

五、调查人对以上材料的看法。

① 他是根据学校的组织，就是日本人为了加强他的侵略训练一批青年作为他们侵略中国时的工作，按照培养有为的侵略日本的人才，有的作为侵略行政[illegible]、军警等各方面去工作，我认为这就是日本的忠实走狗。

② 所谓很难讲清，我认为这就是特务训练的一部分。

③ 通过这个学校的训练成为各方面的[illegible]以自己[illegible]说明日本帝国主义有长期侵略中国的组织和各种的阴谋

中国人民解放軍内蒙古軍区后勤部公用箋

行为。

四、从这个家族去看的事实，有的侍候时留下，那时去的有的是匪类，有的是[illegible]等事实。这有的事从[illegible]等人，这些人有的是在一个时期内以有的留在时候服务[illegible]其它地方[illegible]。

五、挑拨关系制造谣言表现来蒙的多方面怀想，与谈表面不肯谈实际情况，这说明了这个组织的思想意识与他有联系关系的，就叫他不肯谈真相。

六、[illegible]教训你他的[illegible]行为的材料。

此材料我们在审查[illegible]后，以此材料作今后侦查调查[illegible]供参考所用。

张家口市公安局[illegible]第二科

特发

1952.11.22日

此材料共 6 页系抄自我局 [illegible] 卷 [illegible] 号档案资料，未经校对，如有差错，以原材料为准。
中国人民解放军张家口市公安机关军事管制委员会
1968 年 6 月 2 日

26

包風跳樓自殺調查報告（1969.07.02）

中国人民解放軍内蒙古軍区后勤部公用箋

最高指示

我们的責任是向人民負責。

※ ※ ※

鲍风跳楼自殺調查报告

根据后勤党委指示，为了对鲍进一步調查自殺经过，慎重处理，指定我们三人負責調查落实的问题，从六月十七日—廿八日止，经与有关单位和个别人員座谈了解，现已结束，詳情如下。

一、鲍风68年8月由[illegible]，已调到建设兵团工作，因抢内人党有揭发材料以及与蒙专院牵连问题，主要是"内人党"问题，请后勤办公室领导小组决定，叫他回来，于11月22日进学习班的。进了学习班后，按学习班领导小组，主要是学习毛主席著作《南京政府向何处去》《敦促杜聿明等投降書》有关文章，提高认识，啟发自己交待问题，有什么交待什么，学习都很随便，在此期间（11月22日～12月6日）鲍的精神表现和往常一样，没有发现不正常的现象。

二、鲍风于12月6日由学习班转入政治部专案组，負責提审鲍的"内人党"和历史问题。第一次接触談話时间一小时左右，其主要精神交待政策，啟发交待"内人党"问题。第二、三次正式提审时间均在一小时左右，以上这三次提审鲍未发现违犯政策和武斗等现象。第四次提审时间在两小时左右，这次提审在左倾思想指导下，认为鲍态度不老实，不交待问题，就让鲍低头向毛主席请罪，约10分钟左右，在这10分钟的时间里，因鲍

①

中国人民解放軍内蒙古軍区后勤部公用箋

腰疼和喊叫，专案人员认为鲍不但有交待问题，曾有的同志揪过鲍的头发，鲍叫腰疼，就让鲍站起来了，交代了政策，叫鲍回去好好考虑交待问题，第二天早上5点多钟跳楼自杀了。

三、鲍凤于12月6日和12点交给警卫战士看管的，和两位战士同住一个宿舍（旧校東楼三楼301号南头西间），在此期间两战士对鲍没有歧视态度，并对鲍说，你好好想想交待你的问题，鲍对战士说，我确实不是"内人党"是"内人团"，如果是"内人党"我就交待了，免得你们给我打饭、洗碗、洗筷、端水，就都休息了。在12月8日早晨五点多钟，鲍趁战士睡眠之间，悄悄起来，轻轻的脚步，偷开了门，门上糊的报纸有响声，被战士发现，立即起来追赶，鲍出门后，马上随手关门，战士打开门后，鲍已跳出窗口（离门距窗口1米多左右）两个战士，一人跑到办公室报告，一人跑下楼到门外去看，已见鲍躺在地上头部流血不动了。办公室立即组织有关人员，进行抢救无效，送到253医院已死。（当时鲍只穿着绒衣、绒裤，没有穿鞋袜）。

四、事故发生后，据有关人员检查，在那天晚上走廊窗户没有关上，从窗户到门，拴有一条绳子，斜挂着，垂下来有一件衣服。九点钟左右，保卫科随同有关人员检查鲍的生活必须品，发现鲍的《毛泽东选集》里夹着有一小绺头发，在没有发现其他什么东西，另外保卫人员去253医院太平间观察鲍的尸体，头部粉碎性骨裂，伤痕都在接间，身上其他没有伤害，根据情况，和现场情况，肯定鲍跳楼自杀，

中国人民解放軍内蒙古軍区后勤部公用箋

查照有像片。

以上情况经有关部门座谈和相关人员了解属实。

呈报

后勤党委

调查组 高成福等三人

1969年7月2日

(3)

包風自殺經過（1969.06.26）

中国人民解放军 四九八七部队公用笺

包风自杀经过

我们两个人在一九六八年十二月六日夜间十二点中接手看管包风。在十二月七日上午去案组提审半天，七日下午没有什么事，包风自己学毛主席著作《南京政府向何处去》等文章。当时我们对他说：“你要好好交待自己的问题。”他说：“我确实不是‘国民党’，是‘国民团’。如果是的话，我就交待，省得你们给我打饭、洗碗、洗脸。”在八日早晨五点左右，包风自己跳楼自杀。跳楼时，他开门被我们发现，我们立即起床追赶，可他出门后马上随手关门。我们开门后，包风他已跳下。（我们住的房间是卫校东楼301，此房间在三楼最西头，门口离走廊窗户约有一米左右，在那天夜间走廊窗户没有关上，窗户上有一条绳子，凉着一件衣服）。他跳下后，我们两人马上有一人跑到楼下，一人去报告办公室。我们跑到楼下，已见包风他死躺在地上，并有血迹，不动了。当时我们发现包风他没有穿鞋，只穿着棉袄、绒衣，也没有戴帽子。学习班办公室知道后，马上进行抢救，抢救无效，死去。在包风死后法医进行检查他的遗物，发现他毛主席著作中有一撮头发。

我们两人特此证明包风是跳楼自杀死去。

证明人：中国人民解放军四九八七部队[illegible]分队、邓春任、肖连仁

1969.6.26日.下午

關於包風自殺問題，內蒙古軍區後勤部政治部保衛科（1969.06.23）

中国人民解放軍内蒙古軍区后勤部公用箋

最高指示

我们的责任，是向人民负责。

关于鲍风自杀问题

一、一九六八年十二月八日晚九点钟，得知：早五点多钟，鲍风跳楼自杀，经抢救无效死亡，尸体在总医院。

二、据介绍，在卫生学校宿舍楼南门外，有血迹一片，已用土掩盖。

又据介绍，鲍风从三楼走廊南头窗户跳下。当时（九点多）观察，左（南）扇窗子开着。

在三楼西南角宿舍，即鲍风住的宿舍里，发现鲍风的《毛泽东选集》里夹着两毫米左右一绺头发。

三、对在总医院"太平间"里的鲍风的尸体，进行了观察和拍照。因无法医，对尸体没有进行全面检验。其头部有伤的痕迹，未发现其他异常。

内蒙古军区后勤部政治部保卫科
一九六九年六月廿三日

（印章：中国人民解放军内蒙古军区后勤部政治部 保卫科）

⑤

關於提審包風情況證明（1969.06.28）

稿纸附頁

关于提审包风情况证明。

我们对鲍风共提审4次（含第一次谈话）第一次接触也谈话时间二小时左右，其谈精神就是交代政策和启发交待内人党问题，第一、二次正式提审时间均在一小时左右，以上这前三次提审包风均没有违犯政策和武斗等现象。第四次提审时间在二小时左右，这次提审在左倾思想指引下，大约让包低头弯腰站那10分钟左右。在这10分钟左右时间里，包风同志闭眼睛（我们不了解实情）和喊叫，我们错误的认为包志被顽固，曾有俩同志揪过包风的头发，时间不长，力量不大。以后见包风还喊叫，就让其站了一会，交代了政策，让其回去交待问题。第二天早上即[illegible]其情节就是这样一个经过。

政保部白建方甘文君

1969.6.28.

第 5 頁

關於包風問題的研究（1969.08.08）

毛主席语录

共产党员又应成为学习的模范，他们每天都是民众的教师，但又每天都是民众的学生。

关于包风问题的研究　1969年8月8日 [illegible]

参加人员：郑健、徐礼、王恒、134子政委，保卫部 [illegible]

包风外甥，于会议室。

郑健：介绍包风历史问题。入狱时，一是特嫌问题，一个内人党问题。经调查，包风不是特嫌，没受过特务训练，内人党的问题，他承认。包风的历史调查没发现什么问题。（附调查材料）

高成福（134子政委）：介绍包风的死亡情况。包风是跳楼自杀，送二五三医院抢救无效，死亡。[illegible] 检查，了解没发现什么其他的死亡原因。

徐礼：包风的入狱时，[illegible] 内人党，[illegible] 调包风 [illegible]。在包风 [illegible] 错误，在内人党问题上 [illegible] 错误。

包风外甥：刚才 [illegible] 讲了，调查了历史问题 [illegible] 没有问题，[illegible]。[illegible] 调查 [illegible] 调查，调查 [illegible]，保卫部 [illegible] 检查，[illegible]（郑健：保卫部 [illegible] 材料，医院检查 [illegible] 材料）。[illegible] 审查，第二次，其他 [illegible] 没说清楚。[illegible] 上次说一个 [illegible]，一个 [illegible] 两个战士和上次说的不一样。（徐礼：上次说和这次一样，一个战士 [illegible]，一 [illegible]，一 [illegible]，包风跳下楼）

毛主席语录

共产党员又应成为学习的模范，他们每天都是民众的教师，但又每天都是民众的学生。

2

这个情况我们没有给你说清楚，就这样。商户开了，是谁开了。叫十一点还没开，以后[illegible]谁开了。把这个人查出来交代，查不出来有问题。我们[illegible]人也回去了。我们要[illegible]，我们应当多加说明，我们说不清。

郑[illegible]：

你说再停一停，有关的人是问题还不清楚，的人是一律批判了。

文件指出，据(69)165号文件[illegible]要[illegible]注意[illegible]问题，~~[illegible]~~ [illegible]的人是问题[illegible]，保留[illegible]，其他就不管了。

[illegible]再[illegible]材料，[illegible]材料就[illegible]了。

纪凤林：

[illegible]

① 加[illegible]到这一条。② 纪凤[illegible]二字[illegible]。③ [illegible]。④ [illegible]问题[illegible]调查[illegible]问题[illegible]。[illegible]附加材料，就[illegible]了。⑤ [illegible]调查[illegible]，我们[illegible]。⑥ [illegible]几句话[illegible]了。纪凤[illegible]内容[illegible]，[illegible]是什么样的[illegible]，是不是[illegible]。⑦ [illegible]的人是问题[illegible]调查[illegible]。⑧ [illegible]四条。[illegible]，我不[illegible]，[illegible]说不通。我们还[illegible]，[illegible]就完了。[illegible]就[illegible]了。我也[illegible]。

郑[illegible]：

你说[illegible]可以这样搞。我们[illegible]是[illegible]大[illegible]和[illegible]人[illegible]

毛主席语录

共产党员又应成为学习的模范，他们每天都是民众的教师，但又每天都是民众的学生。

3

的问题。是什么问题就说什么问题，弄不明白就要搞清楚，问你们要搞清楚。

我们要把那件问题彻底搞清楚，对内人党问题也要搞清楚。跳楼问题，就是这样，大家要明白。你看这问题中关于纪凤林的传说，和关于纪凤林问题的传说。

郝伦：

中央内蒙文件统一规定了那个正常死亡。

纪凤林外甥：你说跳楼算我不同意，你是代表不能办，手段就是手段，不准说了。这是改正你说服不了我，就难办了。

郑文化、徐礼：从中央内蒙那个正常死亡这样不清楚，也能否可以这样。我们要求了。确定是跳楼有一点不假，我们有什么样的错误都承认。

纪凤林外甥：那好吧，把跳楼的材料好好跟我们看看。

郝仲：

这个问题和以前不一样，中央的文件，如果反对这个跳楼问题就不符合要求。

纪凤林外甥：纪凤林跳楼是什么选择商量，没有任何证据。

郑文化、徐礼：

没有证据，活人、活的战士、老李红、徐文林，学习班被害的同志都在，很难说是谁。一是一、二是二，是党员我们不说假话，对党、对毛主席、对纪凤林负责。

毛主席语录

共产党员又应成为学习的模范，他们每天都是民众的教师，但又每天都是民众的学生。

4

郑训、修礼：

我们把你们提出的问题，议论一下，研究、议论一下，党委研究一下，找医生，写个材料，由文福成陈由。

關於包風問題的結論（草稿），中共內蒙古軍區後勤部委員會（1969.07.05）

6. 打20份

最高指示

我们的责任是向人民负责。

关于包风问题的结论（草稿）

包风（原名巴音达尔吉），男，蒙古族，现年四十一岁，家庭出身中农，本人成份学生，内蒙古自治区凉城县人。一九四六年六月入伍，一九四八年十一月入党。入伍后历任排长、供给、文教、学员、干事、付科长等职。行政十六级

一九六八年十一月廿二日，因在兴安学院"爱国牧务训练班"和"内人党"问题，进军区后勤部清理阶级队伍学习班受审查。一九六八年十二月八日晨五时畏罪自杀。~~死前是内蒙古军区后勤部政治部付部长，行政十六级。~~

为了查清包风的历史和自杀问题，做出正确的结论，后勤部党委于六月十七日组织了由

请注意修改。

个调查组（包括三名四人），经过了十多天的调查研究，结果如下：

一、关于在苏共学院受"特务训练"问题，原来怀疑毛风月去过"特务"，是根据由其本人交待材料中说："共苏学院是西某面日本特务机关的特务训练机构"，"在一九四三年冬从新民特务机关被保送到苏共学院受训练三个月的特务训练……"，而在毛风月的档案中写到："一九四三年八月在共苏学院学习"从时间、地点都和本人交待材料相符，因此，怀疑其为"特务"。经过这次调查证实：据张家口市某某确有一个共苏学院，但它不是专门培训特务的学校，而是一个由伪蒙疆联合自治政府领导下，主要是培养蒙旗小学师资的师范性学校。

而是为日本特务机构要员，为了扩充其组织分支机构，一九四三年冬天，敌伪用该院房舍开办了一个特务训练队，专门培训特务训练。毛凤同志于一九四四年初，从原伪蒙疆和蒙古中学毕业后，被保送前往张家口市兴蒙学院师范班，受了几个月的师范训练，一九四五年春毕业后，分配到察哈尔大苏木特格任小学教员，一直到一九四六年六月参加中国人民解放军。在此期间，没发现毛凤同志有什么问题。

二、身份问题。经当时的专案组和东方部士调查证实，毛凤同志确实贫牧出身。

结论：毛凤同志的历史是清楚的。在伪兴蒙学院学习期间，没有受过特务训练。一九四六年参加革命以来，在伟大领袖毛主席和中国共产党的英明领导下，为祖国的解放和社会主义我們的报紙也要靠大家来办，靠全体人民群众来办，靠全党来办，而不能只靠少数人关起門来办。

毛泽东

革命工作贡献了自己的力量。在这次挖"内人党"过程中，在"左倾"错误思想指导下，竟无根据地把包凤同志打成"内人党"分子。在滕、高、徐的[illegible]指导下，包凤同志[illegible]自杀。

根据中央同日此报报示和内蒙古自治区革命委员会〔69〕165号文件精神，"内人党"问题予以彻底平反，并按"因公牺牲"待遇。

附 [illegible]材料十三份 [illegible]

~~附：包凤同志调查材料[illegible]~~

中共内蒙古自治区物资部委员会

[illegible]年七月[illegible]

頁（20×15＝300）

關於對鮑風同志問題的結論（1969.08.20）

最高指示

我們的責任是向人民負責。

鮑風（原名巴圖道爾吉），男，蒙古族，今年四十一歲，內蒙古自治區涼城縣人，中農出身，學生成分。一九四六年六月入伍，一九四八年十一月入黨。入伍後歷任：班長、政指、文教、學員、幹事、付科長、科長等職，行政十六級。

鮑風同志於一九六八年十一月廿二日，因以在偽興蒙學院「受特務訓練」和「新內人黨」嫌疑，被調進軍區後勤部清理階級隊伍學習班進行審查，由於逼、供、信使之於一九六八年十二月八日晨五時造成了非正常死亡（墜樓身死）。

為查清鮑風同志的歷史和死亡問題，做出正確的結論，後勤部黨委於六月七日分別以葛明光、高成福二同志為主的組成了兩個調查組，經過廿天的調查，結果是：

一、關於偽興蒙學院「受特務訓練問題」。

原來懷疑鮑風同志是「特嫌」，是根據內蒙古公安廳檔案室材料「興蒙學院是百靈廟日本特務機關的特務訓練機構」、「百靈廟特務機關為了擴充所屬特務機關的分支機構，在一九四三年冬從所屬特務機構關祕偵及向各旗縣政府利用培養行政人員名義選來了三十餘名施以三個月的特務訓練……。」在鮑風同志的檔案中寫道：「一九四三年八月在興蒙學院學習。」從時間、地點都和內蒙古公安廳的材料相近。因此，懷疑他是「特務」。

經向張家口市公安機關和鮑風同志當時的老師、同學五人調查（旁證材料如附）證實：張家口市大境門外元寶山確有一所興蒙學院，但它不是專門培養特務的學校，而是一所由偽蒙疆聯合自治政府領導下，主要是培養蒙古族小學師資的師範性學校。百靈廟日本特務機關為了擴充其所屬分支機構，一九四三年冬曾借用該學院房舍開辦了一個訓練隊，專門訓練特務。經查證：鮑風同志是在一九四四年底，從原偽厚和蒙古中學畢業後被集體送往張家口市興蒙學院師範班，受了幾個月的師資訓練，一九四五年春畢業被分配到涼城縣六蘇木擔任小學教員，一直到一九四六年六月參加中國人民解放軍。在此期間沒有發現鮑風同志有什麼問題。

二、關於「新內人黨」分子的問題。

後勤部黨委已經做出決定宣佈：給鮑風同志做了徹底地平反。

三、關於鮑風同志的死亡問題。

經與當時的專案組和看守戰士等多方面的調查證實：鮑風同志確實墜樓身死。

結論：鮑風同志的歷史是清楚的，在偽興蒙學院學習期間，沒有受過特務訓練。自一九四六年參加革命以來，在偉大領袖毛主席和中國共產黨的英明領導下，為祖國的解放和社會主義革命事業貢獻了自己的力量，是一個好同志，中國共產黨的好黨員。但在這次挖「新內人黨」過程中，在「左」傾錯誤思想指導下，毫無根據地把鮑風同志打成為「新內人黨」分子，使之在逼、供、信的情況下造成了非正常死亡。根據中共中央有關指示和內蒙古自治區革委會（69）165號文件精神，內蒙古軍區後勤部黨委決定：對鮑風同志的特嫌問題給予消除；「新內人黨」問題給予徹底平反；死亡問題按「因公死亡」待遇進行撫卹並以公費撫養其母親、妻子和女兒。

此結論

附：調查旁證材料十三分四十六頁。

中共內蒙古軍區後勤部委員會（蓋章）

一九六九年八月二十日

發：鮑風同志家鄉、家屬。

報：軍區黨委。

抄：軍區政治部幹部部、保衛部，後勤政治部、存。打印7份。

包風家屬的報告

报告

内蒙古军区、试场政治部：

各位首长：

我们是原试场政治部包风同志的家属。包风同志被打成新内人党致死。《5.22》批示后试场政治部曾作过平反。但平反是草草了事的，很多遗留问题，还有未的解决。包括政治结论，组织处理，其材料销毁，家属安排，家属的影响和安置等问题，都须作出明确的意见。具体内容在后页问题，望试场政治部批示。

致礼

包风的家属

八七年八月三日

共4页

装

订

线

一、

毛泽覃同志68年被害后，该地政治部作的政治结论，我们认为有必要对此作出新的审查。要材料部门给以查核证明。

二、

对毛泽覃同志所以被害的原因作出分析，对于政策上要有细的作出解释，以便今后[illegible]处理。请民政部门作进细调查工作，以便查明真相。

三、

家属生活问题，现存在若干问题

1. 毛泽覃妻子贺怡同志，由于遭到迫害，造成多种疾病，经医院治疗，至今尚没有康复，而且越加恶化，我们要求组织对其作全面的工作检查，并采取适当措施，早日康复。

2. 吃粮问题，一是不够吃，二是有病吃糖，糖未解决，要求组织上采取有效的照顾措施。

3. 住房困难，组织上也应有照顾措施。

4. 贺敏学同志，去年病重，除组织上照顾外，我们的要求，[illegible]直系照顾为好，具体要求，[illegible]

何克书自杀后，由集宁调往呼市，并换了工作，那么照顾受害者的生活。

5. 文化大革命中查抄物的部分，请给予如数退还，将书籍妥善解决。但毕竟是将来的事，现在部分、希望在经济上给予必要的照顾。

四、

关于四人帮时造成的家庭损失部分，虽然已作过处理，但只给了100元。根据实际情况，远远不足，望另行处理。

五、

已说明的医药费事，今年已80高寿，她的没有如何处理，希望组织上解决的难处，医药费用如何办？

六、

已说明了何克书在68年12月11日左右，第二次接受回集宁，当即把他抓起，后因说何在呼市写过黑材料，对其进行了四十多天的围攻，造成严重损失，给家庭精神上的打击，并带来一切影响。

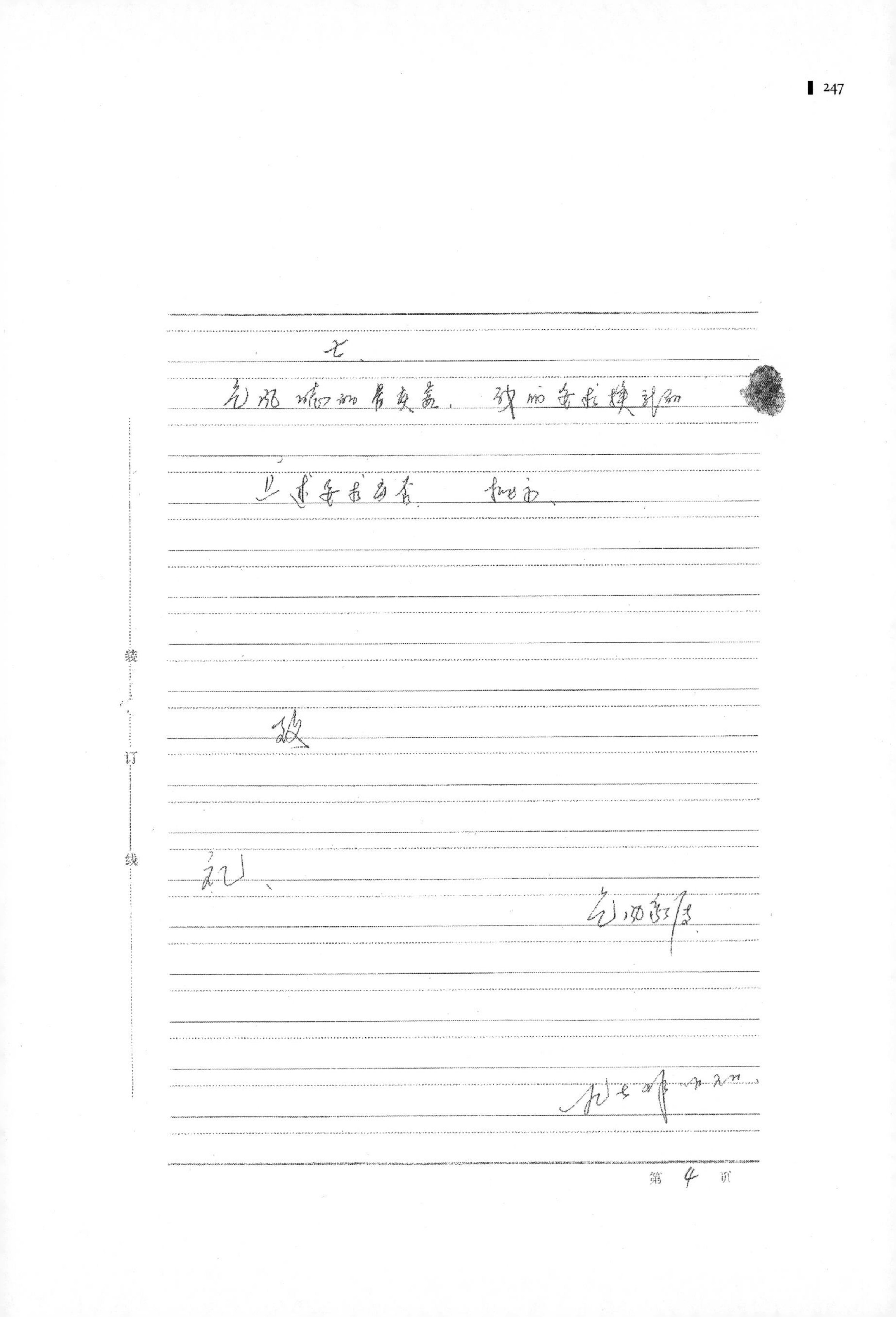

七、

[illegible]、[illegible]

[illegible]、

致

禮、

[illegible]敬書

[illegible]

申请补助

内蒙军区后勤政治部

各位首长：

原内蒙军区后勤政治部包凤，因在68年清理阶级队伍中被揪和挨斗后，老母亲患重病，长期住院，长期服药，在病的折磨下，造成患病本身的痛苦，生活中的困难。根据目前病者，病情十分严重，要求住院治病，但由于这几年治病造成经济困难，特向内蒙军区后勤党委和各位首长提出生活及医药费用补助150元。望给予批复。

敬礼：　　　　包凤之老母：

1974.8.6.

第　　　頁

关于包尔汉死亡待遇问题的声明

内蒙革委、设协政治部：

在处理包尔汉丧事的善后工作中，有关家属待遇一事，当初处理意见是按"难团"说处理的，即家属中的大人25元，小孩10元，这种处理办法恰当否，现提下列意见声明。

一九六五年左右，包尔汉被提拔为内蒙革委设协政治部保卫科科长。未提以前是16级，提拔不久，文化大革命开始了。

鉴于上述情况，在处理丧事工作中，是按级别处理，还是按现在职务处理，这已成了焦点讨论的问题。根据我们了解，文化大革命已打破了这一旧思想，是什么职务就应给予什么待遇。当时，内蒙革委是大单位，保卫科长是正职，那么，在待遇上当然

和读者意义上发生同样的错误。所以，原来的结论

是错误的。犯有严重的错误。如果按照我以前

的组织处理的，要求与现在要发生之矛盾，更要有

预见性。望该部政治部首长研究处理。

上述声明当否，请批示。

此致

敬礼

包[illegible]

一九七一年[illegible]

第　　　頁

關於鮑風親屬所提問題的處理意見，另附鮑風家屬賈淑珍信

59

内蒙军区后勤政治部党委：

落实政策办公室：

尊敬的各级首长：

我是原后勤政治部保卫科长包风的家属，包风同志在挖新内人党期间，被打成新内人党，遭到毒打致死。为他的死，我们全家是十分悲痛的。现在，以华主席为首的党中央，为死难者平反昭雪，我们深感党中央的温暖，感激万分。

包风同志是惨遭迫害致死的残害，我们不是亲眼的目睹者，就无从谈起包风死后的一切。我们是可以了，为使不熟悉情况的首长们了解其部分事件真象，我们愿意简单谈几句。

包风死后的不久，后勤领导或有关几个人，曾通知了家属，包风已经自杀，当时我们要求见尸体。

他们拒绝了，只把尸体交家属，家属转到太平房，他们也没有完全让我看尸体，只草草翻了一下，发现尸体是泡在血泊里，家属看到这便晕过去了。不久他们进行了葬殓，并通知家属不准哭，否则停发工资，随即押回了家，从此，我家的生活则完全垮下来啦。

毛主席的"五·二二"批示下达后，后勤部作了一系列的落实政策工作，比如：按照我爱人的工资如期发给予抚恤，以及数量不足的赔偿。

但是，由于那些人那种极坏干扰，落实政策工作进行的不彻底，很多问题都似乎悬而未解决，流毒的影响还远远未肃清，家属的生活也还存在很大问题，因此，请求后勤党委，遵照华主席的指示，全面落实党的政策。

落实政策也和贯彻路线，为便于落实，我

装

订

线

的初步提出意见要求，有不妥之处，请各级首长批评指正。

一、对于俘虏教育和俘虏敌人，如违法乱纪的坏分子，请求严厉的惩处和充分俘虏改造，这不是给予敌人的好处，而这认识到这是我们国民党斗争的继续，希望各级领导树立这个决心。

为包凤同志的姐夫，我们曾经参加过郑方主任主持召开的多次会议，据当时人 介绍，包凤的学习班是在三楼三楼办的，是谁主持的学习班，有那些人参加学习班，他没有介绍，只介绍说当时有武斗现象，在包凤同志死亡的当晚11点钟，他们曾经对工程大楼作了全面搜查，没发现任何漏洞，门窗都很严紧，特别是走廊窗户，他们曾作了详细搜查，从屋顶到地都整齐，窗户插关都紧固。要求对包凤间房的有捆了战士，他们住在一个房间，各人住的床位是这样。

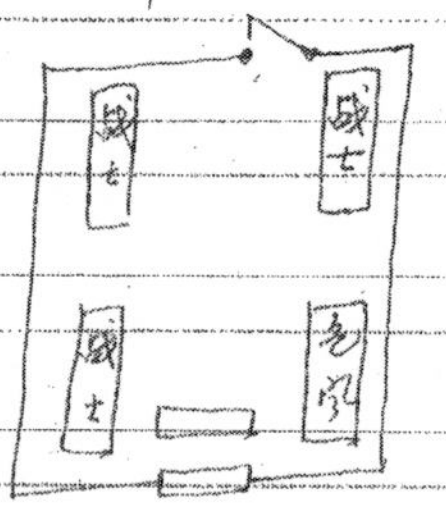

根据这样一个情势，包风是很难逃出去的，据捆了战士们说，那天夜间，和包风同志对面的战士发现包风要下地，当即起身，在门口的战士听到门上锁被弄的很响，也立即跳身追出，在包风关门战士开门的一刹间，互相只差一步远的距离，只见包风一个健步跳下楼去，当即就亡。

对当时发生情况的状况，和不容怀疑的现实，我们提不出理由认为他是自杀的，因此，很不同意当时的的结论，之後，成为悬案。

此外，从色风先遗留的文件中发现有几幅头发断片，她看着有新的痕迹，请保管的人们提供证据的。

综上，我们至少可以断言，色风不是自杀。请求追查，

二、色风事件发生后，他妻的影响是极坏的，因此要求给色风同志平反昭雪，在各方面给以彻底恢复名誉，

三、请求民勤县委妥善安置他的妻女二人的生活问题，使他们真正无顾无虑地生活下去，这里有几点，想详细谈谈，请求县委帮助。

1、我家的事件很严重。自从他死后，特别是失去了当家人之后，由于精神上的折磨，身体遭到了严重摧残，现在周身不下十种病情，被迫体弱多病甚至卧床不起，这一点253医院和卫生所会了解的。对于这种由于境外由人为造成的，请求组织上充分负责治疗

为主，可是现在不然，大部分的药本送回自费，请求补助，并且加强治疗，为了小晴晴的将来，也想送治疗。

2、45元钱母女二人生活确实感觉到不够支配，各种费用增大，补助甚少，生活更困难，此外，我穿的寄的衣服，仍然是十年前的旧装，没条件来增添一件，这能够把思想解放，精神愉快吗，因此，希望组织上周密地考虑一下她们的生活问题，现在人们的生活水准逐日在提高，我们也不要求更高，能保持十年前的生活水平就可以了。

3、我晴晴接回来的手续就出问题，也想作了书面说明了这的以后无人照顾。

4、接到母亲死时，我遭遇到了严重的摧残，真是家破人亡，除在精神上折磨致残外，物质上的损

头也无法抵补了，我们不过多地去理睬周，只请求

政府落实即可。

5、根据我身边的事实情况，越来越觉得

身边无人照顾是不行了，我除了自身慢性病外，

还是孤寡，我们不想把这样重的家庭负担

加到他头上，所以请求组织上物色专人扶持，使

他能够愉快地度过晚年。

以上当否，请批示

致

台胞家属：黄[illegible]

[illegible]：王[illegible]

礼

關於包風親屬新提問題的處理意見（1974.09.16）

中国人民解放军 内蒙古军区后勤部公用笺

关于包风亲属新提问题的处理意见

包风家属要求解决以下问题：

一、包风同志68年被害后，后勤政治部作的政治结论，有重新修订的必要，黑材料问题，须清查处理。

二、对包风同志致死以被害的原因，应作阶级分析，对阶级异分子的阶级报复，必须予以惩办，请党委作过细调查，以便分清责任。

三、家庭生活问题现存在若干问题

1、包风妻子贾淑珍，由于挖"新内党"造成多生疾病，精神经常沉重，至今未得复原，而且逐日恶化，要求加强对其作全面身体检查，并采取适当措施，早日复原；

2、吃粮问题，全部吃粮，还有细吃粗粮有问题，后勤党加强应采取有效的长期措施；

3、经济困难，也应有长期措施；

中国人民解放军 内蒙古军区后勤部公用笺

4. 贾淑琴同志半年犯病，除组织上照顾外，应该把有关系照顾好，若你要求将经阿尤素同志由宗城调往呼市，并按排工作，以便照顾贾淑琴的生活；

5、子女上学问题，根据组织将来会妥善解决，但毕竟是将来的事，现在问题是应该在经济上给以适当的照顾。

四、挖新内人党时造成的家庭损失问题，应当作适当处理，但仅支付了120元，根据实际情况还不足，给予解决。

五、白凤鸣的老母亲，今年已80多岁，她的生活如何处理，希组织上能给予明确意见，由于老母年老体弱多病，经常看病、服药，造成经济困难，要求给补助150元。

六、白凤鸣侄子阿尤素，在68年11月时左右，来白凤家探亲回宗城，当即把他抓走，至同往阿从呼市回了里材料，对其进行了四个多月的围攻，造成身心损失，给予平反补助补，并肃清一切影响。

七、白凤鸣同志的骨灰盒，要求换新的。

八、白凤鸣和其亲属的待遇问题，亦希望给予按照有关规定，

中国人民解放军 内蒙古军区后勤部公用笺

的工作中，家属的困难，可以按照规定的，遗属大人25元，孩子20元。

根据家属的意见，经办公室研究：

一、关于包凤的结论问题，可以局部的更改一下；

二、包凤的孙子问题，家属的先了解一下情况，然后再定；

三、要求给孩子检查一次身体，由办公室去人联系（253医院）可以检查，经医生检查认为吃粗粮确有问题，可由医生证明买细粮。粮食不够吃，已解决过几次，暂时解决不了。生活困难可由福利费中解决60元。但儿子阿克木调呼市，并安排工作，解决不了。如包金梅安置工作的问题，要在结论上，现在先不考虑，以后再说。

四、关于家庭损失一事，原给了120元，现在也已经用了，不要赔偿了。

五、包凤母亲有病，生活困难，可以从福利费中补助100元，她的后事家属已准备200元，共去使用。

六、骨灰盒问题，安葬时再换，现在不同意换；原来的待遇问题要按行政16级对待，不按照。

中国人民解放军内蒙古军区后勤部公用笺

七、侵入阿左事变时的问题，由政治部去一封信说明，造成损失由当地解决。

以上意见妥否，请批示。

落实政策办公室

1974.9.16.

[illegible]

10.17.

[illegible]

關於鮑風同志的結論，中共內蒙古軍區後勤部委員會（另附草稿2份）（1975.12.15）

（76）後黨字第5號

鮑風，原名巴圖道爾吉，男，蒙古族，一九二八年生，內蒙古涼城縣人，中農出身，學生成份。一九四六年六月入伍，一九四八年十一月入黨，原任內蒙古軍區後勤部政治部保衛科科長，行政十六級。

一九六八年在清理階級隊伍擴大化中，鮑風同志在逼、供、信的情況下造成非正常死亡。

鮑風同志自一九四六年入伍以來，在偉大領袖毛主席和中國共產黨的領導下，為祖國的解放和社會主義革命事業貢獻了自己的力量，是一個好同志，好幹部。

根據中共中央《五、二二》批示和內蒙古自治區革委會革發（69）一六五號文件精神，經後勤部黨委決定：對鮑風同志在清理階級隊伍中錯整了的問題，給予徹底平反，按「因公死亡」待遇進行撫恤，由軍隊按隨軍家屬的標準對其妻子和女兒發給生活費。並承擔撫養其母親。

此結論

中國內蒙古軍區後勤部委員會（蓋章）

一九七五年十二月十五日

報：軍區備案，存檔，打印5份。

请常委阅后传阅。并提出修改意见，如同意就按此结论执行。

王[illegible] 2.24.

[illegible] 2.24

关于鲍风同志的结论

鲍风，（原名巴图道尔吉）男，蒙古族，一九二八年生，内蒙古自治区准格尔旗人，中农出身，学生成分。一九四六年六月入伍，一九四八年十一月入党，原任内蒙古军区后勤部政治部保卫科科长，行政十六级。

一九六八年~~内蒙古自治区在~~清

请按此打字打印 [illegible] 2.24

15×10=150　　第 △ 页

[illegible] 2.25　[illegible] 2.25　王思光 2.25　[illegible] 2.25　[illegible] 2.25

理阶级队伍扩大化中，~~在"左"倾~~

~~错误思想指导下~~，（鲍风同志被）~~鲍风错误地被打~~

~~成"新内人党"~~，使之在逼、供、

信的情况下造成~~非正常~~死亡。

鲍风同志自一九四六年入伍以来

，在伟大领袖毛主席和中国共产党

的领导下，为祖国的解放和社会主

义革命事业贡献了自己的力量，是

一个好同志，好党员。（干部）

根据中共中央《三二二》批示

和内蒙古国防卫革委会革发（69）

16号文件精神，经后勤部党委决定

在清队中按阶级队伍中[illegible]整了的

：对鲍凤阁在"新内人党"问题

给予彻底平反，~~死亡问题按~~"因公

死亡"进行抚恤并以~~[illegible]~~抚养其母

亲、妻子和女儿。由

此结论

中共内蒙古军区后勤部党委会

一九七〇年十二月十五日

同意，請政委審定。

齊 2.25.

分送打印上报、四稿。王24 2.25.

关于鲍风同志的结论

鲍风，原名巴图巴尔吉，男，蒙古族，一九二八年生，内蒙古凉城县人，中农成分，学生成份。一九四六年六月入伍，一九四八年十一月入党，原任内蒙古军区后勤部政治部保卫科科长，行政十六级。

一九六八年在清理阶级队伍扫打大化中，鲍风同志在逼、供、信的情况下造成非正常死亡。

赵 诗 2.27.

鲍风同志自一九四六年入伍以来，在伟大领袖毛主席和中国共产党的领导下，为祖国的解放和社会主义革命事业贡献了自己的力量，是一个好同志，好干部。

根据中共中央《五、二二》批示和内蒙古自治区革委会革发（69）一六五号文件精神，经后勤部党委决定：对韩凤同志在清理阶级队伍中错整了的问题，给予彻底平反，按"因公死亡"待遇进行抚恤，由军队按随军家属的标准对其妻子和女儿发给生活费。并承担扶养其母亲。

此结论

石貴寫給中共內蒙古軍區後勤部黨委的信（1978.07.15）

請将政委閱示
格[illegible]

中国人民解放军 第三五六医院信笺

后勤部党委：

一九六八年，在挖所谓"新内人党"运动中，我犯了严重的违法乱纪错误，当时把我作为"骨干"分配在所谓"新内人党"分子那日（原后勤政治部付主任）专案组，对那日同志使用了拳打脚踢、耳光咀巴、低头弯腰（喷气式）树枝抽打等我们无产阶级感情所不能容忍的刑法，给那日同志及其亲友的肉体和精神造成极大的痛苦。另外在当时所谓"交流经验"和"攻坚"的旗号下对阿拉坦尔（原后勤组织科付科长）同志，我打了人家好几个咀巴子，还围攻了西日布（原后

中国人民解放军 第三五六医院信笺

勤政治部宣传科付科长）宝龙（原后勤管理科协理员）阿桂坦（原后勤办公室主任）等同志进行了围攻。所有这些行为，都是我没有毛泽东思想和路线斗争觉悟低所致。我的错误给革命造成损失，给受害同志及其亲人造成痛苦，使我回想起来，实在痛心。在英明领袖华主席、党中央关于进一步解决好挖"新内人党"这一场大错案遗留问题这一良好机会，我向部党委再次检查我的错误，并且向那日、阿桂坦尔等同志再次表示赔礼道歉。决心以实际行动，向受害同志们学习，学习他们顾大局、识大体的宽阔的革命胸怀，努力学习马列主义毛泽东思想，刻苦改造世界观，提高毛泽东思想

中国人民解放军 第三五六医院信笺

水平、提高识别能力，提高政策水平和纪律观念，肃清"四人帮"的流毒和影响。紧跟华主席进行新长征，抓纲治军，多作贡献。

我决心正确认识自己的错误，和受害的同志们搞好革命团结。

最后请求部党委根据我的错误，给我以纪律处分，以教育我和大家。

这是我的粗浅检查，请予指正。

附信那日、阿拉坦尔同志的"我的自悔"，因为我不知道他们的工作单位，故请予转递。

革命的敬礼　检查人：石岩

一九七八年七月十四日

李樹森報告（參與挖「新內人黨」一事檢查）（1978.07.15）

126

中国人民解放军第三五六医院信笺

请师政委阅：李树森检查比较早，是在78年七月

可否印发同志们？请批示。

[illegible] 7.18

报告

（参于挖"新内人党"一事检查）

68年在清理阶级队伍运动中，内蒙党的核心领导小组几个主要负责人受林彪、"四人帮""怀疑一切，打倒一切"流毒的影响，主观臆断的搞出一个所谓"新内人党"。他们假借中央的名誉，层层发动，多次鼓动，大搞逼供信。使运动一错再错，造成了有严重恶果的历史错案。在这次运动中我受[illegible]政治部党支部的指派，参加了对那日同志（现锡盟分区付政委）的专案审查。由于我觉悟不高，没有认识到这是一宗错案。更主要的是违犯了毛主席的教导，不是重证据，不搞调查研究，而是搞了逼、供、信。在内蒙党的核心领导小组几个主要负责人多次报告的煽风鼓动下，就认为"新内人党"是铁板钉钉，并错误地认为对审查对象的态度就是对阶级敌人的态度，就是立场问题。对那日同志搞了拳打脚踢，让那日同志长时间地低头弯腰，给那日同志的身体造成了不应有的损伤。（那日同志的身体本来是很好的，由于参加"挖肃"学习班，对他的折磨，使他的体质变坏，有了很多疾病）。69年，中央对内蒙挖"新内人党"扩大化作出指示后，我曾按照政治部领导的指示，到一些被误伤的同志家看望，向那力吉同志及其家属作过检查，陪过礼，道过歉。但是当时的认识是

中国人民解放军 第三五六医院信笺

有很大差距的。最近，通过学习华主席、党中央关于纠正挖"新内人党"这一历史错案的重要指示，通过学习中央批转的尤太忠等同志给中央的报告，认识到"新内人党"根本就不存在，造成这一历史错案的祸根是林彪、"四人帮"。主要是内蒙党的核心领导小组几个主要负责人搞的。但是我在运动中违犯主席教导，动手打人错误也是严重的。现在，华主席、党中央彻底推反了挖"新内人党"这一历史错案，这是华主席、党中央对内蒙各族人民的关怀。是对广大被冤错受害同志的解放，也是对我这个不明真像、违犯主席教导跟着蛮干的人地教育和挽救。自己沉痛地认识到过去对那日同志的态度和行动是十分错误的，是有损于民族团结的。今天我再一次向党组织并通过组织向那日同志及其家属作深刻的检查，向那日同志及其家属陪礼道欠，并诚恳地接受党组织的批评、教育、处分。另外，我还参加了对特木尔（原後勤付参谋长）乌如布（原後勤宣传科付科长）技仁（原後勤卫生部付部长）色仇（原後勤保卫科长）等同志的审讯，虽对这些同志没有动手，但使他们冤错受审也是不应该的。在此，也要通过党组织向这些同志陪礼道欠。我向组织表示，只要组织需要我在任何时候、任何情况下作检查，我都要作检查，要向被误伤的同志陪礼道欠并接受同志们的批评、教育。我要通过自己的努力，消除对被误伤同志

中国人民解放军 第三五六医院信笺

之间的一些隔亥，违造华主席关于团结、团结、再团结的伟大号召，使内蒙八百万各族人民紧密地团结在华主席和以华主席为首的党中央周围，为建设好内蒙古这个祖国的北部边疆而共同努力。此析查有不妥之处，请党组织批评、指正。

此报告

呈：後勤部党委

李树森

七八年七月十五日

李[illegible]主观的
去掌组织底[illegible]
认打。据一些同
志们别反应是
李是打了主观
的。

原紀錄，關於原保衛科科長鮑風死因的調查（1978.08.21）

装
订
线

原记录

一

20×15=300

第 1 页

[illegible]调查

1968.8.21 下午

[illegible]

1、[illegible]

2、[illegible]

3、[illegible]

4、[illegible]

20×15=300

第 2 頁

五、包兆凯拐、王毛苗（平口党读书）为什么揉着他的手揪那么十就道头发。这是什么问题。

六、包凌凯拐、赵家和讲，当时我亲口实口，亲眼说什么，不叫我哭，说包兆是傀儡亲化深手党的眼手人民，叫我交待清出我，特反部为谁执行呢？见所以他们这么算了相饭毕动情柳的伯去。

在他包兆凯了三拐，连夜抓柳小叶给算，最初不说，才就说简单给了他事说的咬并且这就搞柳小叶枚免。最后在说到是杜大简单扎了一下，就叫在知道果说着。当我反报告赵和讲人事，他们柳小叶、说以后他们是共和党之是往反噢。

六、指了锋，他们打人凶手，一样了打在大腿以上，没上去二个相机了、去文学说什么、包兆凯不喊叫、旗了楼上去一个、放在中间一个楼

装 订 线

20×15=300

第 3 頁

么，一压就不去了。这是王文萍和别人讲的。这是什么用意。

七、彭真是一个阴谋家，他是搞篡党篡政的，那搞专案的又是什么人，我们这些又是什么人，他为什么下毒手。

八、我认为彭真的所谓的后台是党内的人，搞专案的是不是他们的一小撮。彭真是刘少奇的大将和他的走狗，其中有一个叫张文谦的就不大信任，这又是为什么。

九、刘仁是彭真一伙的骨干，为什么以最近三年的和我们关系，我和这些都有关系。

十、专门人的手，但王文萍、李树森、王海龄、高湛，搞彭真的还有刘仁和、刘仁，他们都搞彭真的，彭真的阴谋和他们有关的。

十一、根据以上，我提出以下的几点要求。

装
订
线

20×15=300

第4页

1、对徐杏沸包庇我的问题，包庇是不是但已说木拔孙，还是打我损到木拔不好，水落石出。

2、希望打人的凶手，要求开追悼会。

3、不要这个结论，以前的结论，要一个手续。复和林生指回我的问题，也要一个手续。

4、我欠世一百块，和的的房·屋，我满49年来劳资，呼吁给我，以给我治病。要求到林彪路治病。

5、我的孩子罚的小女，今年以18岁了，也要一个手续。

6、要求以我的问题告诉我的亲属周户给我造成的坏影响消除。

7、包庇在今年内，别人都回到了家了，今后怎么办，请给述吧。

8、要求我的问题来一次给我一个明确答覆

20×15=300

装

订

线

第 5 页

[illegible]

[illegible]。1978.8.22。

一、[illegible]

[illegible]

[illegible]。

二、[illegible]

[illegible]、[illegible]简单和一下、[illegible]

[illegible]。

三、[illegible]

[illegible]、[illegible]

[illegible]、简单和一下、[illegible]事故。

四、[illegible]

[illegible]。（[illegible]材）

五、[illegible]

[illegible]

20×16=300

第 6 頁

说是战。

六、审讯时，找出霍两个战士时，其中有一个战士说，深喊不去但能，是连长亲自出的报告的。

此我也想起来了。

七、根据后两个战士谈，当天晚上提审时回忆，就是把他们绑起来的。是从连部署下去的。

装订线

20×15=300

第 7 页

原运输部辅导员巴图对白修德同志工作组的一些情况的揭发：　　1978.8.22下午3.50

1、有一个叫马占山的学生，是广播站的，我说不知道。他说他去看了，当时还有他呢。

2、打人最凶的是政治系学生李枝福。

3、我站在旁边看到的是孙万令、李业，当时他是教学人员的指导员。

原后勤部辅导员哈斯朝鲁、札木苏对揭发的情况。　　1978.8.22下午

1、我在1968年11月18号进学习班时，他在由温度表，这一个是按白收拾木里学习班的。他们是致谢。

2、原先我们住在一个木楼，又是一层的木楼，我们住在东廊东侧，他住在东廊西侧。

不是住在一个宿舍，他们住在一个房，可是我们

20×15=300

装订线

前4~5天拿着实弹加岗了，还在我们前一天突然又回来了，这几天去那里了，这是一个问题。

三、乌兰进学习班和郭衍一样，和杜勒觉察到报告、加以文字报据，开始乌兰是特务情报的。

四、刘厚、刘仁和李海的揭帅。

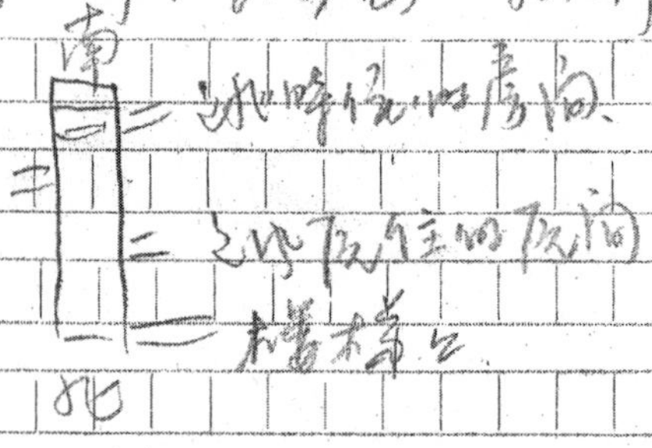

√了解乌兰被揭发被迫提供的情况：1978.8.23

一、乌兰跳楼前，4-5天前加岗了，乌兰曾说，据别人说，有的人已跳楼了，揭发人员都去南楼，为了提审让他们注意加强他们。

第 9 页

二、提审时，都由铁七道去，所以我的只见到过他们，有的当天晚提审了，也就算了。

对待提审蓝春阳九令提供的材料：

一、我当时铁七，都由铁指挥，其他什么也不管。我管过他们的铁七，但拿着那些东西我记不清了。

二、叫我的我管过我们的事中，当天晚去成都北大营回来，当天提审很晚了，大约12点一次多钟才回来，已把我领导询问半个小时左右。

三、在审讯过程中，没有严刑拷打逼供的，当时我们没有授意。

四、除了以外，其他几次先后造谣我的外一律当不如实，也因为事隔多年，记不清了。

20×15=300

第 10 页

四、[illegible]楼和我去[illegible]跳舞、[illegible]一条腿[illegible]，当时还有呼吸，[illegible]什么呼吸，后被[illegible]大学房，当时[illegible]跳舞。

关于[illegible]、3件[illegible]提供材料[illegible]

一、[illegible]把我们[illegible]当真了，这是什么问题。

另、谢[illegible]（[illegible]团）、陈[illegible]、[illegible]东团。

20×15=300

關於鮑風同志死因情況的初步調查和下一步打算（1978.08.24）

第　页

关于鲍风同志死因情况的初步调查

和下一步打算

我们于八月二十一日至八月二十四日共四天的调查情况简要汇报如下。

鲍风同志的家属贾淑珍向我们谈了四个小时，要求我们转达她的要求，查清鲍风的死因，并追查凶手；要求部领导对她以前提出的五项要求给予明确答复。

原边防部科长巴图、管理科付科长扎木苏、管理科特派员宝龙同志提供了鲍风同志死的时间、住的房间，查找看守战士的线索。

傅胜连、朱茂、陈九合同志提供了看守鲍风同志的战士的姓名（共两名战士，一名姓名记不清）。

八月二十四日上午由汽车二团军务股查到了当时看守鲍风同志的战士之一宋连山的地址和另一名看守鲍风的战士（[illegible]名叫中玛战士）的地址。

20×15=300

第　页

我们的下一步打算是：

1、通过苏道如、张战士了解乌风同志"跳楼"的详细经过；并通过苏道如查找另一名战士，了解上述问题。

2、到济南、天津，通过李连芳、王文华同志了解对乌风同志的隔离、审查及"跳楼"的详细经过。

上述意见如同意，我们打算最近几天内出发，并带回书面证明材料。

李贵山
[illegible]
78.8.24

20×15=300

材料之二：唐山市長各莊礦汽車隊古連儒談包風死前後經過（1978.09.04）

中国人民解放军 内蒙古军区后勤部信笺

材料之二

第 1 页

唐山市.范各庄矿运输队

吉建民谈乙沉致命的经过

1978.5.4

1. 乙沉致命前和我说过这样一句话：小吉，我加入的人党，你知道吧。

2. 当天提审打的很凶，头上和后边都打肿了，还送来一盆盐水，说叫乙沉擦一擦。

3. 头皮和脖子都是青紫肿了。(听说)

4. 致命、把我们都叫出去了。听说打的都吐了血。

5. 一般2-3天，有时一天提审一次，打的经常有的。

6. 乙沉跳楼的当天早我们在看审讯的时候，对着我说的危机。

7. 乙沉在当天下午就提审了，晚上回来很晚。

20×15=300

大约在10点钟左右，晚上回来精神不太好，一句话也不讲。当天提审回来叫他吃饭他也不吃，最后才吃了两个包子，就去睡觉了。

另外就是，王毛送黑白相片一本描述书，送他一个纸条。

~~8、提审的回来，他们送来一些药水。~~

8、包机跑下去做资区，说不太清，只知都是不大小时，晚餐两半了，叫嗓子不出声。

9、提审人，因为我们都是轮班，是哪一位提审知道回来的时，我们都不认识。

10、致命伤是头部，晚餐以前两半，晚饭都流出来的。

11、太阳穴未发现伤痕，当天回来时没有相见到。

12、房间包括东楼、三层楼、走廊軍牆

第 3 页

北，已从候车室廊西侧二(三)层间。记不太清了。

13、離过晚，我是在和巴彦高吉了，发现上半个身子去结冰，嘴和脚夫黑了。

14、我下楼发现七窍流血，外理现场，相机也拿和录机付春满来。

20×15=300

包風死地前後經過，古連儒（1978.09.04）

⑨ 古連儒（开滦港务北线前汽車队）

第 19 页

包风死地前后经过

我和邓春五看包风二十几天。住在三层西边南数第二(三)间。当天晚上提审两只三个小时左右。当提审后医生来弄药。说让他按时按。当时说我不懂为党。我们看到身脚肿了。精神不太好。我和邓春五让他吃饭。他也没话。以后吃两包子。解了一次小手。包风晚上也躺了。只穿背心裤衩。我值前半夜。邓春五后半夜。三点多钟我听到门响，我起来了看包风床上没有人 当时我想包风跑了、可是一出门看到包风的下半身、还在窗里、我就喊了，我就往楼下跑，包风还哼两声，这时人咪领导都来了，以后我和邓春五到连队。听说现场都照象了。我还看到包风七窍出血了。

20×15=300

第　页

提审包以郭木不认识 也送回地人也不认识。东扇窗开着。有一根细麻绳。

开滦范各庄矿汽車队

吉達䤻

1978年9月4号

装

订

线

20×15=300

2

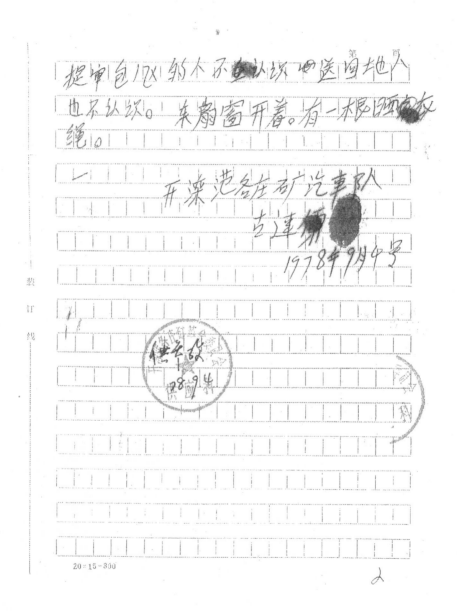

唐山市糧食局汽車隊鄧春武談關於包風死的前後經過（1978.09.06）

中国人民解放军 内蒙古军区后勤部信笺

唐山市、粮食局汽车队：

邓春武谈关于包凤死的前后经过：

1978.9.6.

1. 包凤跳楼的当天，情况是这样的，是我和古连仪同志看着包凤的，当天的下午，专案组拿来把包凤提审走了，回来时很晚了，是刘翠香的弟弟送回来的（周名字不知道）

2. 当天我和古连仪的分工，是这样的，我是值前半夜的班，古连仪是值后半夜的班，发现包凤不在是古连仪先发现的。

3. 包凤住的房间，是三栋东三层楼，楼房的走廊是南北方向，可能是走廊西侧，南边第二个房间。

4. 包凤跳楼是古连仪先发现的，因为听见房间楼玻璃很响了一下，古连仪马上就跑过去，叫了一声说包凤跳楼了，这时，古连仪把我叫醒了，我马上就下楼。

5. 包凤跳楼的时间，记不太清了，可能是早上三点钟左右。

6. 当天送回来，包凤精神不太好，开始我们给他打回来的饭是包子，一开始叫他吃时，他也不吃，一句话也不讲，后来可能吃了两个包子。

中国人民解放军 内蒙古军区后勤部信笺

以后就睡觉了。包[illegible]睡觉时，身上只穿了背心和裤头。

7、来[illegible]处理包[illegible]的现场，有和勤[illegible]参谋长，可[illegible]有[illegible]，记不太清楚了。

8、包[illegible]身上有无伤，我没有见到。

9、包[illegible]跳楼时的位置，是在走廊的西边那面窗户，平时是[illegible]那面窗户开着的。

10、包[illegible]死后，半夜时，找了我一次，参加人有杨[illegible]和[illegible]都参加了。（当时我参加了[illegible]一些情况）

11、[illegible]是用来装的有一捆头发和一个[illegible]，但不能记清了。

12、当时我记的比较清楚的，是和勤[illegible]参谋长参加了处理现场的。

13、其它就不太清楚了，因为平时都不[illegible]我们和他讲要求的话，当时我们只[illegible]是知道[illegible]的一会事。

鄧春武證明材料（1978.09.06）

⑧ 邓春武（唐山地区粮食局汽车队）18

第　　頁

六八年四、五月份我由汽車团新兵一連调到卫校看守"内人党"。到卫校第二天接[redacted]受看守包丰的任务（包丰当天来到）。到卫校的第三天晚上开始看守包丰，前半夜我值班，后半夜各連队值班，凌晨五点多钟包丰由三楼跳下自杀（由楼道南头窗户跳下）。我下楼后发现死者面向西躺着。后勤部政委、后勤司令[redacted]参谋长检查死者，发现包丰的主席语录本中有一缕头发和一张小纸条。至于专案组打包丰没有，本人没有见到，就不得而知了。

原汽車廿八团六連

[redacted]武

78.9.6.

裝订线

20×15=300

材料之三，王海山等人談包風專案一般情況（1978.09.13）

第　　页

材料之三

装订线

20×15=300

第 1 页

一、王海山谈之成专案一般情况。78.5.13日。

1. 看押之成的七人小组：有杨琪英、和王郭某、刘仁和、王静山、姜军、徐凯、杨德忠。

2. 之成的专案组有高书方、王健春、李淑森、王文魁。

3. 之成住在已故东楼三层，走廊西侧，单独一个房间。窗子和走廊的门都用钉子钉上了，他跳楼前我和刘仁和还检查过了。

4. 之成跳楼时，当时跳下的和当时的情况我们不清楚。

六、刘希渠谈之成专案一般情况。78.5.14日。

1. 走廊和房间窗子都钉上了，我们还检查了一下。

2. 其它和王海山谈的基本相同。

七、郑本春谈之成跳楼时的情况。

1. 之成死的第二天，王振江到我家，他说，昨天

20×15=300

第 2 页

晚上，他睡的，晚天晚上就找了。

四、另外你郭家队的相关过程情况。

我家的院门窗都用木板钉上了，其他门窗都堵不上了，叶七可是我亲组织的组长。

提供者：尽之也了子家的深的情况。

1. 包头出发时到了一个来就找了，门窗都钉上了。

五、叶七可谈的包头在军区的参加提审情况。

1. 我参加那次的一次进行的比较温和，当时是叫他低头，弯下腰，揪了揪头发，他说说我瞎编，都家知道，当时是他说的。

2. 参加当天的审问的：郭家、李成华、高世之、~~赵平贵~~、孔宪春、李振森。

3. 包头政治，扬家仍我，朴成瑞，胡包元。

4. 孔宪春说过，包头说过胡家是一个特务学校。

装订线

20×15＝300

六、高明增谈交代来案情况

1、组长、高进芳，[illegible]，吴阳关，[illegible]。

2、第二天一[illegible]谈交代[illegible]，谈的[illegible]，[illegible]。

3、参加人员有[illegible]、组长高进芳，吴阳关，[illegible]，[illegible]。

装
订
线

七、吴阳关谈交代来案细节情况。

1、参加那天的审问和刘惠材，还有一个姓李的，集体的时候没记清了。

2、在找记录中，下午[illegible]提审交代的，[illegible]进行的比较[illegible]，这个提案组对[illegible]的[illegible]交代了。

3、[illegible]交代[illegible]，[illegible]，[illegible]，[illegible]的提[illegible]的人没记不清了。

20×15=300

第 4 页

4. 我只参加包头提押一[redacted]第二天包头军分区。李鹏贵谈包头情况

包头是七〇年八月份结束的，我在九月二十日到七〇年九月一日回北京（当时我参加了学习）。在北京听说包头结束后，回来之后，同李鹏民、李如云谈有精神准备，也没受刺激，回来安排了一下以后子弟学习、李打，只是搞讨论了。

李鹏民人可能有包钢党、尹喜荣。

20×15=300

近幾天我們工作情況

中国人民解放军 内蒙古军区后勤部信笺

近幾天我們工作情況：

一、這幾天我們找了[illegible]、有關人員[illegible]作了改善、修理這幾天[illegible]和巴圖、[illegible]、[illegible]、黃[illegible]。

二、下面幾個人反映出來的問題：

1.[illegible]提出的問題：

①.[illegible]說一樣子打在太陽穴，[illegible]流血。

② [illegible]是揪着一撮頭髮，這就是說打的很凶[illegible]，不然為什麼有這幾一撮頭髮。（××同志人中[illegible]）

③.第一次[illegible]的時候，我們找[illegible]說[illegible]的經過時，其中有一個[illegible]的[illegible]大自然，這是為什麼。

④.[illegible]是跳樓的，還是推在樓下的。

2.巴圖[illegible]的問題：

①.一個[illegible]的[illegible]，[illegible]說[illegible]我們[illegible]這幾天，他問[illegible]、[illegible]了、你知道不，當時我說不知道，他說[illegible]。

②.這個問題[illegible]清楚，[illegible]的[illegible]中，其中一個。（[illegible]）

3.[illegible]提出的問題：

[illegible]的時候，[illegible]

中国人民解放军 内蒙古军区后勤部信笺

人凶手、李树森、高达方、[illegible]。（[illegible]）

4. 陈九令提供的材料。

①陈[illegible]挨一木棒头[illegible]、还加一条腿[illegible]。

②他说[illegible]、[illegible]时[illegible]、[illegible]，当时还大[illegible]了一[illegible]。

5. 扎木河提供的材料。

①他说我第四十一天就整不死了，后来和我们住在三楼的。

②他说进来时[illegible]郭[illegible]报的[illegible]，有文字根据的。

6. 根生提供的材料。

他说[illegible]的，后来[illegible]，我[illegible]以后不行。

7. 贺瑞祥提供的材料。

根据当前的[illegible]郭情况，我[illegible]、[illegible][illegible]。

8. 郭连[illegible]提供材料。

他说进来[illegible]，是我通知的，当时开调查会我参加了，[illegible]我们[illegible]、[illegible]，[illegible]一个我[illegible]当中[illegible]，我也[illegible]的认识。

中国人民解放军 内蒙古军区后勤部信笺

三、以上是我们这一段时间的工作情况，但根据目前的情况，已收到我们还未能接触指挥专案人员，和这个问题，以后应尽力争取更快的接触这个案件。黄、常先找看管两名战士，这样的目的是要取得第一手材料，给下一步工作打下良好的基础和更快的落实。

四、黄、常、刘要找到看管两名战士和目击者，这样才能拿到第一手材料。

（第八组）

（第六卷）

3份以上14页

（相关人员，共14页）

中国人民解放军 内蒙古军区后勤部信笺

1、我们××八月21日开始调查了自杀的原因，调查至九月卅日止，共40天。

2、40天中我们共找了与此事有关人员共计21名。除本单位外还有叁人。王副主任、周知明、文宾。

3、××调查中和××当前表现，我们认为搞编造制的两部加按自己刺自杀问题。

4、我们经过40天的调查了解，把自杀的危害组主要事搞清了。

①、自杀危害组人员，

组长：高连方、

副组长：吴居宾、

组员：李树森、石宾、王文华、 } 跳楼之实主要当前都是这了。

5、副班长认为：

还有自杀左周的主要人员，还在据自当副的人员有：高连方、王建春、李树森、王文华 } 外地 } 本市 { 刘惠林、周知明、孟 宾人

彙報提綱（1978.10.12）

汇报提纲　　78年10月12日汇报

对[illegible]同志死[illegible]的调查，从八月二十一日正式开始，至今已有一个月另二十天了。在这期间我们共找了23人了解调查。其中：

1. 看守战士 2人：吉[illegible]、[illegible]；指导员：陈[illegible]。

2. 同[illegible]在一起"学习班"的同志 5人：[illegible]、[illegible]、[illegible]、何[illegible]、[illegible]

3. 已知"学习班"的领导成员：王[illegible]、刘[illegible]、[illegible]、[illegible]、郭[illegible] [illegible]和[illegible] 6人

4. 参加[illegible]的有关人员：吴[illegible]、叶[illegible]、[illegible]

还有[illegible]李[illegible]、李[illegible]

5. [illegible]

6. 我们还访问了[illegible]

[illegible]

装

订

线

18×19=342　　第　　页

装订线

二、巴图"入学习班"的时间：

1. 20天左右：[illegible]说20来天一直在看巴图，
郭[illegible]、巴图、扎木苏说2个星期左右。

2. 一个星期：叶[illegible]、李[illegible]、[illegible]。

3. 时间一天：邓[illegible]、石贵。

三、住的房间：

1. 扎木苏说：东楼三层，陈某在中间，死前4-5天关押不见了；

2. [illegible]、邓[illegible]说：两侧二或三号房间。
刘[illegible]说是第一个房间，李[illegible]房间说不清。

四、跳楼的时间：

没有准确的时间，大致都说在黎明之前，3-5点。

五、巴图专案组人员名单，吴[illegible]说：

[illegible]、李[illegible]、[illegible]、吴[illegible]、[illegible]、刘惠林、[illegible]。

游击队员　王建素　警卫排长

李树森、石贵、（王文华）、小刘（战士）

事后证明：王建素是共产党员，也是当年去攻打的。

五

六、白枫的跳楼问题

古远仪是目击者，听到门响后，发现楼上有人被推进去，发现白枫的下半身已经下去了，后来将还未下去。

当时在场的人：古远仪、邓世武、陈文全、杨竹亭、许（修）、刘彦当时已被叫进卫生室。

七、是否打人问题

只有古远仪说，白枫在窗口临上四楼时，手臂向外，重打人遂一并向白枫拨一拨。

李锦贵说，叶子莲芳说已挂了头发。叶世万也说打了这一点。后果记明。陈文全、古远仪证明在白枫生前有人捆绑，陈、叶也证明白枫下降有人催着

八、走廊窗户是不钉死的问题。

刘厚、王海山都证明，走廊窗户都钉死了，只是下边钉了一个钉子，是我们打的。在出现死的下午下班前还特意查过，是窗户还关的很好。杨德贵也证明是钉住的。

李建伟证明窗户是开着的，并有挂衣绳子。

胡鹤龄在当天下午发现窗户开着，有根绳在外面飘。第十天，出现死后，胡同那个房间去，中间窗户也被蒙住，去了，那以前是这间窗户了。

装

订

线

18×19=342　　　　第　　页

九、我们的心情和感觉。

1. 要把调动的情况尽早地告诉本人，对这批同志的问题的意见，支持或反对清理这个问题，让我们自己就这个情况多考虑，这对我们的时间很紧，本来不是应该的[illegible]时期，怎么会这样呢？有意见。

领导上把这个任务交给我们，我们又在这样的迫切要求，对我们是个锻炼，可是也造成了压力。

2. 从我们调查的问题的结果，和目前党的要求，结果会是很满意。时间上也是都没有个很好的估计，统一看了若干个的记录材料，很好的推敲，[illegible]都是“跳楼”的情况[illegible]（我们可以深思熟虑）可能就会造成[illegible]，即使能够把握了事实把它搞出来。但是这个问题，本来就不是一个简单的问题，可是[illegible]今天。

3. 我们觉得，在当前的情况下，对于有接触的人都有顾虑，情况不一，不能很好地掌握情况。

這個專案組的工作組長是莊[illegible]，只知道參加一次提審，提供了他的名單，黨員都弄不清，這不能令人信服的。

專案辦公室的成員：王印堂，只提供了張修了專案組的負責人，其它情況也不清楚，平時由李[illegible]負責匯報。

她否認說都參加過一次提審，但都[illegible]一定否認參加。連專案組人員也搞不清。

何[illegible][illegible]說[illegible]工作組[illegible]了，他說[illegible]的事情過了，我不能提供任何情況。

[illegible][illegible]的[illegible]要[illegible][illegible]是[illegible]，這一件情況不敢寫在證明材料，怕他人[illegible]了。

石貴說：
那個要我們作證的調，
可能到[illegible]醫院。

劉[illegible]說：
我[illegible][illegible][illegible]，
去[illegible]了他的[illegible]
記[illegible]。

具體答覆：我們繼續找那些有直接領導專案組有直接關係的人員，[illegible]李建[illegible]、王文[illegible]、王[illegible][illegible]等，請他們談談。我們通過了解的情況進行分析研究，再調查、取證，直至把問題查清，盡快給受害者以令人信服的結論，這是我們努力的方向。

18×19=342

但是，~~我们担心的~~有二种可能情况来说。

①是仍像关屋里一样，什么都不谈，也不打。

②是，也可能多多来信说一些情况，但什么问题也解决不了，前后不一致。

我们担心的就是出现这种局面。~~因为~~这种局面不能收场。那时又该怎么办？

彙報提綱及下一步打算

第 1 页

汇报提纲及下一步的打算

我们于1978年10月12日开始又对包沁瑞案件进行了进一步的调查，使包沁瑞的案件更加接近事实，问题更集中，而且更好地进行这项任务的完成。

1. 我们在10月12日又重新调查了刘厚对包沁瑞的处理经过，而有人谈到他参加的处理案件，但说处理的不清楚。

2. 10月13日又进一步找了组织部等部门的七人，只提供高岱等拆了包沁瑞头发，其它未提供更多的内容。经他们与原党组给我们提供些线索。

3. 对原来提供包沁瑞的当天晚上是谁把包沁瑞送回宿舍的，有人不承认，说无人知此事是谁送。

4. 通过这几个人的调查，于10月12日下午找了包沁瑞爱人关于包沁瑞的头发去向，她说

20×15=300

新的决定一样，共计131根。据家属个人讲，张布的的原来的也一样。我们发现决定根据通常专门原则审判原定说明许决定是用了一定的办法。

5、通过进一步的了解，这次的问题甚至牵涉到高远之、王继春、王文峰他们三人身上。

6、我们调查了解过程中，付鄂花、吴华反映了一个问题，说王文峰许假定的决定本来是了两个圈，这个人打了几个叉叉。

今后如何进行，我们的意见是：

1、根据经过这两个月的调查时间，对这次相直接关系的人员高远之、吴阳英、王继春、王文峰是否党员，即让他参加了这次选举的提审，否则他许假定的决定本来是了两个圈。

2、我们的意见是，根据王文峰这个人的特点，首先去找王文峰和王继春，最后找高远之调查。这

装订线

第 3 页

揭以及对那些问题有了解的。

三、你是什么时间进党组织的。在哪时间、一定在什么地方。（介绍、时间和地点）

四、你进党组织是什么问题、有没有文件和指示、根据是什么。

五、你进党组织知道揭审时是否都进报。（历次参加人员、揭审内容、方法、主持人、时间、~~主席的精神讲话~~ 发现和有揭问题。

六、你参加这些工作是组织安排的、当时你们怎么决定的。

七、你们档案东西是谁处理的（包括是否销毁）

（直接了当的讲清楚下落！反映在什么？）

20×15=300

關於為鮑風同志徹底平反昭雪，恢復名譽的決定，內蒙古軍區委員會（1978）

关于为鲍风同志彻底平反

昭雪、恢复名誉的决定

鲍风同志，男，蒙古族，内蒙古凉城县人，一九二七年生，中农出身，学生成份。一九四六年六月入伍，一九四八年十一月入党，生前为内蒙古军区后勤部政治部保卫科科长，行政十六级。

一九六八年在林彪、"四人帮"反革命修正主义路线影响下，在"挖新内人党"这一

内蒙古军区后勤部[illegible]的几个主要领导人制造了"挖新内人党"这一大错案大冤案，排除了个别领导，他们积极追随林彪、"四人帮"[illegible]把许多同志打成"新内人党分子"，[illegible]在这一错案中，鲍风同志[illegible]一九六八年十二月八日[illegible]致死。

鲍风同志是中国共产党的好党员，好干部，是党的忠诚的同志，他参加革命后

历史错案中，鲍 风同志受到迫害，致

于一九六八年十二月八日被迫害致死。

鲍 风同志参加革命后，历任战士、文化教员、政治干事、学员、三级组织助理员、内蒙古军区后勤部政治部保卫科付科长、科长等职。在党和毛主席的培养教育下，在长期革命斗争实践中，他热爱党、热爱毛主席、热爱人民，对党的革命事业忠心耿耿，全心全意为人民服务。在战争年代

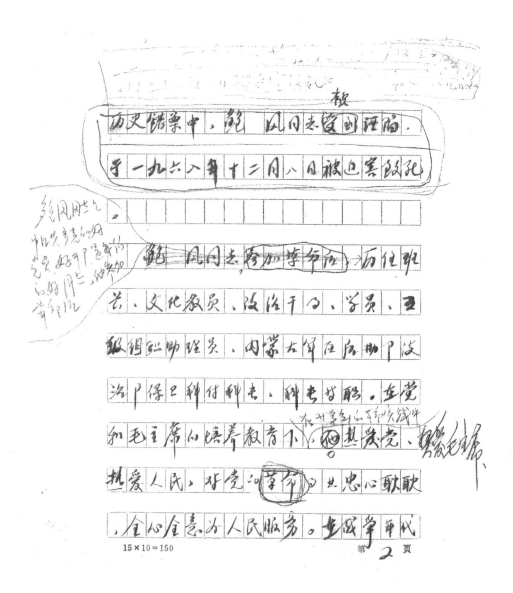

15×10=150　　　第2页

一不怕苦二不怕死

里，曾多次参战，冲锋陷阵，不怕牺

牲，英勇作战，为中国人民的解放事

业贡献了自己的力量。在历次政治运

动中，立场坚定，旗帜鲜明，是非分

别，敢于同坏人坏事作斗争，成为运

动中的骨干。他努力学习马列主义

毛泽东思想，理论联系实际，不断地

改造世界观。他光明磊落，实事求是

，遵守纪律，善于团结同志，联系

群众，谦虚谨慎，平易近人。工作

15×10=150　　　　　　　　第　　页

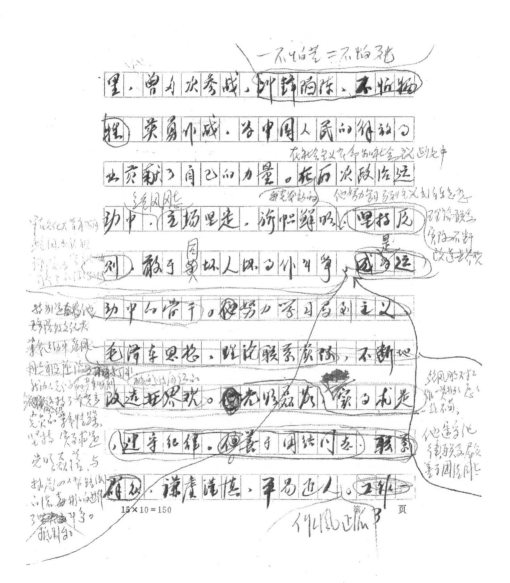

作风正派了

工作积极、勤勤恳恳、一丝不苟，在担任保卫工作期间，努力贯彻执行毛主席的革命路线，（坚持原则，实事求是）坚决按照党的方针政策办事，严肃认真，积极完成了上级交给的各项工作任务。鲍风同志曾开始参加过十几门， ……鲍风同志

鲍风同志是中国共产党的好党员、好干部，是我们革命队伍中的好同志。根据党中央、华主席关于解决[illegible]"新内人党"历史错案[illegible]问题的（批）[illegible]的[illegible]，郑重宣布：为鲍风

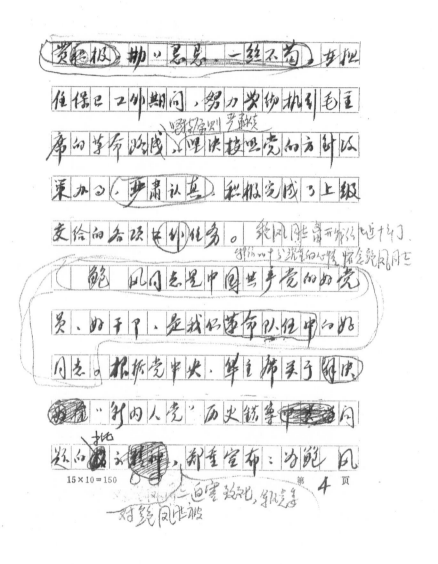

……迫害致死，纵定予
对鲍风所被

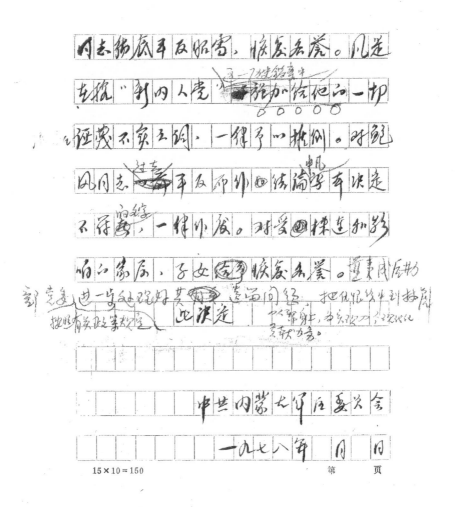

同志彻底平反昭雪，恢复名誉。凡是

在搞"新内人党"运动中强加给他的一切

诬蔑不实之词，一律予以推倒。对鲍

风同志过去平反前外调结论中与本决定

不符的结论，一律作废。对受株连和影

响的家属、子女恢复名誉。望东[illegible]各地

党委进一步做好其遗留问题，把[illegible]

按照有关政策规定

此决定

[illegible]

中共内蒙古军区委员会

一九七八年　月　日

15×10=150　　第　页

中国人民解放军 内蒙古军区后勤部信笺

贾淑珍的意见：我这个字，对这材料不满意，主要是它似乎是，在明确追认烈士，实际的同林彪、"四人帮"的反动路线进行了坚决的斗争以至于死。追悼会开不开？骨灰怎么处理？

贾淑珍意见

1、不同意一块开大会

说明是我的时间、地点、条件，当时的处理情况等不一样

2、要查明原因，是什么致死的，不能用"致死"二字来代替一切

3、要追认烈士，别的要待问题处理后，骨灰处理，追悼大会等待开过了再说

培尝撰头等

10/12

鮑風死因外調材料記錄整理（1978.11.03）

第 页

鲍风死因外调材料记录整理

1978.11.3

一、在1968年清理阶级队伍中，关于鲍风[illegible]交代要员，[illegible]入[illegible]二楼，[illegible]253调此事的吴[illegible]（吴同志）[illegible]，李[illegible]教授[illegible]，此七方，[illegible]一个人[illegible]调查此事[illegible]清了）。

二、当时提审的人员时，[illegible]鲍风在[illegible]一[illegible]。鲍风此时在看他的档案，因为他的档案都在提审处，鲍风[illegible]，也没有[illegible]时间是这样（这是在提审的人员之前）。

三、提审鲍风时第一天过好，第二次提审时，他一些问题他答不上来，我们就叫他[illegible]，就不叫他吃了些[illegible]，当时他的情绪很紧张。

四、鲍风进[illegible]我们就是找也和叫七方讲了他的状况。

20×15=300

第 2 页

五、王兆进学习班十天，提审了三次，刘头发是第三次，记不我的记忆只四十七天和[illegible]钱也。

六、提审我是我记忆中每次都要挨打挨打和关后员，和郭少钱也。

七、朱赤彼得来听说，只听说在书里加一种说法。

八、王兆见和处理我们文案组来参加，都是保密不参加的，清理阶级队伍我们也不知道谁参加的。

九、我们是王兆了那天，上午之后，就听说了，说王兆跳楼死去了，在场我们都没有看到。

十、王兆的是在楼西侧，南头下房间。

十一、王兆的问题当时的内蒙古军区部领导小组决定，他们的问题不清楚，我们[illegible]只是负责审查。

第 3 页

彭德怀组外调材料记录整理之三：

王继春谈：1978.11.3

一、彭德怀进学习班，刘仁知、陈德荣、徐乱、赵君他们都知道，但为什么进去的我都不清楚。

二、我在文革时，从未接触彭德怀的问题，我参加一次提审彭德怀，当时彭德怀一言笑，问一次叫彭德怀的来发和民他的头，我只知道是内人党，其它不清楚，但通供方式是有的。

三、专案组人员有高道云、李树森、李清华、李叔贤、石焕，这是我知道的。

四、进了专案组有揭批的有曲子明、日如伸、彭德怀，进学习班可能3-4天，以后就有人动了手。

五、其它我都不太清楚了，后因专案组我未参加。虽然我参加一段，但他们专案组人员比我知道的。

20×15=300

第 1 页

介绍侯嘉义：

对此次调查组，经过20多天的工作都不太理想，不谈实际问题，所以这一家情况是如何处理的，关于王迅死做善后处理是专案组人员都应知道，据他说仅处理过杨政委和刘政委，刘仁和、侯钧他们处理的，所以对死时现场和火葬都清楚，前已追提审3次，[illegible]据我们检查材料到的只是给了头发或[illegible]，他纠下来的头发还给了，可是一根头发来不少，因为专案人员谈到时不清楚知道的这纸条，但是这个专案组人员要了纸条是清水河库的刘同辉，~~[illegible]~~，但根据前20天专案人员了的情况，他也谈不清什么情况来的。[illegible]

根据上述情况提出我们对侯嘉义供确的[illegible]。[illegible]

[illegible] 介绍：一、~~关于[illegible]处理~~

1、为什么不经过保卫部门和法院？~~这[illegible]~~ [illegible]

[illegible]处理善后的全部等。这就~~[illegible]~~。[illegible]

20×15=300

第 2 页

~~[illegible]~~，请给予答复下来。

2、我们要求是为使这些问题搞清楚，这样是不能 [illegible] 搞清楚的，~~[illegible]~~ 全党全军都要采取一定措施，而我们的问题却到现在还没有解决了。

3、[illegible] 做出答复说这个问题已经解决了，并有人送来一封书信，但至今无一人能回答这个问题，这也是一个难题，就连组长都什么也不知道，所以应采取措施来搞清楚。

4、关于党籍问题，当时是不关都没有一起来，为什么要提这一个问题呢，这个问题因为我们总是搞不清楚的，所以我们才提出这个问题的。

5、在前两次提审时接待人员说没有搞清楚了，并一起人调不出来，这又是什么问题呢。我想中间出了什么事，又说到这里了许多复杂的问题呢。这个在当时都不成问题的，当时问都隔着几十年，但并不会忘记到一点都不了解的。

装订线

第 3 页

6、吴之、李林森、刘同禄这些人是蒙古也找。

根据以上各人谈的这样，我们认为找的不找都不太多了，意义不大了。我们所以以分类意见报给领导参考批正吧。

装订线

20×20=400

鮑風家屬賈淑珍寫給軍區後勤黨委及落辦信（1978.11.20）

172. [illegible]

軍區後勤黨委，並落辦：

我是包風同志的家屬，叫賈淑珍

包風同志原系內蒙軍區後勤政治部衛生科長，中共正式黨員，四六年參加革命，一九六七年十二月八日，在所謂挖肅新內人黨中，慘死在當時的審訊現場。為他的死，我們曾多次找後勤黨委和落辦，但由于那些反革命路線的干擾破壞，根本性的問題，至今未得解決。根據"四·二〇"指示精神，請求解決如下問題：

一、組織查清死因，作全面正確結論，徹底平反昭雪，肅清流毒，恢復名譽，要[illegible]出來。

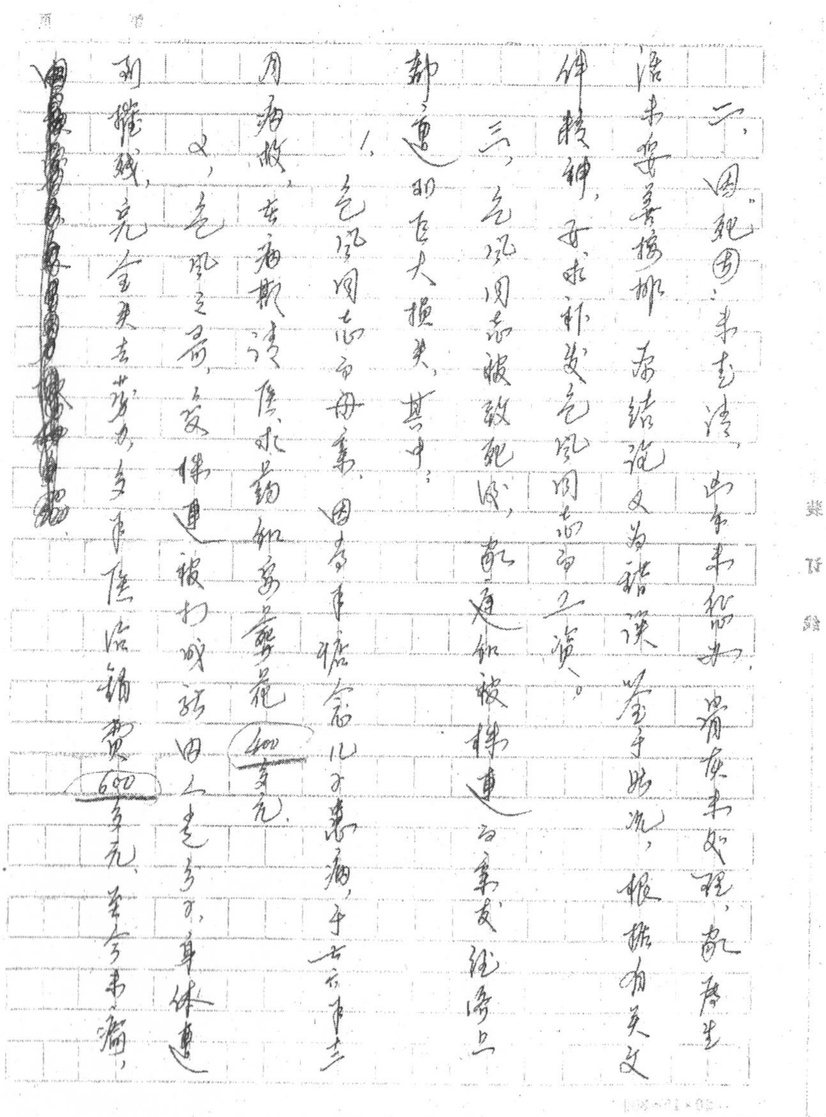
二、因"死因"未查清，出事未知如，骨灰未处理，乱葬生活未妥善掩埋，原结论又为错误，望予昭雪，根据有关文件精神，予求补发包凤同志之工资。

三、包凤同志被致死后，家庭和被株连的亲友经济上都遭到巨大损失，其中：

1、包凤同志的母亲，因当年惦念儿子患病，于七六年十二月病故，去葬期间，医药和安葬费花400多元。

2、包凤之哥，受株连被打成残废，因人已老了，身体遭到摧残，完全丧失劳动力，每年医治药费600多元，至今未愈，

3、先父周宏被致死后，家庭扣反革命家属帽子（进行划敌）四十年；家
属损失和被迫害多重，例如手表、自行车、缝纫机、收音机等物
损失约1500？多元，
4、家属受歧视，因精神折磨，疾病缠身，医生作证，完
全残废，十年来医药和营养花销1000多元，
5、为落实政策，来往京安频繁，路费完全由我承担，
损失约800多元，
上述五项，总共损失5000来元，请求政府救补。
四、因家属受歧视残废，请求发给残废证，退休后，先
指外，吃、穿、药，一切费用由组织负责，另设专人护理，女儿

目前在中学上学，将来的就业有前途的保证，并作为有点依据，

五、包凤同志无辜死去，但该案变得遇到都不能缩减的损失费等，请求给现役军人待遇，一视同仁，

六、我原系本市服装厂的职工，六八年发生事件后，我要求回厂上班，但因反革命家属之故，该厂拒绝，工会、工资都直接受到影响，现请求补发工资，加入工会，我的工资的按40元计算，十年扣发误工费5000元。

上述各项请求，望领导迅速给予审查研究，彻底解决

致

礼、

包凤敏唐

孟淑琴

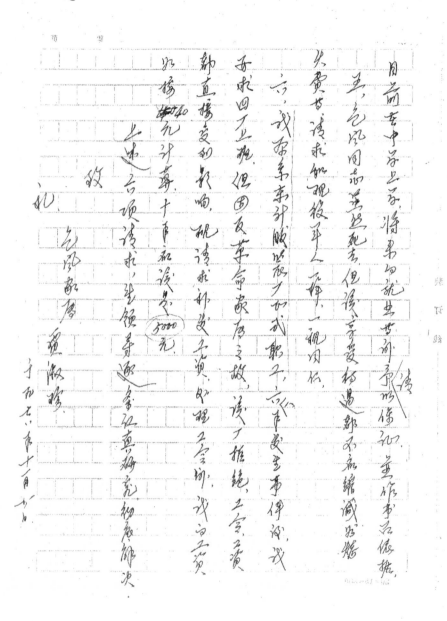

一九七八年十一月廿日

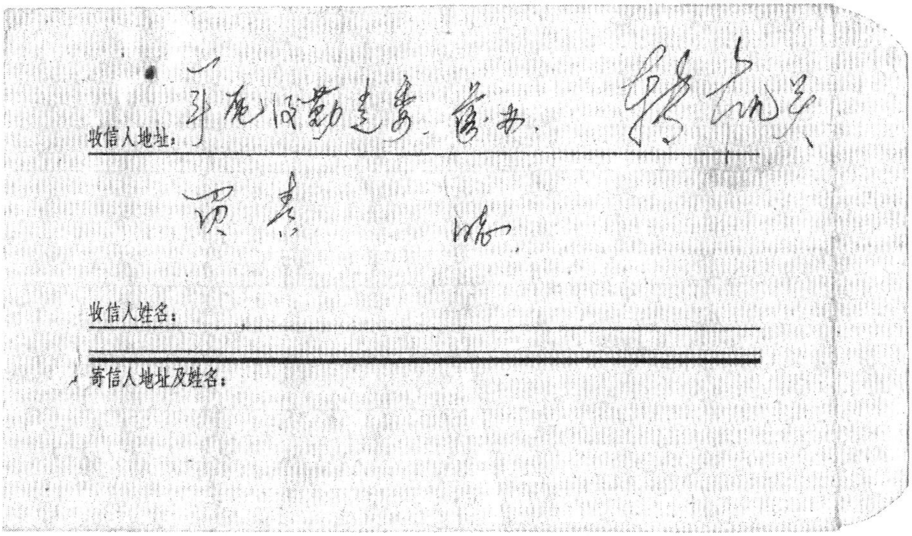
收信人地址：
收信人姓名：
寄信人地址及姓名：

鮑風家屬賈淑珍寫給軍區領導的信（1978.11.20）

185

軍區領導：

我是包風同志的家屬，賈淑珍。

包風同志原係內蒙軍區政治部保衛科長，中共正式黨員，四六年參加革命。于六八年十一月八日，在所謂挖肅新內人黨中被逼死在當時的學習班裡。為他的死，我們曾多次找政治部要求解答，但四人幫反革命路線的干擾破壞，根本得不到應有的解決。根據「四·二0」指示精神，請求是要徹底解決的請求。

一、認真查清死因，作出正確結論，徹底平反昭雪，

補償損失，恢復名譽，安排子女。

二、因"犯罪"未查清，以手表相機，骨骸未如理，家屬生活未得應安撫要，原結論不予錯誤宣，屬于此況，根據內政文件精神，要求補發先父[illegible]工資。

三、先父因而被致死後，家屬連而被株連之親友，總[illegible]此部遭到巨大損失，其中：

1、先父因而當母[illegible]，因[illegible]不[illegible]病，于五六年十二月病故，在病期請原求[illegible]就業無花[illegible]元。

2、先父之前，因株連被打成殘廢人之身，身體遭到殘損完全失去勞力，多年醫療補費600多元，至今未癒，[illegible]

[illegible]

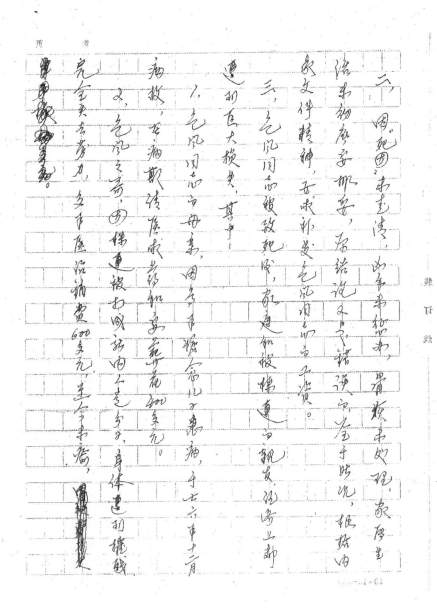

三、已經被致死的家屬被受革命家屬摧殘（進行劉敬）四、五家，家多損失加被損要重，例如衣服、用的車、縫紉機、收音機等物損失約1500多元、

四、家屬受傷致殘因精神損害、疾病、勞力、醫生住院、花全殘廢，十年來使用於醫療費花銷1000多元

五、為落實政策來往、來去擬費，吃住完全由我負擔，損失約800多元。

上述五項花費損失5000來元，請求將予以撥付。

四、因家屬受傷致殘已殘廢，請求發給致殘補助，吃住、醫療、（遺）貴、（請）、藥，包括外出、看病一切費用由組織負責，並要設專人護理

女兒因前在中興大學，將來就是要謀[illegible]，請予以保證，並祈
示其依據。
其二、[illegible]目前要否免去，但請[illegible]變[illegible]或予縮減，
以將來費、皆請求加入[illegible]一併，以視[illegible]，
六、我本屬[illegible]不如武船工，亦[illegible]發生了什麼，或
要求回台工作，但因黨事命令[illegible]之故，須予拒絕，並會工資、
都直接受到影響，視請求補發工資，如[illegible]工會所，我前
工資皆按[illegible]元計算，十年以後[illegible]5000元。
上述六項請求，並[illegible]真[illegible]部決、

敬

禮

[illegible]

[illegible]年十月廿[illegible]

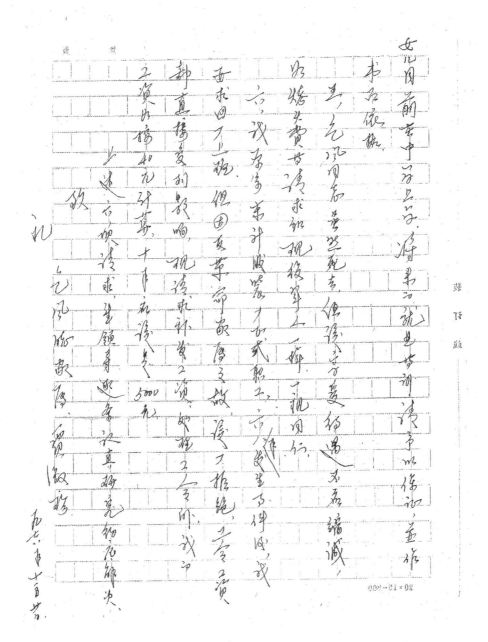

王政委：

尚克同一案，我們已基本將來[illegible]見結了，近日您工作甚忙，常有應酬難以相留，因此我不想以干擾您，將本案材料呈報了您，望抽空一閱，並遞來結論指示一下（一份已交蕭雨）

敬

禮

[illegible]

[illegible]

六八年十月[illegible]

裝訂線

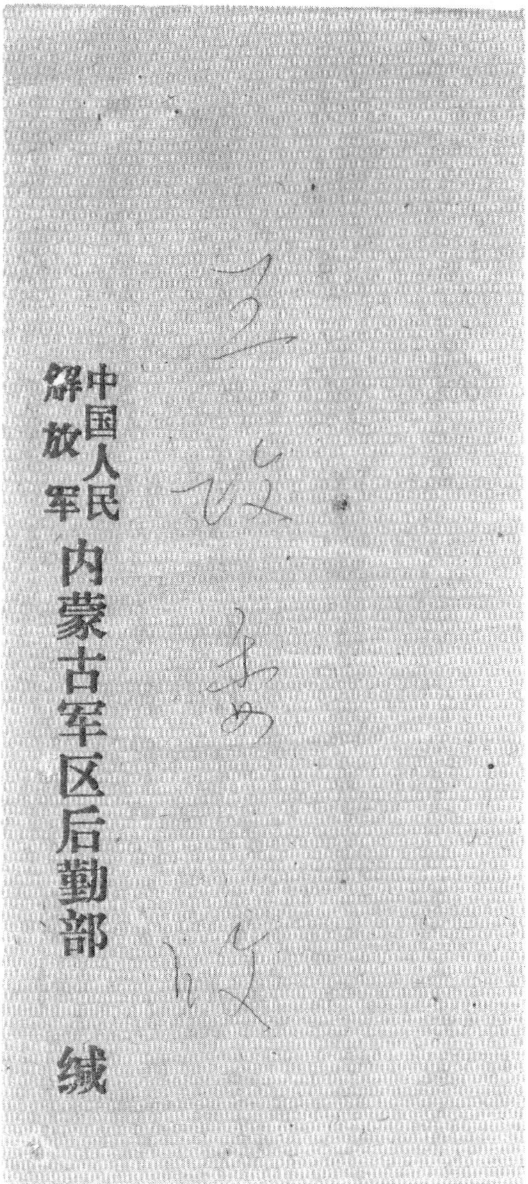

王政委收

中国人民解放军
内蒙古军区后勤部 缄

內蒙古軍區253醫院檢驗科吳巨星（興）的證明（1978.12.13）

吴巨兴（253医院） (5)　　15. ①

1968年冬，当时我在253医院宣传队，武高文开始对我说，以后要抽你去做专案（审查）组的工作哪，我并没理会此事，后来政治处主任陈文院找我，我到了说：后勤部来了文件叫你去帮助审干，开始我不太愿意去，可他说有后勤部文件……说以我只好就去了。到那以后由（徐礼或于仰贤）对我说，要我在202（或204）办公室专管材料，并说这里的材料都是保密性很强的，不准到外乱说。常到这个室办公的有徐礼，于仰贤，程伯忠等人，他们要材料时，我就给取，看完后再交我保存，就这样持续了一段时间。这个办公室由后勤部党委领导，当时主要领导有王秩然（部长）、杨勤亭（政委）等，后勤部机关专案组由程伯忠和徐礼、郑任、于仰等作秘书工作。

后来调至内人党专案组，把我抽到那日专案组去了，于连芳任组长，我任付组长，王继春、李玉贵任顾问组员有：石贵、李树森、后勤部文书刘慧英、老李及小刘等（不知道名字）人组成。开始由后勤部党委作动员内人党如何反动等的报告（或程伯忠），要给专案组加

②

军工作，并说内人党是乌兰夫等人搞的反党叛国组织，呼市挖得最晚，许多坏人都藏在西北地区了，既然内蒙有这样一个反革命组织，我们军区部队机关就不会是真空的，所以一定要把部队中的坏人挖出来，这里当前的大方向要全体专案人员迅速跟上形势，反对右倾保守，说挖肃运动是党中央的战略部署，不获全胜决不收兵，

当时专案办公室人讲（可能是程作君）通过这场斗争对每个人是一个很好的考验，还讲到军区骑兵师等单位都比我们搞的好，我们落后了，当时说我们可能有内人党支部（或是党委）说你那日是负责人之一，那日攻不下来，整个我们就不好办，后来我们小组研究了对那的作战方案，经过一段残酷斗争之后，当然被迫交待了一些问题，可是和其他组交待的问题，总是对不上号，就这样搞了什么，有时一放就是1－2周，当继在呼包

③

二布多次调查，但总是驴唇不对马嘴，在闲谈乱扯中，听小组长说，我们小组还有好几个任务呢，还有色锋、布如布……因当时色支左不在记得是隔离了布。后来色尔棒回到了政协，住在哪里，谁是和他谈的话，我不清楚。后来经小组研究决定对色进行审查，至于由谁向上汇报的，确实不清楚，在我的记忆中，在研究色的材料时，可能谈及到色在锡盟×旗任教（或任校长）时，认为该处有内人党（或特务）联络点之疑，因色平时不好多言，开会时大家要求彼发言，于是一天晚饭后，在息灯前一段时间（也可能是下午）在政协办公楼二楼，对色施行专案审查，开始是笔谈，后来令其诉说，甚至低头弯腰推拉，甚至揪脖子衣服之过急行为，虽然如此，而色并没有交待什么问题，然后令其回去考虑问题，至于

④

由谁带走的、到那里去了，确实记不清了。一般是战士带（也有时干P，如罢李、石贵）审问。小组又分析了一下，认为当时天可能初步交待些问题，后来就各回其家了。第二天上班后，听小组长说他死了。我打听了一下死因，他们说夜里跳楼了。当时小组还说了，一定是有严重问题，不然的话为什么自杀呢？至于他死后，尸体由谁处理的，放在什么地方了，是谁向专案报告的，我一点也不知道。因我当时也认为他有严重问题而自杀了，一方面上有组长、顾问、支部办公室，也还有专案，用不着我去过问，所以我也就没详细打听，小组也没研究过善后处理问题。包锋已经死了，我们小组，特别是我更有一定的责任。但我没打过他，我在会上是紧跟形势的，行动上也是积极的，但不主张打人。为了落实好党的政策，我这次协助落办，将我们原专案组人员集中学习，认真回顾包锋同志的死亡经

⑤

过、并常委办也派人参加，这样我们共同帮起手来，搞好这一工作。至于究竟谁打了包，我的记忆是没人打。在审查那日时，李树春、石贵、王德春、马连芳打过、听说王文华也打过那位我不在场。以上是我初步回忆的情况，如有疑再做回忆答复。

253医院检验科

吴巨星

1978.12.13

吴巨星系我部
253医院军医

内蒙古军区后勤部政治部
一九八六年四月二十日

關於調查鮑風死因的下一步打算，後勤機關落實政策辦公室（1978.12.18）

356 [illegible] 4002 4003

中国人民解放军 内蒙古军区后勤部信笺

关于调查鲍风死因的下一步打算

鲍风的死因，经过近四个月的内查外调，先后与25名有关人员谈话，了解到一些情况。但有些问题相互矛盾，整个过程还不十分清楚，需要进一步深入调查核实。

根据上述情况，我们认为有必要请当时的有关领导（军区杨竹亭付政委、本部刘仁和付部长、郭述付政委、锡盟分区徐礼付政委）核对以下的问题：

1. 鲍风同志免职的原因。
2. 鲍风同志入"学习班"的原因。
3. 对鲍风同志的问题，领导上对专案组有什么具体指示和要求。
4. 专案组在审查鲍风的过程中，对后勤党委作过哪些汇报？
5. 鲍风死后的处理过程（谁负责处理，有哪些人参加，有无法医参加，是否经过保卫部门，有无现场照摄影和结论）。
6. 鲍风死后，是谁清点处理他室内物品的？纸条在什么地方（毛著合订本内有一个纸条）。

我们意见：由后勤党委找上述同志分别进行谈话，并

中国人民解放军 内蒙古军区后勤部信笺

要求写书面材料。

妥否，请批示。

后勤机关落实政策办公室

一九七八年十二月十八日

對包風同志受害的回憶，内蒙古軍區356醫院幹事石貴（1978.12.23）

⑦ 石贵（356医院） 17

中国人民解放军 第三五六医院信笺

对包风同志受害的回忆

在内蒙制造的挖"新内人党"历史错案中，造成包风同志受害致死的冤案，就我的回忆叙述如下：

当时，我是那日同志专案组成员，组长是高建芳，付组长是吴巨星，王继春是什么职务我不清楚，可能是后勤指挥办公室成员。组长、付组长都听他的。其他组员有杨森、工兵营小刘同志，有没有叶喜力、王文奉同志，我的记忆是他们不是正式成员，有时搞什么"突审"和"攻坚"他们参加。

包风同志到所谓"新内人党"学习班，是那里决定的，怎样研究的，搞他什么问题，我们组员不知道，是早晨碰头会上，王继春向组里传达的，说，包风已经进了学习班，分到我们组了，下手就抓牢他，让他交待问题，不要光交待"内人党"问题，历史上在什么学校的特嫌问题，一齐搞，

中国人民解放军 第三五六医院信笺

他交待什么是什么叫那日写交待材料，再抽两个人去工业学校接一接外调，由谁和我去外调（好象是马连芳）想的不准确。对这次揪审情况我不清楚。后来对色风同志提审几次，那些人参加，我参加了没有，经我再三回忆，当时场面如何，我实在想不起来了。（如其他同志回想我参加了，我不否认）往色风同志脖子上挂牌子，揪色风同志的头发的事，我想不会有此事。对于色风同志的死，什么时间，什么地点，谁处理的现场和怎么报告的，我不知道。也是早晨上班后，听到大家议论，色风跳楼死了，说是色风要去厕所，和色风在一起睡觉的战士（看守一样）一齐到的厕所，色风便完了就往外跑，战士看样子不对劲，在后面追，没赶到色的跟前，色风就窜了出去，此说是真是假，我不清楚，这是当时的议论。

因为时间较长，十年之久，对色风受害的回忆就是这些，我决不是因为色风同志死了，怕追究责任，不敢谈，

2

中国人民解放军 第三五六医院信笺

人家命都没有了，我们只有痛心，在落实政策中，把我知道的如实向组织上讲清，协助组织搞清问题，是我义不容辞的责任，我要继续回想，凡是想起来的情况，我更随时向组织上讲清。

此致

敬礼

第三五六医院石贵

一九七八年十二月廿三日

石贵同志原系我部三五六医院干事。

内蒙古军区后勤部政治部

一九八○年四月十日

3

關於包鋒跳樓自殺情況的見聞，中國人民解放軍北京軍區準格爾綜合倉庫，劉同祥（1978.12.29）

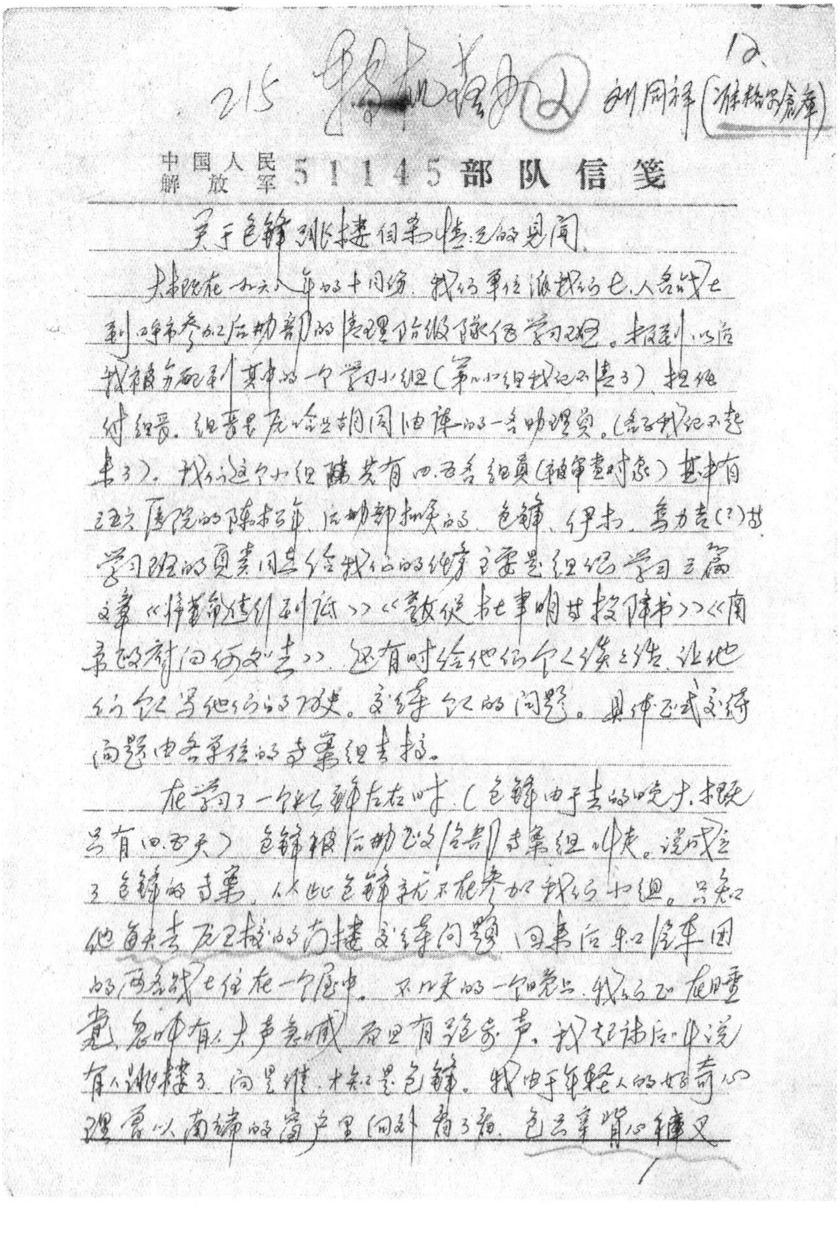

215 刘同祥（准格尔仓库） 12.

中国人民解放军 51145 部队信笺

关于包锋跳楼自杀情况的见闻

大概是在一九六八年的十月份，我们单位派我们七人合我七到呼市参加后勤部的清理阶级队伍学习班。报到以后我被分配到其中的一个学习小组（第×小组我记不清了），担任付组长。组长是[illegible]胡同[illegible]的一名助理员。（名字我记不起来了）。我们这个小组当时共有四五名组员（被审查对象）其中有[illegible]医院的陈书记、后勤部机关的包锋、伊扎、乌力吉（？）等。学习班的负责同志给我们的任务主要是组织学习三篇文章《将革命进行到底》《敦促杜聿明等投降书》《南京政府向何处去》，还有时给他们个个谈谈话，让他们交代写他们的问题。交待什么的问题，具体怎么交待问题由各单位的专案组来搞。

在学习了一个月左右时（包锋由于来的晚大概只有四五天）包锋被后勤部政治部专案组叫走。说成立了包锋的专案。从此包锋就不在参加我们小组。只知道他自己在[illegible]交待问题，同来后和[illegible]的两名战士住在一个屋中。不知是那一个晚上，我们已在睡觉，忽听有人大声急喊，院里有跑步声，我起来后听说有人跳楼了。问是谁，才知是包锋。我由于年轻人的好奇心理，曾从南缘的窗户里向外看了看，包是穿背心裤叉

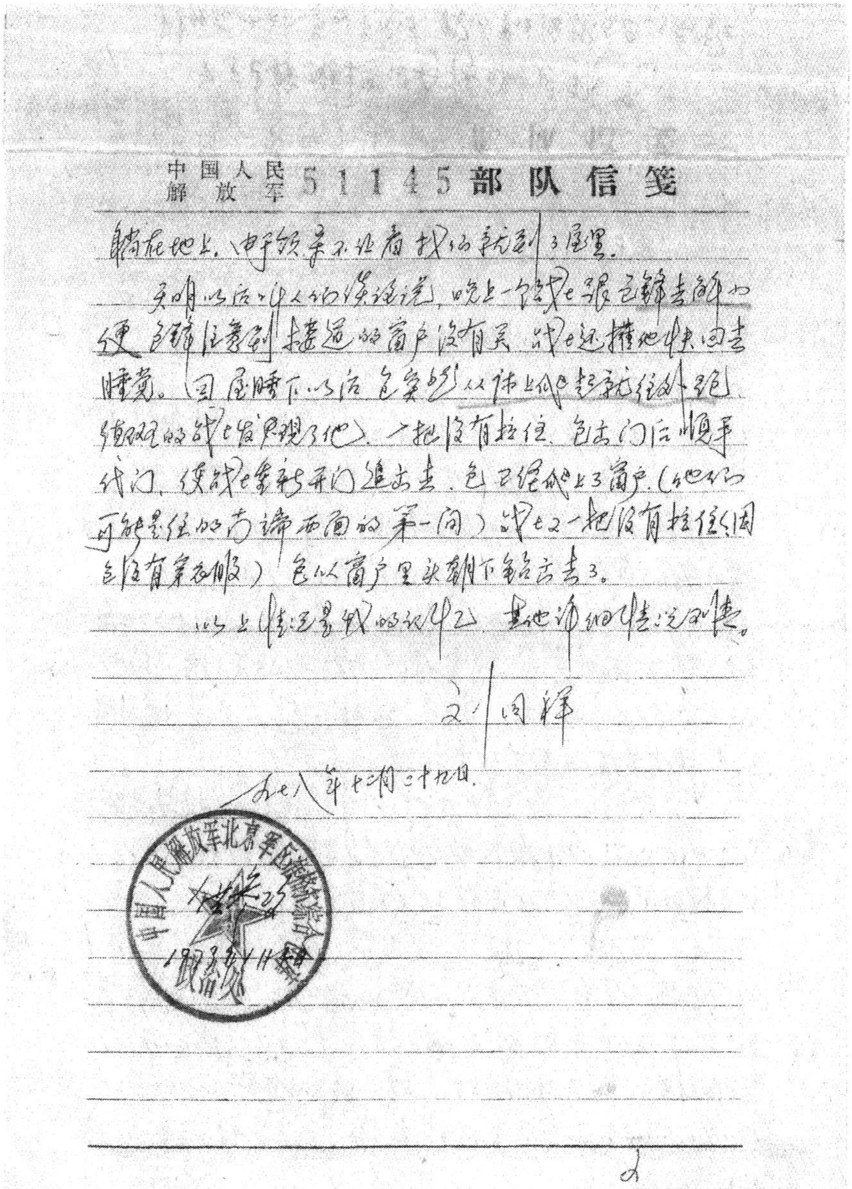

中国人民解放军51145部队信笺

躺在地上，也有可能来不及看，我们就到了屋里。

天明以后，一中人们纷纷议论，晚上一个战士跟仓锋去解小便，仓锋注意到走道的窗户没有关，战士还撵他快回去睡觉。（回屋睡下以后仓突然从床上爬起就往外跑，值班的战士发现了他），一把没有拉住，仓出门后顺手带门，使战士拿不开门追出去，仓已经爬上了窗户。（他们可能是住的南端西面的第一间）战士又一把没有拉住（因为没有穿衣服）仓从窗户里头朝下钻出去了。

以上情况是我的记忆，其他详细情况不清楚。

刘同祥

一九七八年十二月二十九日。

中国人民解放军北京军区……

1978年1月11日

鮑風同志死因調查基本情況及今後意見（1978.12.30）

鲍风同志死因

调查基本情况及今后意见

关于鲍风同志的死因，我们责成李嘉山、戴凯、潘福楠三位同志组成专门调查，自八月廿十日开始，至今已四个月了。先后同鲍风问题有关的知情人共26名同志谈话了解，并翻阅了69卷的调查材料，现将调查掌握的情况简要汇报如下：

一、查清了原鲍风专案组成员。

组长：韦连芳（现呼和浩特市中区人武部，政工科长）

付组长：吴巨星（现呼市公安局检察科，付科长）

组员：李树森、石贵、刘英杰、刘春林（本人说是鲍风死后才去，吴巨星说在鲍风死前去的，韦连芳说不是）

参加提审鲍风的人员：王建书、叶世方、郝嘉。

看守战士：古建仁（唐山汽车修配厂汽车队司机）

邓甚武（唐山地区粮食局汽车队司机）

二、鲍风同志的死亡日期、时间、地点房间

页（20×15=300）

据69年7月应物所组织调查的材料记载，于1968年8月被专[illegible]从应物所政治部停止工作，专送建设兵团参加军训，学习24天，因"特嫌"、"叛徒"问题召回送入学习班。据刘同锋、古达仁、陈书式证明，[illegible]被关押在"学习班"住在原"已校"东楼三层西侧第一间房内（个别人证明是第二或第三）1201室，并于68年10月8日凌晨5时左右死亡。我们这次调查的时间不十分准确，但大致与69年调查相符。

三、原专案组对[illegible]同志提审情况

据原专案同志说，对[illegible]同志共提审三次。第一次只是交待政策，念语录，由于不严肃，开始进行，就送回去了。第二次主要是谈其交待历史问题，在专案人员提出问题时，[illegible]同志拒不交待，交待政策后送回。第三次，要求[illegible]同志谈前次提出的问题，由于[illegible]同志不回答，专案组人员叫[illegible]同志起来低头认罪，[illegible]不低头，叶某某、刘某某揪[illegible]头发。[illegible]同志在低头过程中哭了，说有时头痛病，不能老低头。这时就说

他立即跪求，并向他交待政策送回。送彭凤的人有李村森，另一名记不清了。第二天早上听说彭凤跳楼自杀了，以后再未接触彭凤的问题。

吴自昆、王德据、叶书万都参加过提审，但次数只有一二次，都没殴打过他。石贵自称未参加提审，当时在外单位抽外调，可是同去外调的人名已记不清。叶书万说都参加过提审，但都不承认有打骂。

专案组成员李村森去上海学习，刘英杰探亲，待归队后再调查。

四、彭凤死亡经过

彭凤跳楼自杀的目睹者，只有警卫战士之一古连儒一个人。据古连儒说，当天晚上提审二、三十小时，看到彭凤手臂都肿了，送回宿舍时递给一瓶药水，叫他搽一搽。古连儒值前半夜班，凌晨三点左右叫醒门外的，起来后看到彭凤从床上站起，立即追出门外，这时只看到彭凤的下半身还在窗内，古连儒发现彭已跳楼，就喊，并向楼下跑去，另外也说叫彭的跑到地下，喳喳两声，这时锦章都来了，去被叫到连部。邓春武也说他值前半夜，后半夜睡觉了，叫了喊声后才下去发现彭的。邓说彭跳楼自杀了。

对彭汉跳楼问题，很多同志提出怀疑，但经过调查未发现其它线索。真正死因，目前还不能下结论。

五、证明材料

原专案组长于连芳、付组长吴巨生、看守战士古连仪、邓春武都写了证明材料。但材料中所提供的情况多处相互矛盾，而深入追问时，又说记不清或不知道。如：古连仪说彭死的当天晚上送饭时，手臂都肿了，并给一碗盐水叫他擦一擦，但专案组的人都不承认有此事。彭汉死的当天晚上十点钟前，刘任和、王海山、刘厚启检查过走廊门窗，都是好的，并证明在此之前窗户已用铁钉钉死。可是古连仪说，窗户开着，并有一根挂衣绳。两个看守战士都不承认他是后半夜值班，而且时间也不一致，古说二十来天，邓说十二三天。这些问题都有待进一步核对搞清。

六、下一步打算

1. 要求包头党委对徐礼、程传忠、郭达同志进行谈话，讲清对彭保林冤案审查迫害致死的处理经过。我们的目的是从他们谈话过程中了解一些线索，澄清一些问题。

2. 分别调原专案组成员、党学忠等来包头讲清自己的问题，我们着重核对证明材料中相互矛盾的问题。

3. 向69年调查彭保林死因的市政协薛三仔等，了解当时调查经过、材料的来源及尸体照片、验伤记录等有关情况。

妥否，请批示

包头机关落实政策办公室

一九七八年十二月三十日

卓子綜合社于雙泰同志談有關鮑風同志在「學習班」時期的一些情況（1979.01.08）

7人证明　①　⑯　11

中国人民解放军　内蒙古军区后勤部信笺

卓子综合社于双泰同志谈有关鲍风同志在学习班时期的一些情况

1. 鲍风在学习班吃饭在七天另一天。当时负责人是队长刘厚，伙食是王德山。后期是徐礼负责。

2. 鲍风死是晚上十一点头钟。赵诺的房时外边三部和西部队有一小滩血迹。

3. 鲍风住的房间是"已楼"（南北楼）三层西侧南第一间。

4. 鲍风死的经过是：据学习班的一个战士说：晚上鲍风去厕所解手，回来有一个战士跟随，往回走时鲍风在前，走到走廊头上窗户前，登上暖气包跳下去的。

5. 有一次开全体工作人员会上（徐礼负责），我提出要钉窗户，但走廊窗户未钉，因不冷，又有暖气。走廊窗户是鲍风死后钉的。

于双太

79年元月8日

哈斯關於鮑風同志跳樓情況的證明（1979.01.11）

哈斯（原司令部） ③ 13.

关于鲍风同志跳楼情况

我夜住在后勤部卫校三楼308号房间，
当时在三楼也有陈继善和陈设吉
等同志们。一九六八年12月8日早5时半
左右，我上厕所时见看守鲍风同志
出来也上厕所，后边有个哨兵跟着，
当时鲍的脸色很不好，走路也很困
难。跟着的哨兵走得有十多米远，鲍风
厕所后从三楼的走廊的南窗口一翻身
15×10=150　第　页
跳下去了。12月9日晚8时左右在二楼
1

学习相关的办公室叫喊声是在第二天的3时左右。当时我经过学习相关的办公室楼梯，只听到黄叫声。后来，夜3时左右，在三楼的病房也同样听到黄叫声。然后柏从三楼下来的时候已没呼吸和心跳。他们进行了人工呼吸和左胸部打了针，后就走了。

证明人 哈斯

一九七九年十一月 日

15×10＝150 第 页

2

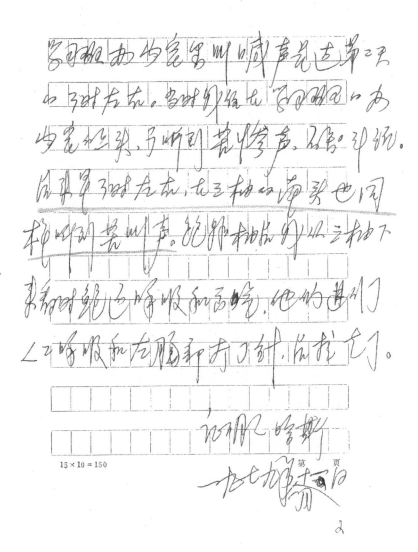

參加「挖新內人黨」專案組的情況，李樹森（356醫院）（1979.02.20）

6　李树森（356医院）　16

参加"挖新内人党"专案组的情况

在"挖新内人党"这一历史错案、假案中，我受后勤政治部组织的指派，参加了原后勤政治部专案组，这个专案组有高进芳、王继尧、吴五兴、石不贵、原134部队的一名干部和我，先后搞了那日、习如布、包九三位同志。

包九同志是三个人中最后一个见面的，是在搞那日、习如布俩位同志的中间将包九插进来搞的。"审"包九同志，我参加了半天时间，记得当时要他交待一张照片的事（具体内容记不清了）。他没有交待清楚，后来就让他回去写材料。以后就听说包九同志死了，包九死后专案组就搞那日、习如布俩位同志，后来习如布同志调到"司训队学习班"，专案组就搞那日一个人。

15×20=300　　第 1 页

包瓜同志死后，不记得专案组研究过他的情况。对包瓜同志我没有动手打过他，包瓜同志死时我不在场，所以不了解情况。

李树森

79.二.廿

關於包風同志跳樓以後情況的證明，舒立中（1979.04.04）

(10)

20

中国人民解放军 内蒙古軍区后勤部信笺

关于包风同志跳楼以后情况
的证明

我于一九六八年八月进入军区后勤部学习班，
为第一组学员，地址在军区卫校，我住205号房间，
某天后半夜五时左右，一阵喊叫声把我从睡
梦中惊醒，只听值班战士在楼下大叫："有人跳楼
了！"又听到有人急促下楼和跑步声，我也立即披衣
起床，迅速跑向楼下，到南门口靠东侧见凉台上蜷
曲着身子躺卧一人，身穿背心裤衩，头已碰破，我当
即与其他人将其抬到一张床板上，又抬至一楼楼梯停，
后又有人拿来一床被子盖上，办公室有人去打电话叫救
护车，这时已围了不少人，我见包风同志已神志昏迷，

(1)

中国人民解放军 内蒙古軍区后勤部信笺

嘴里还喘着粗气，当时还没有死，十余分钟后救护車来了，我们又抱着抬上汽車，然后我们各自回屋了，后听送去的人回来说，車走在半路，包风同志就断了气，救护車就直送太平间。

[illegible]

一九七九年四月四日

②

呼市東升服裝廠關於對賈淑珍同志原處理意見的審理意見報告（1979.04.11）

呼和浩特市东升服装厂信笺

呼市东升服装厂

关于对贾淑珍同志原处理意见的审理意见

报告

服装鞋帽工业公司：

贾淑珍，女，汉族，现年53岁，凉城县六苏木人，中共党员。

一、当时的主要情况：

1958年8月大办人民公社时，发动广大妇女正式成立了《红旗被服厂》贾淑珍是该厂的厂长。1961年由于该厂亏损几万元，正式由新城区工业科接管，并成立了《新城区被服社》，贾淑珍同志又被指定为该社的付主任，并兼做保管员。1963年贾淑珍同志因病住院，出院后，仍坚持上班，但病情不久又加重了，无法坚持工作，主动向当时的负责人（杜子贤书记），

1.

呼和浩特市东升服装厂信笺

李英华主任提出退职要求，但二位领导不同意，理由是共产党员、有病先治病、治好病继续坚持工作。就这样休息到1965年，曹淑珍同志的身体又有所恢复，就又坚持上了两三个月班，不久，1966年便开始了文化大革命，这时曹淑珍同志又要求退职，当时的领导李英华同志的答复是："文化大革命开始了，上级指示不准动用档案"，退职未成，就继续休息治病，一直休息到1968年第四被服厂抓促领导小组成立后，为了整顿厂纪，对长期不上班的曹淑珍和其他两位同志一块按自动离职处理了，此处理意见在全厂职工大会上进行了宣布。当时，曹淑珍同志不同意对她按自动离职处理，找过厂领导贾埃祥同志。接着她爱人包鸣根内蒙学院后勤政治部打成"新内党"其爱人被致死后，当时学院强令曹淑珍同志退出

呼和浩特市东升服装厂信笺

军区大院。这是曹淑珍同志向了领导曹焕祥同志提出申请，要求回厂继续工作，当时的答复是："你早不上班了、不能再继续上班"。这样曹淑珍同志就被军区后勤部迁回了原籍。在1969年"五·二二"批示下达后，军区后勤部政治部给已回家的曹淑珍同志平了反，又把曹淑珍同志从凉城接回军区后勤部家属院，并付给生活费一直到现在。

另外，关于曹淑珍同志的党组织关系和档案情况，前四被服厂抓促领导小组，于1968年7、8月份，对曹淑珍同志按自动离职处理后，于1970年2月4日将曹淑珍的党员临时关系转到军区后勤部家属部，进临时组织生活。而正式组织关系和档案，文化大革命几年一直没有找到。我厂曾派人到凉城调查过，确系正式党员，就是找不上档案和党的组织

呼和浩特市东升服装厂信笺

是丢失，直至去年清档中，才在条件所找到的，于1978年9月18日转到学院教材厂政治部，（以前党一直在寻丁文）竟将文到1978年6月份。

二、本人意见

要求重新办理退休，工龄从58年至65年计补，68年至今的工龄，按落实政策论处，至于是由厂落实还是单位落实，希组织与组织联系办理。

三、党部审核意见

对于曹淑珍同志1968年按自动离职处理的意见，厂党部经过调查了解当时的领导同志及老工人，经过分析研究，根据当时的实际情况，认为曹淑珍在68年不应按自动离职处理，她与其他二位同志的情况确实不同，我们的意见是：对于曹淑珍同志于1958年至1965年在我厂工作及病休期间应连续

呼和浩特市东升服装厂信笺

补发工令。根据本人几次向领导提出退职的要求和当时的实际情况，应按退职处理。工令共计七年，月工资30元，有一年工令，按本人一个月的工资发给退职费共计210元。至于65年以后的工令及待遇问题，我们认为应由内蒙党委落实政策办公室来进行落实。

特此报告

妥否请批示

呼市东升服装厂

1979.[illegible].11.

關於包峯死的情況證明，余發福（1979.04.14）

(11)　21.

中国人民解放军 第三五六医院信笺

关于包峯死的情况证明

抓内人党時 在卫校办学习班，我看到了包峯也进了学习班，进学习班后大约四五天内，听治安团的战士讲包峯已到班，在食堂说：昨晚楼上厕所水箱坏了漏水，吵得不能睡觉。我听到后，就到锅炉房拿了一把管钳子上楼修理（因我单位没有电气工人，只有两名临时烧锅炉的）我上楼在厕所看到了包峯，我看见他眼、脸有些肿，我问他组长同志怎么样现在（他说：受不了啦）因不能多说，他也有哨看着。

記不清那一天了，有一天早上，因我单位自来水没水，我上楼检查漏水不漏水，天还不太很亮，他能看清楚，由于卫校的东楼安全门被学习班给堵死了，走得是楼南的厕门，我拿着个头进厕门，左脚在门里，右脚在门外，右脚未站稳往里迈，突然从楼上掉下个东西，

中国人民解放军 第三五六医院信笺

李晔把我吓了一大跳，我哎哗一声，回头看是个人

李晔看得情况是：他上身只穿着秋衣，米色或黄色

上边和下边不是一样的，就在我喊的同时

看到他两手往回抽动，我就很快跑到楼里，李

晔我不知道是毛峰，跑到楼里看见汽车团的战士

问他们是谁，他们说不知道，李晔我说快找你们

的领导，掉下个人（战士我不认识），我又往二楼

（大约五六人）

上走，看见楼上的战士往下跑，等我上三

楼后，我问是谁，汽车团的战士对我讲是毛峰，

我当时叹了一口气，靠在墙边，后我拿着一块下楼，看

见毛峰在楼墙边放着，上边盖着被子，在天大亮了我

给工人们当值班，看见二五六医院车来拉走了毛峰

李晔从楼上掉下来时已有穿衣，过了四天后，我

听汽车团的战士对我讲，毛峰去厕所解手，就顺着

李晔向南跑，就跳下楼

证明人：余安相 79、14/4

劉惠林寫給軍區落辦的信（1979.04.18）

⑫ 22.

中国人民解放军 内蒙古军区后勤部信笺

落办：

一九六八年十一月下旬（哪天记不清了）当时我在第五分部军械所当所长）当时的军械部付部长王振江电话通知我说：后勤党委研究决定，让你回后勤部参加专案组——挖"新内人党"，并让把工作交待一下，两天内来军械部报到。当时我是参加了军械部专案组。过了一个多月在六九年的元月份（哪天我也记不清了）把我们调到后勤政治部专案组。我当时只接触那日~~交太~~还见过两次席如布（后勤情报科员）别人未接触过，在我去政治部专案组之前已经死了

刘惠林

18/4

檢討書，葉世萬（1979.04.25）

部黨委和部首長：

我在挖「新內人黨」這一歷史錯案中所犯的錯誤，特向黨委和領導同志作如下檢討。

我參加「新內人黨」運動中，由於我不是專案組成員，所以先後共參加四次。前兩次是參加鮑風同志的專案組活動，後兩次是參加那日同志的專案組活動。我記得，鮑風同志進學習班的第二天上午，在原衛校二層樓的一樓下面一個房子裡，有專案組全體人員和政治部的一些同志參加。當時由王繼春先向鮑風進行了所謂「政策」交待，後由高連方（專案組組長）也講了一些要「老實交待」的話。同時讓鮑風同志也表示了「態度」。這一次就算完了。這是第一次，當時沒有任何人動手。這一次參加的人員有：王繼春、高連方、吳巨星、石貴、李樹森、郝加、李清君等人。第二次是在隔了一天以後的一天下午，我記得也是這些人參加，也在同一個屋子裡。當時讓鮑風同志交待問題，鮑風同志說，沒參加內人黨，沒有什麼可交待的。這時高連方就讓鮑風低頭，鮑就低下了頭，過了一會又起來，讓鮑交待問題，鮑風同志沒講，就又「講政策」，又讓鮑風同志低頭，鮑風同志說：腰疼，不能低頭。這時高連方同志上去就按鮑風同志的脖子，將鮑的頭髮往下也拉了一下，鮑就低下了，過一會兒又起來了，這時我就上去拉了一下鮑風同志的頭髮，讓鮑風同志低下了頭。過了一會兒，鮑風同志抬起頭來，指著郝加同志說：我腰痛，郝加同志是知道的。這樣說著說著，鮑風同志就哭起來了。這時王繼春、高連方等人又給鮑風同志交待了一些所謂「政策」，讓他下去交待「問題」。這一次，除了高連方和我動手以外，沒見到其他人動手。這是我參加鮑風同志專案組的情況。後來由於我的工作忙，就一直沒有再參加了。

另外，我參加那日同志專案組兩次。均是在晚上，當時是去所謂「助威」。頭一次去是晚上八點多鐘，看了一看就走了，既沒有說話，也沒有動手。第二次去也是在晚上，當時見門口放著一根有一米多長，大拇指粗的一根棍子，我看了一會那日同志交待了，又推翻，反覆幾次，當時我就拿了這棍子準備打他的屁股，由於向上用力較猛，將燈罩打壞，這樣使大家都吃了一驚，我就打了那日同志一棍子，過一會就走了。這是我參加那日同志專案組的情況。也就是這一次我和王文舉還看了好幾個房間時，其中王文舉到拉瓦同志房間時，打了拉瓦同志幾個耳光。又走到各力各中乃同志房間時，見到各力各中乃同志已昏過去了，當時付鎮昆將煙斗鍋正在抽煙時，一下子放在各力各中乃同志的脖子上，使各力各中乃同志大叫一聲同時燒得脖子上冒煙。這是我當時見到的情況，事後我們在回來路上還議論，這太不好了。這是我所參加挖「新內人黨」的情況及我所犯的錯誤，以及我所見到的幾個情況。

我雖然參加次數不多，但犯的錯誤是嚴重的，特別是對不起那日同志更對不起鮑風同志。在「五、二二」批示下來以後，我曾很簡單的向那日同志作過道歉，今年春節期間，我又到那日同志的家裡，作了一次較深刻的檢討和賠禮道歉，當然那日同志風格很高，並講了很多客觀和鼓勵我的話，使我深受感動和教育。只是鮑風同志含冤逝世以後，一直沒有去他家賠禮道歉。但我曾向切主任提出過，要求有一名支委或落辦的同志同我一起去鮑風同志的家屬那裡作一次深刻的檢查和賠禮道歉，以取得諒解。但由於沒有指定人，所以一直未去。現在我準備找機關落辦的同志同我去，我作檢討和賠禮道歉，一定要補上。

對我自己的錯誤，在「四、二〇」批示以後，我是一步一步認識的，特別是去年十月份左右，在領導和同志們的幫助下，我在組織科黨小組作過檢查後來我在政治部全體軍人大會上也作過檢查，最後我在支部說清楚會上也作過檢查，同時在這前後，我也如實地向切主任、落辦的有關同志交待了我上述參與挖「新內人黨」這一歷史錯案的情況和我當時所犯錯誤的情節。

我之所以犯錯誤，從思想根源檢查起來，主要是個人主義出風頭的思想嚴重，因為我在文革初期當了保守派，當時在政治部任祕書，後來造反派查封黨委辦公室時，也封了我的辦公桌子，並搜查了我個人的東西，由於我當時很不冷靜，與造反派吵起來了（主要是衛校造反派），在整頓機關時，反覆作過檢查。認為自己站錯了隊，犯了錯誤，在挖「新內人黨」運動中，支部一再號召要大家在所謂「火線」上鍛鍊，因為我是個單身，很年青，前段又犯了錯誤，為了出風頭，立所謂「新功」，本來沒讓自己參加專案組，我還積極主動的參加，不但參加，為了顯示自己立場「堅定」，態度「鮮明」，還親自動手打人拉鮑風同志的頭髮。由於在這種個人主義出風頭思想的支配下，想當一名所謂「左派」，犯了嚴重的錯誤。這是我終生難忘的歷史教訓，我一定要認真吸取，當然，我當時也受了林彪、四人幫的一些流毒和影響，不能堅持實事求是，按黨的政策辦事，也是犯錯誤的一個原因。現在回想起當時的情景，特別是回憶鮑風同志的生前那種平易近人，謹慎謙虛，關心愛護同志的溫和面孔，使我更加難過和痛心。我決心痛改前非，一定要努力學習，認真改造自己的世界觀，積極工作，為實現四化做出自己應有的貢獻來彌補自己過去所犯的錯誤。我也堅決表示，以此事作為借鑒，吸取教訓，今後決不犯這種動手打人的錯誤，一定要實事求是，按黨的政策辦事，我也願意接受組織對我的處理，我決沒有任何想法。

請組織和領導同志考驗我，看我的實際行動吧！上述檢討，如有不妥之處，請領導同志批評教育。

檢討人：汽車二十八團葉世萬

一九七九年四月二十五日

賈淑珍寫給軍區後勤部和呼和浩特東升服裝廠的信（1979.05.26）

内蒙古军区后勤部
呼和浩特东升服装厂：

我叫贾淑珍，女，蒙古族，乌盟凉城人，二七年生，五五年加入中国共产党，58年参加工作。原系红旗服装厂职工。

文化革命期间，我爱人包德同志，被无辜打成新内人党，迫害致死，我受株连被受革命群众专政，后令辞职回家，失去工作权利。"5.22"批示后，我才重返军区后勤部，但工作问题长期未解，始终未得解决处理。

根据中央文件精神，我请求有关组织认真调查研究，结合我的情况，重新安排工作现状，给予平反恢复名誉。今后，我认为我在文化革命期间不能工作和生活困难，是由于当时造成，和由组织负责，按照实际工资补发为盼。

上述要求，
请批复

申请人
贾淑珍
79/5

鮑風同志親屬反映的問題，軍區後勤部

13.

中国人民解放军 内蒙古軍区后勤部信笺

6.27 200.

鲍风同志亲属反映的问题

鲍兰套

1.鲍风哥哥之子陆和古楞，男，18岁，求部队安排工作。

现在家放牛做材料生活。

2.鲍风哥哥鲍锁，家庭生活困难，要求组织上给予治疗。治不好，也可尽些责任。 80.

3.东升服装厂给控制一个指标。原城五金厂有个鲍风哥哥之女，要求调呼，两处同意，请组织上给说说。~~鲍[illegible]梅~~ 鲍银梅

4.死因调查到什么程度，去了解一下。

5.我们回去的第三天去人叫我们到法院跟[illegible]回去，下来就抓起来，叫交待问题，衣服都打破了。军区又去二人向我要材料。那时不管直接、间接，现在讲起间接来了。

中国人民解放军 内蒙古軍区后勤部信箋

6. 对插队[illegible]的出路问题，应有所照顾，妥善安排。

7. 随后同时去人一块研究解决。（最近给[illegible]30个指标）

中国人民解放军 内蒙古军区后勤部信笺

魏 凤

1、要求查清死因、追查凶手 (此指前组查)
2、家属去外地路费 (用完去北京路费) (已解决)
3、孩子安排工作问题由旧地方上负责处理 (现正办中)
4、退职完全每季补助生活费50.—
5、赔偿损失、困难补助 (79年补3600.— 81年补40
6、骨灰处理问题、衣服问题。 75年补200.—
计3800.—)

经济问题

本人损失4300+在厂工资5000=9300元

经研究同意补助3050

[illegible] 赔偿 150 共3200元

75年报 180.—

赔 20.—

合计3400元

[illegible] 800.—

中国人民解放军 内蒙古军区后勤部信笺

十二月十五日在宁城 征求鲍凤胞兄妹子陈桂来对胜雪大会的意见时，陈说：

对胜雪会议的文字材料没有意见。提出几个问题：

1、鲍凤是怎么死的，这个问题一定要查清楚。鲍和小孩子是有一线关系，如果说没有打，没有逼供怎么会死呢？

2、挖内人党之前，鲍凤为什么要交代，鲍在党团支左、军部说他政治保护，后来揪出来的。挖到哪样的程度，都要清楚的，我们认为都是打击报复。

3、要求把过去档案材料进行彻底清理。

4、我们对死因有怀疑，死后为什么不让我们知道？连看也不让看，我们去呼市后，就是让我们划清界限，撵我们回宁城。

5、鲍凤的骨灰现还在火葬场，究竟怎么处理，请尽快解决。

6、我们由呼市回来后，村里人说我们带回内人党的材料，很快把我们家几个人揪起来了。我们受到了牵连。

7、我父亲的病现在很厉害，正在写医院

中国人民解放军 内蒙古军区后勤部信笺

住院，解决房屋与二至三辆汽车。

8、滕海清现在分配了九个蒙族干部，我现在是半脱产干部，请给住房屋，解决轿车，并请与滕海清多联系。

鮑風侄子阿格來寫給軍區後勤黨委的信（1979.07.15）

[illegible] 587

後勤党委：

敬愛的阿參謀長、段老胡：您們好？

近日來各位首長們工作繁忙吧，身体健康及一切都好吧。[illegible]，我們全家[illegible]形勢很好，[illegible]。

上次後勤党委及[illegible]為我叔[illegible]，[illegible]的幫助，為此我們全家表示衷心感謝。

[illegible]

[illegible]

祝首長們的身体健康！

阿格來

79.7.15.

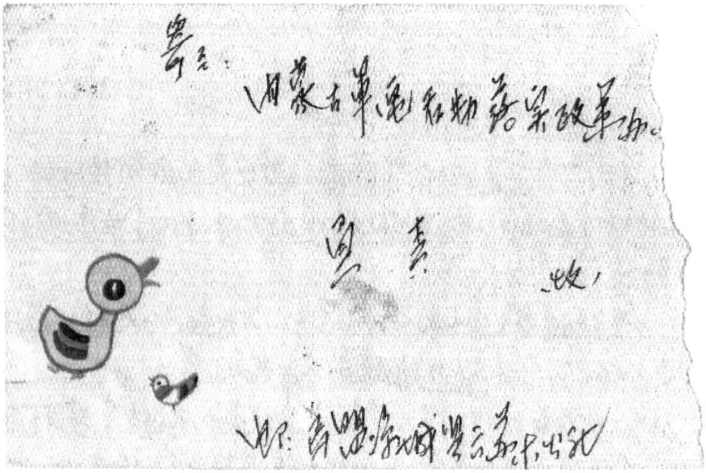

證明材料，鄧春武（1979.08.31）

河北省唐山地区革命委员会粮食局

证明材料

我接指导员指示，去卫校学习班是第二天报到的。当时负责我们的排长田宝祥。他告诉我和方联仪看守鲍风，他指定我前半夜值班，指定方联仪后半夜值班。每周轮换一次，这些情况马俊发，杨志顺两人知道。看鲍风的房间在三楼一号或二号房间。鲍死的晚上六点钟被提走，九点送回，鲍回后说"我今天又"挨一顿打"，我看到鲍身上右腰下有茶碗口大伤痕。右膀子上有一条红印子，两手被打肿，回来后未吃饭就脱衣睡了。已到三时鲍一直翻来覆去没睡着，我交方联仪后，就睡觉了，五点多钟方突然喊叫"完了"鲍跳楼了，我随即跑到楼下看到鲍风时候身穿背心裤衩未穿鞋，手扶头躺着鼻子、口耳朵同时流血。很快揭改委徐付参谋袁堂本来了，他们看后将鲍风抬到一楼走廊当时鲍风已经不行了还有点气。保卫部门来看现场和宿舍检查鲍的物品，在毛选中发现筷子粗的一捋头发和一个半尺长的纸条，上面不知写的什么有字。

河北省唐山地区革命委员会粮食局

鲍从三楼东窗门跳下，鲍在生前未写过材料，送鲍飞来的一个小黑个和鲍飞说"你怎么承认又推翻"鲍飞死已后我就看守其它人去了。

鲍飞死后不久把我们二人叫到后勤部二楼会议室，徐付参谋长给我们谈过话，他说"你们不要当成思想负担已后注意就行了，他死了不要紧，里边有很多状况断线了。还说了不少话，大意是你们不要往外乱讲，就这样死了就死了更多很多人"当时在场的杨政委，王部长，程部长，还有几个年青人，我看这些是比较恨的人当时未起好作用。

约半年后又把我们用车接到后勤部二楼会议室，徐~~杨~~郑都在，鲍飞的家属也来了，简单谈了下过程就完事了。

邓春武同志是中共正式党员
现在[illegible]司机

证明人：

唐山地区行政公署粮食局汽车队

邓春武

一九八九年八月三十一日

證明材料，古連儒（1979.09.01）

第　　頁

证明材料

1968年12月我和邓春武看包飞11天，包飞和我们住在为校主楼最西南房间。看守其间，提审包飞5-6次，每次半天，或上午、下午半天或晚上。包飞死的那天晚上，提审回来九点了。包飞手脚被打过。我看他的手肿了，当时又人给送过药水，他也在手背上搽过。包飞看到我们两个人晚不睡觉，他对我们说我不是反革命，然后你们会知道。我们千不轮流睡觉了。包飞脖子上有伤，问他是，他说挂过牌子。我是后半夜交班，包说去厕所，我就跟着去厕所，他穿的背心薄衣、披着棉袄、拖拉鞋，他先小便出来往宿舍走了，我也小便出来就看到包飞[illegible]蹬

(78)京印 3.588　15×20=300　年　日

第　頁

暖气包管就从窗口跳下去了。

我就喊包飞跳楼了往楼下跑去

这是惊动了只导员陈九林和些战士

都跑下楼，当后不只怎么就醒了。

包飞是从走道南窗口跳下去了。

以后有人来照过像，检查物品时

在主席著作里找的头发。

包死后我很害怕，邓看也找来了。过

一星期后，张区开学班，我们去教导队

不就后勤领导找我们俩个来到

后勤会议室开过会我就过去了，

当时他们说以后就这么说，我跟

队也这样说过。去年来调查我也这么说

地，因为他人大事怕被连累。

古連仏　1979年9月1日

15×20＝300

(78)京印3、568

關於參加對包風同志「審訊」一事的情況交待，李樹森（1979.10.27）

中国人民解放军 内蒙古军区后勤部信笺

关于参加对包凤同志"审讯"一事的情况交待

在挖"新内人党"这一严重的冤假错案中，我受后勤部政治部党支部的指派，参加了后勤部政治部专案组，主要搞那日同志的所谓"新内人党专案审查"。后来组织上又把包凤同志放在这个组。搞包凤同志我参加了一次"审讯"。包凤同志什么时间进的"学习班"我不知道。记得在一天上班时间（是上午还是下午记不清了）专案组长王继芳给讲了包凤的情况。他讲，要包凤来先交待清楚一张照片的情况。当时他讲：包凤的脑有毛病，这次他来，我们先不要动他，要他把一张照片的情况交待清楚。

当包凤来后，开始让他坐下交待问题，王继芳和高进芳提出照片的事，当时包凤没有讲什么情况。王继芳再三追问，包凤就笑了，问他为什么笑，包凤也没讲。后来就让他站起来交待问题，经过大约一个多小时的推问，包凤同志什么也没讲，只是笑，后来就让他先回去写交待材料。记得包凤同志走后，我们就去吃饭了。

在我参加的这次对包凤同志的"审讯"中，我没有对包凤同志搞过武斗，也不记得别人对包凤同志进

中国人民解放军 内蒙古军区后勤部信笺

行过武斗。

第二天听说包水同志死了。包水同志死后，专案组也没有对他的情况进行过研究，所以对包水以后的情况我不了解。

李树森
1979.10.27

關於參加「審訊」包風同志一事的補充情況，李樹森（1979.11.20）

中国人民解放军 内蒙古军区后勤部信笺

关于参加"审讯"包风同志一事的补充情况

我参加的是政治部专案组，主要是"审查"那日同志的所谓"新内人党"问题。后来组织上又把包风、习如布俩人也放在这个组。"审讯"包风同志我参加了一次。在提审包风前，小组先研究了包风的情况，记得小组决定先要包风交待清楚一张照片的事（是包风过去在学校时几个人的合影，当时我没看到照片，是王继希、高进芳介绍的）以此作为搞清包风参加所谓"新内人党"的突破口。

当包风同志被提来后，开始让他坐下，王继希、高进芳提出照片的事，并给他讲了当时所谓的政策。可是包风什么也不讲，只是坐在那里流泪。问他为什么哭，他也不讲话。后来就要他站起来，追问他照片的事，他还是不讲话。记得要他低头，好像有人（是谁记不清了）按他的脖子，包风说他的腰有病（因为在提审前小组在研究包风个人的情况时讲到过他的腰有毛病）所以就没有要他弯腰，只是要他站着低头交待。可是不管怎么样追问，讲所谓的政策，包风就是不讲话，只是哭，最后只好先要他回去考虑问题写交待材料。

组织上提出在"审讯"包风时，是不是我去提、送的他，我仔细的回忆了当时的情况，想不起是我

中国人民解放军 内蒙古军区后勤部信笺

提送的包巾（如果是我提送的，那包巾同志当时被关在那间屋子我应记得清楚，可我一点印象也没有）

在我参加的这一次对包巾同志的"审讯"中我没有动手，也没看见别人动手。以后听说包巾同志死了，包巾死我不在现场，包巾同志死后，专案组再没有研究过他的情况。

李树青

79.11.20

關於鮑風同志的一些情況，葉世萬（1979.10.28）

24

关于鲍风同志的一些情况

在挖新内人党运动中，我参与鲍风同志审理活动两次。一次是鲍风同志进学习班的第二天上午，在原卫校二层楼下边的一个房间里，有些审理干部人员和我们的一些同志参加。首先由王建清、高运秀对鲍风同志交待了政策，要求他交待对内人党和参加什么学校的一些问题（如当时是指特嫌问题），当时鲍风同志表示了态度。这样这一次就结束了。当时是审理人员有：王建清、高运秀、吴巨星、孙贵、李树毅等同志，我们参加的有：胡加、周文华、李德成，我还有些同志记不清了。第二次是隔了一天的一天下午，也是这些同志参加，先由王建清提问，让鲍风同志交待问题，鲍当时说：没有参加内人党，至于特嫌问题想不起来。当时说鲍态度不好，让其低头，鲍低了一会头后，我们让鲍站起来交待问题，鲍说：没什么交待的。这时，高运秀同志上去让鲍低头，并用手揪他的头发往下按，过一会鲍说，脖子疼，不能低了，这时又让他交待交待问题，鲍还是说没有，再次让他低头，鲍说，脖子疼低不了，这时，我上去用手将他的头报纸上登，使其知识，这样给了一会儿，意指他们指着郝加同志说，我们政治部，郝加同志是知道的。这样说着说着就是以事了，大家就走出来了。后来，于是我们就给鲍文给了一些的调查材料，让他下去收集材料，这个问题就这样完了。这就是我参加这种会的情况，在我参加这种会活动中，没有见过其他同志动手打鲍风同志。

关于鲍风同志怎样迫害致死，什么原因，我不清楚，因为我没有参加揪斗，也不知道有什么具体情况，当时只是听说有内人党组织，还有是什么学校的组织，也就是有特务组织，具体也不清楚。

关于鲍风同志家属去抄家。这个问题，具体时间不清，现场我也没有看。但我记得是在一个星期天的早上，郭达同志让咱们全体同志到组织部开会，当时郭达同志讲，今天清晨，鲍风跳楼自杀，并说这是[illegible]为[illegible]。并决定由郝成斌同志负责，还有我、何学如（还有一个同志不清楚了），去鲍风同志家里抄一下他的文件、书籍、以后到林彪卧室，余负责叫好，贵[illegible]同志[illegible]。我们出来后，就把当时情况说明白，费[illegible]同志[illegible]的书包，手里没有其材料的时候，随后我们用绳子捆好，将这些东西交给保卫部门，最后由[illegible]负责跟[illegible]同志陪同烧毁。这就是当时[illegible]的情况。至于说有一包材料也被烧了，我当时记得没有什么材料，除了一包书信以外，没有什么其他东西。

关于[illegible]如何安排的，[illegible]、林彪是否[illegible]决定的。这些我确实回忆不起来了。但我看[illegible]这些[illegible]不[illegible]，因为[illegible]记录[illegible]，当时[illegible]没有[illegible]那里。

上述是我[illegible]回忆才记起来的。至于这些[illegible]，我在[illegible]日[illegible]向[illegible]交过（[illegible]）。

叶世万同志并[illegible]部

[illegible]

[illegible]。[illegible]部[illegible]

[illegible]

1979.10.28.

17×19=323　　　　第　　页

一九八六年四月二十日

鮑風同志死亡經過，吳巨星（1979.11.12）

鲍风同志死亡经过

一九六八年冬，正是内蒙大搞所谓新内人党的时候，在那日同志的交待材料中，涉及到了鲍风同志。当然其他一些材料中也涉及了鲍风同志，所以怀疑鲍风同志是内人党的成员。但从各种材料都表明他不是重要人物，而仅仅是一般成员（当时认为那日同志是重要人物）。可是那时那日的问题又进行不下去，所以想从一般成员的交待中，了解到有关那日的一些线索，如当时对常如伟和鲍风同志都属于这种情况。

当时的方针政策是，对一般成员只要交待就行啦，并不属于打击对象。我在研究鲍风同志的材料时，知道鲍风同志曾在锡盟（或伊盟）×××学校任过校长（或教师），根据当时的材料认为该校有内人党（或特务）联络点的嫌疑，所以此作为对鲍风同志的突破点，决定对鲍进行审问。

在一天的下午（3—6点）或者晚上的7.30—9.30之间，对鲍进行审问、起初坐着谈，因鲍不作交待又叫他站着谈，後来还叫他稍加低头，因因知道他腿部有病，所以也没让他大弯腰，当时似乎有人扯过他的衣领或揪他胸前衣襟推拉等类如此，而鲍并没有谈出任何问题。他只是自言自语地说"我受骗了"这时大家(当然组)反问他，受什么骗了？谁骗你了？他不作回答。有时他自己默默流泪。当时对他的态度是严肃的，但并没有人打他。

在强持不下的情况下，大家给他交待党的政策，并让他回去想问题，以便明天交待。审讯就这样结束了。鲍走后，我们认为今天的审问时鲍有所震动，也可能明天会谈出些问题，然后各自回家了。

次日上班后听大组的人说鲍昨夜跳楼自杀了。当时我们都认为他是畏罪自杀的。至于尸体是如何处理的、家属向党委要的报、由谁主持的我一点也不知道。过了一段时间后，曾有[illegible]二位大个子(一个戴眼镜的东北口音)向鲍的死亡情况。以上是我所知鲍死亡前后的概况。宋巨星

18×20＝360　　第 1979.11.12 页

對包風同志提審的回憶（1979.12.12）

中国人民解放军 第三五六医院信笺

对包风同志提审的回忆

据我回忆，参加提审包风的人有王继春、高连芳、吴任星、石贵、李树中、小刘（二头营的）还有郝加、邱世万等人。在什么时间提审的我记不清了，记得在提审前王继春向组里传达，后勤指挥把包风交给我们组了，下午就提审，先交待特嫌问题，先别搞"内人党"问题。在让包风交待问题前，先讲了一顿所谓政策，完了就说到在什么学校的"特务"问题，当时包风就哭了，我们七嘴八舌的喊叫：你哭什么，党的政策是坦白从宽抗拒从严，包风还是哭，不说话，这时有的人就喊你站起来！有的喊，低头！包风同志说，我腰有毛病，不信，你们问郝加，我们说，你腰有毛病，低头有什么关系！这时邱世万按了一下包风同志的头。包风低下

中国人民解放军 第三五六医院信笺

头还是哭，不说话。这样僵持一阵，可能还是王德基说的（想不清了）你回去。好好写一个交待材料，就把色伦送回去了。经回忆，孔色伦送走后，我们还议论一会，说让色伦交待特嫌问题，打中了他要害，一提他就哭起来了，，哈哈。其余想不起来什么了。我继续想。

石嵩

一九七九年十二月十二日。

在那个专案组时，开始还有一位工兵营的干部，姓名想不起来了。这位同志在我们组提过"不要动手动脚的"意见后，很快就离开了我们这个组，到什么地方不清楚。石嵩。

石嵩同志原系我部三五六医院干事。

内蒙古军区后勤部政治部

一九八六年四月二十日

中國人民解放軍北京軍區守備第三十一團劉英傑的證明，另附張傳勤證明

（　　）　　字第　　号　　　　　　　　密

中国人民解放军北京军区守备第三十一团　　（　　）

我於68年11月份领导上叫我参加后勤部清查内人党专案组工作。去后被分配到政治部小组里。

有关鲍光华的事、我的记忆当中没有打过他，只是向他交待政策，后来把他的领章帽徽摘掉吓唬他，说"有人已供出你，否则你的后果"等。过一天不知是两天后，组里的人来说说鲍已跳楼的事。

我参加专案组工作不到三个月，只是提个水扫扫地提个茶，就这样过去了。以上情况就这些。

证明人 刘英杰
71.12.30

31

（　）　字第　号　　　　密

中国人民解放军北京军区独立守备第一团　（　）

此係明、刘美杰同志亲笔写的，但我们未能及时给你们发去，请原谅。如需什么其它事要办，我们一定尽力，争取时间。请批评指正。

孙勤文

协理员 张佳勤

元月14号

登記表

登记表

姓名	魏鸣	级别	16	原职务	保卫科干事
工作单位		通讯地址			
家人姓名	贾淑珍	工作单位及地址			
子女姓名及工作单位					
本人要求解决的问题	1. 要求调查死因。 2. 开追悼会。 3. 追查打人凶手，有人一棒子打在太阳穴上流血过多而打死（推下楼梯，说是跳楼[illegible]死的） 4. 全面公布落实历史评价。 5. 抄家时抄走一个铜质台灯，要求还原物。抄家人是郭成斌、郭加、叶世才、呼京仁。 6. 家属要求去外地治病。 7. 生活困难，要求补助。 8. 打人的：王德惠、刘彪、刘海山，另一个人我不认识，后勤党委知道。				
七五年已解决的问题	赔偿 20元 补助 180元				

单位意见	
初审意见	
后勤党委意见	
军区党委决议	
附记	

韓成斌寫給內蒙古軍區後勤部落辦的檢查彙報（1980.01.09）

29

中国人民解放军51145部队信笺

军区后勤部落办：

遵照来文我检查汇报如下：

一、鲍风同志的免职事：

1968年夏天，当时的部长郝瑞卿给政治部指示，让政治部的几位科级干部，他们借调了，要我们打报告要来，我们从干部部借阅档案后，写出提案，后勤党委讨论，除政治部宣传科长（可能姓王）家庭主要成员因成分不好被管制不同意要外，其余同志来分配工作。不久将现在的邢殿柱、陈文卿、李意卫，已转业的陈作勋、姚志刚他们就来了。究竟是一次连表示同意来，同时也报任了职务，既报邢任後已科长又报免鲍的科长职务；还是邢等来后才报的任职报告，记不清了。我建议，郭达（现军区政治部顾问）是后政主持工作的负责人，让他回忆一下这个过程，因为邢接班，鲍交班郭必要有工作的。另外当时干部科承办有提案，也有报告的底稿，烦你们查阅，是什么理由免的职，就是报任邢的任职报告中也能反映出免鲍的理由。依我回忆，想不起我参加的会上，详细讨论免鲍风科长职务的过程。

中国人民解放军51145部队信笺

二、鲍风同志的"特嫌"来历？

我不知道此事，记不得我内有人与谁谈过，有特嫌的事。

三、抄家问题：

我参与了，这是错误的。鲍风同志1969年元月上旬牺牲后不久的一天下午，郭达召集我与叶世万讲，鲍风是保卫科长，死后他家中有遗留文件，让我俩与他一齐去清理一下，当郭他带领我二人去抄的，当然郭达也与贾淑珍同志说是清理文件，但贾精神很紧张，家里凡有可能存放文件的地方都查抄了，抄走的记得有一东洋刀来去，（可能八一刀去），别的没有拿。至于铜质台灯，我没有拿，也没有看见他们二人拿，我家过去没有铜台灯，现在也没有铜台灯。但是贾说丢了，可否考虑他搬家往返两次中丢失，或者对鲍的事要但，有没有去抄家，倫拿走，请进一步考察。对我们在抄家中给贾淑珍同志造成的精神痛苦是我的罪过，应进一步检查。

四、把贾淑珍撵回家事？

鲍牺牲后约在元月廿日前后，郭达指示让我们

2.

中国人民解放军 51145 部队信笺

（汽车团一个干部名记不清了）带政治部两位同志去宁城公
苏木公社联系准备将老贾送回原籍，这是我二人去
的，往返三天，只到公社未到大队。后来送是，5、22后
又怎样接回来的，我不知道，因我在一月份二月初叫
我到356医院帮助工作去了，5、22后任我为356医院
付政委。

五、鲍风的遗体化火事？

1969年1月上旬鲍炳生后，那天早晨郭志公等政治
部全体干部会，说鲍死了，组织处理后事，派我参加了，我
记得干部科张富也参加了，（别的记不得了）郭志领我
们一齐去给老贾"作工作"说过他死是怎么也无路了，他
们不可给你们母女丢死去，你不要为他难过等一类
错误话，以后就说火化的问题，第二天派老贾去356
医院太平室看了一眼遗体，就去火化了，谁指示的郭
志要马上火化，我说不清楚。

六、鲍的死定"畏罪自杀"又改为"坠楼身死"这个
事没有记办，是口头宣布还是有文字材料，我想不起
参与这个定性的结末。

以上是记得起来的如实检查汇报，我承认对鲍
风同志死后事上，尤其抄家有错误，在挖新内人党中，我

中国人民解放军51145部队信笺

内蒙昆明356厂时期间犯有错误，早在以来，作过检查，这次来文后更加看到由于我们的错误给受害者及其家属带来的痛苦，错误的严重，愿进一步检查，并在实际工作中改正。

还有哪些要汇报的一定照办。

此致

敬礼

郭明斌

1980.1.9.

關於鮑風同志被迫害致死的調查報告，後勤部落辦（1980.08.10）

请樱桑研究室讨论

关于鲍风同志被迫害致死的调查报告

鲍风，又名巴图道尔吉，男，蒙古族，一九二七年生，内蒙古凉城县人，中农出身，学生成份。一九四六年六月入伍，一九四八年十一月入党，原任内蒙古軍区后勤部保卫科科长，行政十六級。

鲍风同志于一九六八年八月被免去科长职务，派往生产建设兵团支左。同年十一月二十三日，以"新内人党"分子被召回，送入后勤部挖肃"学习班"（原卫校东楼），审查他的"特嫌"问题。鲍风同志在被审讯中，遭受了刑讯逼供，但他始终表現了一个共产党员的严肃态度，从未胡说，要求给予调查。留有"我不是反革命，你们会以后知道的"遗言，于一九六八年十二月八日凌晨五时三十分，利用去厕所的机会，由三楼走廊南窗口跳下，经抢救无效，含冤去世。

根据后勤部党委一九七八年八月十六日"对鲍风同志的死因进行专题调查，并追究责任"的指示，我们进行了调查。现将调查的情况报告如下：

一、关于"特嫌"问题

关于鲍风同志"特嫌"的来历。一九六八年春，孙美巨等人接待通过鲍风了解情况的地方外调人员后，认为鲍有问题，到内蒙公安厅档案室抄写的材料。材料是："兴蒙学院是百灵庙日本特务机关的特务训练机构"、"百灵庙特务机关为了扩充所属特务机关的分支机构，在一九四三年从所属特务机关秘侦员向各旗县政府利用培养行政人员名义选来了三十余名，旋以三个月的特务训练"。又以望文生意的手段，抓住兴蒙学院是不是特务学校要核实？

（[illegible]）

鲍风的档案登记表："一九四三年八月入兴蒙学院学习"的材料，王继春向杨竹亭政委作了鲍是"特嫌"的报告。当时的党委派人外调，证明"鲍是一九四四年冬入兴蒙学院学习。"并以断章取义、牵强附会的材料为证据，把鲍风同志定为"特嫌"。

二、关于迫害致死情况

当时党委决定，于一九六八年十一月二十三日，把鲍风同志从兵团召回，经郭达同志去鲍家与其谈话，告诉他要入"学习班"交待问题，随之关进挖肃"学习班"。鲍风专案组人员：后勤部政治部干事高连芳为组长，二五三医院軍医吴巨兴为付组长，政治部党支部书记王继春为顾问，组员有李树森、石贵、刘英杰等人。把鲍风关进了三楼301房间，指派两名战士看管，进行多次逼供审讯，特别是十二月七日晚进行了三小时的刑讯逼供。用的刑罚有：罚站、来回推拉、低头弯腰、拧胳膊、脖子上挂连环凳子、揪头发等，致使鲍风同志的眼、脸、耳等浮肿；腿出毛病，不能走路；双手臂被拧肿，颈和腰部有伤痕；找掉头发131根（带毛囊）。但鲍风同志始终表现了态度严肃，从未乱讲，反问他们"你们不知道吗？要查档案，给予调查。"在多数情况下表现愤怒、不吭声，在刑讯逼供再严重时，大声哭叫说"我受不了"。最后留下"我今天又一顿挨打，我不是反革命，你们以后会知道"等遗言，于一九六八年十二月八日凌晨五点三十分，去厕所小便返回时，从走廊南窗户东扇口（当时开着），身穿裤衩背心，在走廊丢下披着的棉袄和拖鞋，蹬暖气包跳楼，在用救护車送往二五三医院途中含冤去世，后送到太平室放置。

三、关于死后处理经过

鲍风同志去世的当天上午，曾有人去鲍被关押的房间，查看过遗物，发現《毛选》里夹的一小缕头发（现家属保存），一张纸条（下落不明）。后勤部党委当时結论"鲍风畏罪自杀"，经郭达同志对政治部人员宣布："鲍畏罪自杀"，并亲自去告诉鲍的爱人贾淑珍同志："鲍风自杀，是反革命，要划清界线"等话，并指示郭成斌等人抄了鲍的家。九日上午，应允家属去太平室看了遗体，随后送往火葬场火化，不久就把家属撵回老家。

一九六九年"五、二二"批示后，后勤部党委指派葛明光等四人，经向張家口市公安机关和鲍的老师、同学五人调查证实：当时张家口市确有过一所伪蒙疆政府办的兴蒙学院，它不是培养特务的学校，而是培养蒙族师资的师范性学校。一九四三冬，百灵庙日本特务机关曾借用该校房舍，办过一期特务训练。鲍风同志是一九四四年冬，从伪厚和蒙古中学毕业，后被集体送入张家口市兴蒙学院师范班，受了几个月的师资训练。一九四五年春，被分配到凉城县六苏木小学当教员至一九四六年六月入伍。另指派高成福等三人，向原"专案"人员以座谈方式调查过鲍风同志的死因，结论是：鲍风在被关押期间，受审讯四次，最后一次审讯时，认为不交待问题，不老实，曾逼鲍低头十分钟左右，次日跳楼。后勤部党委根据上述调查，于一九六九年八月对鲍的特嫌和新内人党问题予以平反，作了"坠楼身死"的结论。把其家属接回部队，按因公死亡家属待遇，予以安置。

四、关于死因的专题调查

通过访问家属，查阅有关文件材料，到兄弟部队和河北、山东、天津、北京等十四个单位调查，找四十余人谈话了解情况；查阅有关文件材料13份，计85页；家属要求及证明材料7份，计27页；知情人证明7份，计16页；原专案人员材料8份，计56页；共计35份材料184页。经过分析，所取材料是可靠的，证实鲍风同志含冤去世，系于受诬陷迫害跳楼所致。

经调查，已找到两名目睹跳楼者。一是看守战士古连仆，他是跟鲍风去厕所。鲍是先小便出厕所，古是后出厕所。古看见鲍已蹬上暖气包要跳楼。他大喊一声："鲍风跳楼"，鲍已跳下去，他就跑下楼到南门口的现场。古的喊声惊动了不少人。另一名是同楼三楼709号房间住的原工兵部干部哈斯同志。他去厕所时，看见鲍从南边向北走，走路是困难的，且脸色难看，他看到鲍小便完回去时，突然从走廊窗户处蹬暖气包，一个箭步跳出去的。上述二人的说法，经核对完全一致。

五、关于追究责任的问题

经调查证实，为了诬陷迫害鲍风同志，王继春是利用敌伪档案材料，从断章取义、牵強附会的"证据"，制造出来的"特嫌"，栽赃鲍风同志身上的。原专案组长高连芳组织指挥刑讯逼供，致使鲍风同志身心遭受严重的摧残，造成了鲍风同志含冤去世。王继春和高連芳負有一定的责任，建议给予适当的纪律处分。

15×20＝300　　第　　页

后勤部落办

一九八〇年八月十日

關於鮑風同志被迫害致死的調查報告

关于鲍风同志被迫
害致死的调查报告

鲍风，男，蒙古族，一九二七年生，内蒙古凉城县人。中农出身，学生成份。一九四六年六月入伍，一九四八年十一月入党。原任内蒙古军区后勤部政治部保卫科科长。行政十六级。

鲍风同志于一九六八年八月被免去科长职务，同年十一月二十三日被送进后勤部学习班。一九六八年十二月八日含冤去世。自鲍风同志去世以后，当时的党委作了"坠楼身死"的结论。"四、二〇"批示以后，后勤部党委于一九七八年八月十六日作了"对鲍风同志的死因进行专题调查、并查清责任"的决定。根据党委的决定，我们组织专门班子，到北京部队、河北、山东、天津、北京等单位了解情况，同时查阅了有关材料，现整理结果。

一、怎么样坠楼的

鲍风同志于一九六八年十一月廿五日进学习班后，于一九六八年十二月一日被隔离，关押在原卫校东楼三楼304房间，和两名战士同住一室，轮流看守。并由当时的专案指部以高连芳为组长、吴巨星为付组长、王德基为顾问的专案组。高连芳、吴巨星都证明：于一九六八年十二月七日晚晚饭后提审，晚十一时后送回隔离室。看守战士郑秀任证明："他们审讯完送回来后，鲍风首跟我们说'我今天又一顿挨打。我不是反革命，你们以后会知道的'。"看守战士李连仁证明："鲍风起来去厕所，我跟他去的。鲍风先小便完出厕所，我是后出来的，出来时见鲍风已走到走廊南头踏上暖气包要跳楼，我大喊一声"鲍风跳楼"，跑过去已经来不及了。"住在原工程楼三楼30号房间的工宣部干部曾郑同志证明："因我睡不着觉起来去厕所，看到鲍风小便完回去时，突然从走廊窗户踏暖气包，一个箭步跳出去了。"学习班的学员钱立中同志证明："我听到'有人跳楼了'的叫声后，跑出去，见鲍风神志昏迷，咽里喘粗气。"余官福、刘国祥等同志证明："当我们跑到现场见鲍风穿裤衩、背心躺着，身子在抽动。"这些事实足以说明，鲍风同志是不堪忍受侮辱才会跳楼的。

二、鲍风同志是怎么样被迫害的

据"造反派"的"专案记录"记载：于一九六七年七月九日梁阴平给"造反派"讲了话。

讲话中提到了鲍风同志。宋明哲说："鲍风在伪色退却时期，曾当过陆级的保卫科长，手的衣褴褛……"。从此对鲍风同志鄙也结，再用好精查，一段没好上班。一九六八年专孫万巨王健书等人，接待过鲍风同志了解情况的地方外调人员时，了解到鲍风同志于一九四三年在张家口蒙族师资师范学校学习的历史，硬往日本特务百灵庙特务机关一九四三年在张家口办的特务训练班联系，把鲍风同志作为日特嫌疑，经郑瑞卿为首的党委讨论上报，同年八月经军区党委批准免去科长职务。仍往生产建设兵团支左。

一九六八年十二月一日把鲍风同志隔离揪斗，然后择进行审查。专案组成员石贵、李锦树、秦甘同志证明："由顾问王健书主持专案组研究了审查的材料，王健书介绍了鲍风的日特问题。然

15×20=300

後由王佳青决定，首先审查日特"。从此连续"审讯"了鲍风。"审讯"中实行了刑讯逼供，严刑拷打。据军战士邓青武证明："一九六八年十二月七日晚，审讯室送来饭，发现鲍风同志的双手腕红肿，额部有几处挫伤、腿部有碗口大的擦皮伤。"据哈斯同志证明："鲍风"走路显困难的，且脸色难看。"余宜福同志证明："我见鲍风眼、脸、耳等浮肿。"另外揪下的头发现还保存。这些足以证明鲍风同志不仅受政治上隔离审查，精神上也受到了极大摧残。

~~处理的意见~~ 三、我们的几点意见：

1、我们认为，鲍风同志在被诬陷为"资产阶级的保皇种子"时，从未写一字检查。在被免去种子职务时没说一句怨言。在严刑拷打的情况下，以不吭声来表示抗议外，从未胡说一句胡话。他始终表现了共产党员的严肃态度，是一个好的共产党员。

七、我们调查中曾走访询问王建春、纽乌高连芳和其他同志。除游击队员叶世华只承认掐一下脖子外，其他都不承认。尤其王建春、高连芳否认根据[illegible]。

我们认为王建春利用历史材料，"独揽专案大权的工作之便，断章取义，制造材料，栽赃诬陷鲍风同志。王建春应负政治上迫害的责任。高连芳组织指挥严刑拷打，造成严重后果。高连芳应负逼死鲍风同志的责任。

關於對鮑風同志被迫害致死的結論（1981.04.13）

中国人民解放军 内蒙古军区后勤部信笺

关于对鲍风同志被迫害致死的结論

鲍风，原名巴图道尔吉，男，蒙古族，一九二七年生，内蒙古凉城县人，中农出身，学生成分，一九四六年六月入伍，一九四八年十一月入党。原任内蒙古军区后勤政治部保卫科长，行政十六级。

鲍风同志于一九六八年八月被免去科长职务，派往生产建設兵团劳动。同年十一月廿三日，以"新内人党"分子被关押，送入原后勤"揭（内）学习班"，开始审查了他的"特嫌"问题。其"特嫌"的来历是：于一九六八年春，原政治部干事（已自杀）孙万臣曾接待要通过鲍风同志了解情况的地方外调人员后，认为鲍有"问题"，即去内蒙古公安厅档案室抄来了敌伪档案材料。该材料称："兴蒙学院是日本在日本特务机关的特务训练机构。"又称："日本在特务机关，为了研究所属特务机关秘侦及向各旗县政府利用培养对敌人员名誉选来了三十余名，施以三个月的特务训练"。又以望文生意的手法，抓住鲍档案登记表中的"一九四三年八月入兴蒙学院学习"部分，原后勤政治部干事"造反派"头头王德春，向内蒙古党政委做了鲍有"特嫌"的报告。当时曾调查的材料证实：鲍是一九四四年冬入兴蒙学院学习的。但以断章取义、牵强附会的材料，把鲍风同志定了"特嫌"的。

鲍风同志不幸逝世后的调查材料证实：当时张家口市确有过一所伪蒙疆政府办的兴蒙学院。它不是培养特务的学

中国人民解放军 内蒙古军区后勤部信笺

校，而是培养蒙族师资的师范性学校。一九四三年冬，百灵庙日本特务机关，曾借用该校房舍，开办过一期特务训练。鲍风同志是一九四四年冬，从伪厚和蒙古中学毕业后，被集体送入该校师范班，受了八个月的师资训练，于一九四五年春，被分配到凉城六苏木小学当教员到一九四六年六月入伍。

把鲍风同志送进"挖肃学习班"后，以州委了专案组，开始审查他的"特嫌"问题。其成员有：组长是原后勤部政治部干事高建芳，付组长是二五三医院军医吴应兴，其他成员是李林森、石贵、刘荣杰等人，王德春被推举任顾问，自然负责参与者布叶在不、王玫洋。

指派两名战士看管

他们把鲍风同志单独关进军卫校东楼三楼三〇一号房间。私设公堂，多次刑讯逼供，特别是十二月七日晚，进行了三个小时的变相的刑讯逼供。使用的刑罚有：罚站、低头弯腰、来回推拉、揪耳朵和头发、掉打、打脑袋、往膝盖上拗棍子等等。致使鲍风同志的眼睑、耳等肿胀，腿出了毛病，不能走路，双手臂肿大，在膝盖和腰部头发被揪掉头发131根之多。但，鲍风同志始终以坚强的态度，质问他们说："你们这难道是不知道吗？"并要求"要给查档案、要调查"。在多数情况下，以表现了悲愤情绪，不吭声，在遭到斗争时，大声地喊"我冤枉了"。最后对两名看守战士说："我今天又一顿挨打，我不是反革命，你们以后会知道"的话。于一九六八年十二月八日凌晨五时卅分，在现场目睹的看守战士古建松和原二科干部哈斯二同志

中国人民解放军　内蒙古军区后勤部信笺

证实：毅风同志去厕所小便返回时，从走廊南窗户东面处（当时开着），身穿背心、裤衩，在走廊扔下披的棉袄和鞋，即蹬暖汽包跳下楼的。当时去现场看的郭钟同志证实：毅风同志的头部被摔坏，未来得及抢救，在送往二五三医院途中，含冤去世的。

在毅风同志去世后，原后勤党委，曾先后做过"畏罪自杀"、"坠楼身亡"的结论。

新的党委成立后，我们专门做了调查证实：毅风同志的死是纯系被诬陷迫害致死的一起冤案。毅风同志的历史清楚，参加革命几十年如一日，对党的事业忠心耿耿，做了有益的工作，是好干部、好党员。对毅风同志强加给他的一切诬蔑不实之词，统统推倒，恢复名誉，并追认为革命烈士，对其家属按有关规定给予抚恤、安置。对迫害毅风同志有关人员要给予严肃处理。

此结论

中共内蒙古军区后勤部委员会

一九八一年四月十三日

16.中共內蒙古軍區委員會紀律檢查委員會卷宗，落實政策材料：宋寶林（1985.09.27）

中共内蒙古军区委员会纪律检查委员会

卷　宗

1985 年度　党纪办字第　　　号

案件来源	落实政策材料		
案　　由			
姓　　名	宋宝林		
收案日期			
结案日期			
审理人			
处理结果			
归档日期	1985年9月27日	归档号	
保管期限		编　号	

宋呼生寫給内蒙古軍區後勤部領導的信（1978.09.08）

123

吉林省奈曼旗新华书店革命委员会稿纸

敬爱的领导同志：　　您好！

我写给您们的这封信，是考虑了很长时间的。我只希望您们今天不计较我来反映落实有关问题，直到今日，不得不写信主动向您们反映一些情况，其内容不外乎是关于落实政策的事。

我的父亲姓名宋宝林，原是在后勤部管理科工作，在挖"新内人党"中，被错打成"内人党"，挖肃运动结束后，进了不知以什么为名的学习班，没有重新分配工作，就被辞退全家复员返乡了。七〇年初，我们家由呼市搬回了老家吉林省哲里木盟奈曼旗，父亲分配在一个中学工作，不过几年，突然发病，经医生诊断是肝肾炎及综合症，经过两年多的治疗，病情没有好转，后期转化为肝硬化，于七五年初病故。在此期间，到过集宁、沈阳、长春、通辽多处治疗，复员费大多用于医病。从父亲的病况分析，多数医务人员认为是以前遗留下的病根，肾、肝等内脏受损而引起的，这与挖肃是有直接关系的。在被打成"内人党"后，关了六、七个月，在这段时间内，有关部门当时是怎样对待我父亲和其他被误伤同志的，是有据可查，有证可证的，被伤害至残也都有实事存在，对于这些当时的当事者比谁都更清楚。此后，虽然运动结束，得以了平反，但在政治上失去了信任，不愿在让这位曾被打成"内人党"的老兵，这个不可信任分子留在人民解放军的行列中。在复员前夕，进行了身体检查，身体状况我不了解，检查情况不清楚；可我知道，我父亲的原病本是根据身体检查和按照复员人员的原病

No.

吉林省奈曼旗新华书店革命委员会稿纸

带去观点的最高等级，可想，身体状况是不太好的。当时，我还是一个孩子，就想把一切弄得有引起的关注，也就不会意想到如今落到这种地步的家庭状况。

父亲去世后，当时我才是中学生，家庭生活上的困难，逼得母亲再三给当地有关部门反映情况，才给我安排了工作，家庭的生活就依靠我来承担。现在的家庭情况是：我的工资加上，我母亲和弟弟两个人的生活补贴二十元，每月不到只有五十多元，母亲年老体弱，身体多病，医药费用，额外给家庭生活带来困难。妹妹下乡八年多了，生活费用不能自理，仍然依靠家庭，不久将又要有一个弟弟下乡，还有一个弟弟在中学上学，算我在内共五口人，平均每人每月的生活水平只有十多元，只有我是公费医疗，其他都是自费，吃、穿、住都成了天天发愁的问题，多的很，一时难以讲清楚，最好是来人了解，或是我前去面谈。

父亲平反后，给家庭政治上①经济方面带来很大困难，生活上的问题完全靠自己解决，对于家庭各方面的情况，无人过问，我们这个被抛弃的包袱，政治上也不愿担负，所以②我们要求撤回旧结论，去掉反革命帽子，以便得到组织上的照顾，使我这个青年人能够脱离苦海，专心致志的搞好事业，把精力用于工作。另外③请求领导关心一下我的弟弟、妹妹们的工作就业问题，以减轻家庭的负担，让我那④个中学生的弟弟接我父亲的班，参加人民解放军；我所提的这些问题，是很久来一直存在着的，过了以前没有找，有两个原因：一、不知该找谁来解决，二是认为找也不会有什么结果，而如今，党中央和华主席关心人民群众，再三强调要关心

No.

吉林省奈曼旗新华书店革命委员会稿纸

静的生活，所以都考虑按中央指示办的精神，尽量不走门路出道，我想领导上也一定会帮助我们解决政治、经济各方面的实际困难。我们盼望领导上对政策性问题给以落实落实，生活上存在的实际困难得到解决。

我写的如有错误，请批评。

请听候领导上的意见。

此致

敬礼。

误伤者本人：吴晓民

一九七八年四月八日

No. ____

宋呼生寫給內蒙古軍區後勤部領導的信（1978.10.09）

144 三册　宋宝林之子

吉林省奈曼旗新华书店革命委员会稿纸

敬爱的领导：

我是在挖肃中受害者的子女，八个月前给后勤部去了一封上访信，不知是何原因，没有收到任何回音。我想这不是我们对问题所采取的态度，各级党组织是党的政策的具体执行者，对于眼前的这件具体问题，我只有找人家们后勤部的领导和同志们反映情况，以求得到问题的解决。我想我不是无理取闹，请领导和同志们也不要这样考虑，因为现实情况确是如此。

上次信中已介绍了具体情况，在此略作重复。

我父亲，姓名宋宝林，原是在后勤部营房科工作，在挖"新内人党"中被错打成"内人党"，挖肃结束后，直到复员没有重新复职工作，在不知道的学习班学习这一时期。七一年和转被请退去其复员了，回到老家，在奈曼旗的一个中学工作，可工作才四个多月，就生病了，经医生检查是肝、肾疾病，经过近两年多的治疗无效，于七三年初病故。

父亲的去世，与挖肃是有直接关系的，在被打成"内人党"受关押期间遭受过刑讯逼供、肉体摧残，内部脏器遭受损伤，造成内伤，使之成为后来病故的根源，这不是谁人编造，这完全是事实，请领导和同志们作以调查。

在挖肃运动结束后，虽然得到了评反，但在政治上失去信任，没有得到

No.

吉林省奈曼旗新华书店革命委员会稿纸

重新复职工作的机会，而是被遣返回乡。父亲当时在地方上工作不到半年，时间很短，病故后本部门、本单位事实上已把我们看作包袱。在家庭十分困难的情况下以知识青年免下乡的规定待安排了工作，而别的病故、退休者甚至连都可接班。为什么我们就没有这种权力。按照青年下乡规定，家中只须留一子女。我和弟弟、妹妹三人下乡了，现在的家庭生活，平均每人只有十元多，并由于人口比较集中，物资缺乏，物价高的条镇，微薄的生活费用，确是难以解决家中最基本的需要。加上母亲年老体弱，身体多病，医药费又是自费……等困难，实在令人无力相扶。

我们向领导提出我们的要求①把家搬回呼和浩特，搬到领导机关身边，以便得到组织上的照顾。另外②请求领导考虑一下，我的弟弟、妹妹的工作就业问题，以减轻家庭生活负担。请允许我们有接父亲班的机会，让我那在乡下的弟弟参加中国人民解放军。

请领导上对我们的问题给以考虑。如有必要，我或是母亲可以上访，但是不应该没有任何回答，既然有问题提出，就应有个结果。

盼回信。

此致

敬礼

受害者子女：[illegible]

No.
一九七八年十月廿日

中国人民解放军 内蒙古军区后勤部信笺

宋保林。

1、不能搬回呼市，如地方住房条件差，可联系适当解决。

2、与地方联系，尽先安排一个子女就业。

~~经济补偿1000元~~

补偿1750.—

追认烈士

多次与当地政府协助将子女安排了。

想搬回呼市不能解决。

登記表

001

登 记 表

姓名	宋宝林	级别	19	原职务	后勤管理员
工作单位	奈曼旗中学 75年初病故	通信地址	[illegible]		
家人姓名		工作单位及地址			
子女姓名及工作单位	长子宋晓军 已工作. [redacted] 长女下乡. 次子上学 三子上学.				
本人要求解决的问题	1. 生活困难，要求解决 2. 要求搬回呼市住 3. 要求安排子女一个当兵，俩个安排工作。				
七五年已解决的问题					

宋宝林 1975.2.26 逝世 奈曼旗青龙山中学.

单位意見	
初审意見	
后勤党委意見	
军区党委决议	
附记	

宋呼生寫給內蒙古軍區後勤部黨委的信（1978.12.10）

宋宝林之子

吉林省奈曼旗新华书店革命委员会

（　　）　　字第　　号

内蒙军区后勤部党委：

在以华主席为首的党中央粉碎"四人帮"后，在内蒙挖肃扩大化中造成的"新内人党"这一大历史错案，得到了彻底平反，受害者在政治上又获得了新生。我们衷心感谢华主席和党中央的正确领导。

在落实政策中后勤部党组织又派人对我们全家进行了慰问，我们全家深表感谢。

借此机会，特向后勤部党委简略申诉如下：

我父亲宋宝林，在挖"新内人党"中被打成"新内人党"顽固分子，在被关押约半年期间，遭到毒刑拷打和逼供，身心受到严重摧残。进"新内人党"学习班前好端端一个人，放出来后落得了一身病，（患肝炎、胃炎，后发展成为肝硬化）医治无效而含冤死去。我父亲进"新内人党"学习班中，母亲也受到株连，精神上受到刺激，惊吓成疾（心脏病）。我父亲因受"新内人党"顽固分子的影响而被迫复员处理。全家生活处境实为悲惨。

在华主席、党中央给受害者平反昭雪之际，向后勤部党委提出如下要求：

一、给死者及其遗属彻底平反昭雪，清查档案材料。

吉林省奈曼旗新华书店革命委员会

（　　）　　字第　　号

二、为什么对我父亲作复员处理，请予答复。

三、全家没人管，搬回呼市住。

四、父亲治病到处求医，除把发给的复员费花光外，仍欠外债5000多元，希望组织上给予解决。

五、母亲因精神上受到刺激，患有严重的心脏病，请求组织上帮助治疗。

六、生活极度困难，要求安排解决已下乡的一弟一妹的工作。

宋呼生

一九七八年十二月十四日

宋呼生寫給內蒙古軍區後勤部落辦全體同志的信（1979.02.03）

吉林省奈曼旗新华书店革命委员会稿纸

后勤部落实政策同志：

您们好：春节愉快吧：

两次来信都收到了。后一封来信是在昨天收到的，并收到了汇来的2400元钱。从信中得知，对于我父亲宋宝林，后勤部党委已决定追认为烈士。这是党对死者及遗属的最大关怀，是落实政策同志坚定地贯彻执行党的方针、政策的结果。借此春节之机，我们全家向后勤党委、落实政策同志表示感谢。我和我的弟、妹们一定继承先辈的遗志，加倍努力为党工作，以新的成绩报答党的关怀，以不辜负先辈的期望。

对于组织上的处理决定，我们全家都很满意。只关于子女工作安排一事，在此问题上，我们不是不努力，而是没有能力。所以，只好完全依靠组织上。请求组织上考虑，并给以解决。

祝好

宋呼生

一九七九年二月三日

No.______

軍區整理資料

宋金林，男，蒙族，哲盟奈曼旗人，中农出身，学生

1948.1.入伍，1965.1.入党，文化：高小蒙文化

后勤部军马卫部兽医科军需助理员 行政19级

历任职务：

战士

司号员

见习军需

管理排长

供给员

管理员

副队长

助理员等职

宋寶林長子及次子寫給內蒙古軍區後勤部落實政策辦公室各位首長同志們的信（1979.06.27）

請三组阅处
李
7.3.

第1页

后勤部落实政策办公室、

各位首长、同志们：

　　曾经给我们带来严重创伤和悲痛灾难的三大错误案，终于在华主席、党中央的亲切关怀和正确指挥下，被人民推翻了。

　　那些曾被莫须有罪名而残遭迫害的数以万计的党的好干部、好心人及勤劳勇敢的广大各族人民群众，终于得到平反和昭雪了。

　　自文化革命开始到今天为止的这一大动荡、大分化的历史阶段里，我们从中得出一个结论：不管反动腐朽的势力如何千方百计地阻止新的社会前进、不论他们一时多么得势，实践最后必将告诉人们：反动派的阴谋最终要被突破，进步终归要代替落后，光明终归要战胜黑暗，人民终归要摆脱腐朽势力对他们的束缚。用主席的话讲：“我们这个党是有希望的，我们的国家是有希望的，

20×15＝300

第 2 页

我们的人民是有希望的：无论在今后的任何一个历史时期内再出现什么"新的情况"、"新的动向"、"新的潮流"，人民是不会被愚弄的，历史只有前进不会倒退。甚至将来还会有反革命、反人民的闹剧、悲剧在中国重演，但最终不会使反动派得逞。

我们军区后勤部直属机关的平反、昭雪及追悼会已经顺利地开完了。会议很庄重、很认真，自治区和军区首长亲自参加会议，使会议更加显得十分严肃。我作为一个受害者的亲属，感觉这次会议是成功的，是有声势有影响的。会议伸张了正义，鼓舞了斗志，激动了人心，进一步促进了后勤部广大干部、战士、职工、家属抓纲治国、抓纲治军，加快"四化"建设的积极性。然而我在此谨表示自己内心的赞赏和祝贺，并向那些被"四人帮"的打手们夺去宝贵生命的烈士们致哀。

各位首长、同志们，

20×15=300

装 订 线

第 3 页

平反、昭雪及追悼大会开完了、本子源读了。此时，死人的冤魂可以散了，活人的委屈已能辞了，当年"四人帮"及其走狗们赏给我们的精神枷锁和物质的镣铐可以扔掉了，一切被遭迫害含冤死去的人们和他们幸存的亲属又重新回到了人间，并成为国家的主人。华主席、党中央给我们的这第二次解放和这第二次真正的生命，必将在第二次长征中，结出比第一次长征更加光辉灿烂的丰盛果实。

今后的岁月虽说是很漫长遥远，但我坚信，老一辈的鲜血并不会白流，那殷红殷红的血迹必将是指引我们努力奋斗的鲜红的旗帜。我们已晓得怎样珍惜和继承老一辈革命家及先烈们未能完成的大业、晓得怎样挑起流传下来的重担。我乐观地看到、新长征途的将来，整个中国必须把握在先烈们子孙的手中，提在他们向往的"四化"，到那时早已是百花盛开春色满园

20×15=300

第 4 页

了。这是历史的必然，是时代的进展，又是中外敌对分子和帮派势力挡之不住的客观趋势。

总之，人人现在开始我们已经懂得应该做些什么和怎样做了。这就是：安定团结，搞好政治，辨明敌我、消除隐患。要把那些跟随林彪的四人帮、康生、谢富治、滕海清、高锦明、吴涛等人的反革命黑干将、[illegible]、急先锋一古脑儿打扫干净，人人都要明确我们党的党规党法、国家刑事法、公民保护法、我国社会主义法制。只有这样，才能说明共和国公民的人生权力不被任何人侵犯，才能证明国家宪法及一切法规章程中的所有条文均能生效。也只有这样，才能称得上一个人民的党组织，人民的领导机关，人民的法庭和监狱及一个人民共和国。否则，与旧中国的封建、地主、官僚、[redacted]买办的统治制度无有区别。

20×15=300

第 5 页

我们严肃地请求党组织和人民法庭无情的判决那些政治投机商人、杀人犯和打人凶手，并不使一人漏网。

此时，我们再一次地提示那些韩、高、郝的余孽，走狗和打手们当心自己的性命，也许我们还暂时找不到这群王八蛋，但是，一被事实无情的证明为是杀人凶手时，便请他们走上人民的审判台，去接受人民无情的判决。我们做为青年人，已把追捕漏网罪犯的光荣义务同加快"四化"建设的历史重担并排在肩头，落实于行动，留传给子孙。总之，不全歼那些大大小小的"还乡团"，毛主席造福于我们的社会主义祖国便不得安宁。而且，这又同狠抓"四个坚持"，搞好工作中心的转移密切相关。

所有的人都已承认，三大冤案是古今中外一切反动派的忠实走狗——韩、高、郝一伙及其信徒们强加给内蒙古各族人民的。这种残无人道的血腥

20×15=300

恐怖笼罩下，多少家破人亡，多少妻离子散，又有多少人残遭欺凌含冤而去。任勤抗美仍不例外，有走的有伤的，也有死的……。如今解放了，为什么不能重见天日，"越狱"逃散了，我们为何不可重返家园？此处没有疑问，走、伤、死并不是起因于自愿，而是被迫，是他伤和他杀。

我父亲宋圭岩没有死于"学习班"的条椅上，但那时身心已隐染重病，从"学习班"解脱后，七一年被处理回家了。复员后工作不足半年便开始肝病暴发，卧床不起。连年多处医治无效，七四年春，去哲盟奈曼旗青龙山毕桑去世。

我是宋圭岩同志的长子，服役复员后被分至锡盟广播电台工作。大弟弟在父亲病重期间毕业申请回城，现在哲盟奈曼旗青龙山当营业员兼守夜人，昼夜不能远离。一个二十一岁的妹妹和一个十九岁的弟弟尚未毕业

第 7 页

任都已自动下马去了。全父亲生前只修过半年的青龙山中学内，只剩五十八岁的母亲和一个十四岁的小弟弟在一间半断墙连多处多次的半棚般的小土房里相依为命……。由于积劳成疾、再加上白色恐怖带给她的惊吓，五年如一日为我们付出的极度操劳和奔波以及为唤醒儿女们的命[redacted]这和前途的苦心思虑，母亲的身体更加逐日消瘦，五发脱落，如今早已是骨瘦如柴、百病缠身了。

虽说是父亲复员时曾有上千元的复员费，但光在为救父命而四处奔波的五年光阴中，那点东西早已石沉大海了。目前，母亲和小弟弟在一个极其偏远的小山村里，用每人每月十元钱的微薄收入去支付那些昂贵的农副产品以求达到生存的目的。

按我国整个农民阶级的生活标准来衡量，每人每月十元生活费，我认为是完全可观了。但是，要晓得这是一位

20×15=300

年近六十岁的杨老太太与一个靠要读书的刚满十四岁的孩子在同命运做斗争。一生所必须有的吃饭、穿衣、医药、求学、取暖、住房等项费用，只仅仅拘限于十元人民币内，那些些有些微不足道了。但年老多病的母亲却抱着儿女们带给她的一线希望安静的生活着和挣扎着。她希望着儿女们不要再遭不幸，渴望着能看到儿女们成人，除此之外，别的任何东西都不能打动她那颗伤痕的心灵了。

在这次平反昭雪大会上，部党委为我父亲平反昭雪，又决定追认为烈士，面对这崇高的荣誉，我身为死者的后辈，在这里代表年老的母亲和幼小的弟妹向部党委、各位首长及"落办"的首长和同志们表示衷心的感激。

我们近期内就要返回各自的工作岗位了。这次大会所授益于我们的智慧和力量，将要在祖先

第 9 页

的土地上开花结果。为了使死去的人更放心的安眠，活着的人更幸福的生活，我们觉得[redacted]的应该向党的组织和负责"落办"小组的有关同志们谈出我们的想法，提出一些实际问题，希望得到圆满和妥当的解决。现在看来，这很有必要。因为这关系到我们自身的思想能不能解放，精神能不能振奋，革命热忱能不能激发的一个很重要的因素。

我们觉得：

一、很好地处理烈士的遗骨

父亲去世的当时，正是"四清"扫尾季节。由于那时我还在第三团服役，弟妹们又都很小，本旗内还没有火葬了，去别处火化路途遥远，而又没有那样的精力和费用等原因，又加之当地形势很乱，家族方面只得把父亲的遗体草草掩葬在出生的原籍了。近年来，农村地区大搞农田基本建设和园田化，好多坟场

20×15=300

东搬西迁，总不能长久，我父亲的墓也被迫迁过一次，根据这种情况，部党委及落办首长是否可考虑妥善处理一下烈士的遗骨，一是将烈士的棺木迁入永远的烈士陵园内，一是将烈士的遗骨火化后存放在墓地里。如能落实上述任何一条都可以给我们带来以下几点益处：

1. 充分表明新时党组织对为党为革命建设而贡献了生命的烈士们是极其怀念和尊重的。

2. 烈士的遗属可以安心，烈士的遗骨、棺墓何时还需要变迁。

3. 减少农民因为在春耕、播种、夏锄、秋收等季节被机具作业时的干扰，并可以增大一些耕地面积。

4. 最后一点，那就是一切为革命、为祖国和人民献出了生命的人们，应该有他们自己的诗篇。

二、改善烈士遗属目前的生活环境

装订线

第 11 页

由于近十几年来的精神上的折磨和刺激，母亲的精神状态和健康状况十分不佳。特别是目前身边只除一个儿子每日闲散和夜晚时间自己为伴外，周围无一亲属，基本上整日孤身躺在小土房内。担水、劈柴、做饭、缝洗全靠自己，加之年老病多，到冬天更是无人照料，无温无暖。家还有小女，但却都远离他方，处境十分凄凉。

为改变这种状况，我们申请部党委和落办负责同志能给在青龙山书店工作的弟弟乌呼生调回呼市安排工作。因母亲和小弟弟的户口及粮食关系同呼生在一起，所以，调一人回呼市工作，基本上可以改变全家处境，如能这样，我们可收到以下几点益处：

1、进一步体现组织上对沉冤的烈士亲属在政治和生活上的关切。

2、呼生可以有适当的时间和机会关照自己的母亲和读书的弟弟。

20×15=300

3. 母亲可以在精神和物质生活条件较好的环境中渡过自己的余年，并可以得到较好的医治疾病的条件和机会。

4. 小弟弟可以得到完好的读书机会。可以不必再为自己的生存而每天背着竹篮去翻越山岭寻找柴禾。

5. 我们已工作和下乡了的人们，可以减少对母亲及小弟弟在饥饿冷暖方面的耽心，可以甩掉后顾之忧而投身各自的工作了。

总之，决不能使烈士的子女因失去了父亲，便看不到前途，看不到光明，得不到党和人民的温暖。我们要把党的阳光送给他们，并希望他们能继续艰苦奋斗。但是永远不能使他们流落街头的乞讨。这是我们党历来的规矩。

二、申请免费医疗及提高生活标准

第 13 页

1、由于母亲的健康情况随着年纪的增长而日益恶化，我们无能力支付那些长期的医疗费用，因此，我们请求组织上能给我母亲以免费医疗的待遇。

2、每月二十元钱，不能有效地维持母亲和小弟弟的生活。下乡的妹妹、弟弟全自食其力。我和妹妹虽已工作，但那点微薄的工资是按劳分配，由社会允许我们各自得到的那一部分报酬，只够养活自己。[redacted]因此，我们请求使我母亲和小弟弟至少有接近水平的生活待遇享受抚恤金。

四、妥善安排烈士子女的就业问题

在近几年的"落实政策"工作中，许多被整致残的干部们的子女，都由组织上照顾安排就业了，[redacted]，但我们家却没有一个。当然有一些原因，

装订线

20×15=300

第 14 页

在这里我们不能责怪任何人。最近新的知识青年政策已开始执行，我下乡的弟、妹也许会由国家统一安排。为使愿望能够成为事实，我们请组织上同有关方面进行一些必要的交涉，已求达到弟、妹能就业工作的目的。

上述这些是我们在这次会议上的感觉、认识以及现实生活中急待要解决的基本问题和要求。

我们十分懂得这将会给组织上增添许许多多的麻烦。但在今天的社会里，[redacted]，也只有依靠党组织，依靠人民政府才能彻底根治那些"四人帮"数十年来给我们的创伤，否则又怎么能埋葬好烈士的遗体，擦干眼泪，化悲痛为力量，在革命的征途上勇猛的冲去呢？

我相信这一问所有的一切已在所有革命战士之的心灵中，激起很其强烈的振动了。

有关参加会议的往返旅费一事，我们希望能

装订线

第 15 页

得到完整的解释。通常情况下，一般的外出开会或学习等事务中，均由工作机关报销车、船、机、宿费。但这次开会没有通过我们各自的工作单位而直接通知了个人。由于时间紧迫，假都没有请好就忙赶开会去了。总之是事假外出，因机关领取补助和报销旅费是十分不符合财经手续的，既然会议上实行了补助，就请部里能给我们报销往返旅费。如认为回单机关报销较好时，请再来证明。

以上所谈请部领导和首长们[redacted]考虑，并能给予答复。

此致

宝音同志的长子、次子：

宝学原

宝峰生

一九七九年六月二十七日

20×15=300

装订线

宋呼生寫給内蒙古軍區落辦領導的信（1979.08.13）

630

哲里木盟新华书店

落办领导：

我作为受害者的子女，参加了后勤部召开的平反昭雪大会和追悼会。我认为会议开得很成功，起到了它所应起到的作用。它不但体现了党对受害者在政治上的关怀，也使参加大会的同志受到了很好的教育。它激发起我们对"四人帮"一伙及其帮派们的无比仇恨，更加坚定了青年一代人继承革命前辈的未竟事业、誓将革命进行到底的决心和信心。

领导和同志们为大会的召开和落实工作付出了辛勤的、大量的工作，在此谨向领导和同志们表示感谢。

我们在大会以后，即将返回前，根据家庭困难的具体情况，以书面形式向领导提出了我们的要求，仍请领导根据我们的要求给以考虑并给以具体落实。

我们希望领导上能提早作出安排，派人来我们这里，使我们的问题得到尽快解决。

谨致

敬礼

受害者子女：宋呼生

一九七九年八月十三日

奈曼旗民政局及人民武裝部寫給內蒙古軍區後勤部的信（1979.09.19）

奈曼旗革命委员会稿纸

内蒙古军区后勤部：

我局收到宗宝林同志"革命军人牺牲证明书"壹份。（革烈字第18141号）

收到单位：奈曼旗民政局

一九七九年九月十九日

装 订 线

19　年　月　日　第　页

中国人民解放军奈曼旗人民武装部

内蒙古军区后勤部政治部：

您部李云余、闫保通二同志于一九七九年九月十九日来我部清理宋宝林同志的档案，已经完毕，没有发现宋的档案中有任何关于内蒙三大错案的不实文字材料。特此证明。

奈曼旗人民武装部

一九七九.九.十九.

从档案中取出调查对象登记表完3张（一九六一年七月十九日）。寿田吉武三组。79.9.20日.

装 订 线

宋呼生寫給內蒙古軍區後勤部黨委領導的信（1979.10.17）

亲爱的领导：

您好！我的这封信，一定会给您的工作增添额外的负担，为此，我表示十分的歉意。

我父亲宋宝林原在内蒙军区后勤部营管科工作，在挖肃中遭受迫害而后病逝。在今年六月份后勤部召开的平反昭雪大会上，被追认为烈士。

在党中央的正确领导下，在军区党委的关怀下，在从事政策落实工作同志们的辛勤工作和努力，错案得以纠正，假案得以平反，冤案得以昭雪。我们身为受害者的子女，万分感激党中央，万分感激军区和后勤部的领导，万分感激为这一工作付出心血的父辈们。

最近，后勤部党委委派两位同志到我处，给我们带来了党的关怀和问候，在国家目前很困难的情况下，拿出很多的钱来帮助我们解决在经济方面的困难，并且，打算与地方组织协商来解决我们在其他方面的具体困难。可是，这两位同志走后，一直没有听到什么音信，我们先后几次去奈曼旗民政局了解情况，但我们仍不清楚对我们的问题将如何处理。

在我父亲的问题得到平反昭雪后，我们高兴万分，对生活有了信心

16×50 28克打字纸 翻印

和希望。自从文革动乱后。当时哥哥去边防部队服役，我只有十九岁，还有两个弟弟、一个妹妹，一个年近六十的身体多病的老母亲，在一个偏僻的山村中，相依为命，为生存而疲于奔命。几年来，虽然在生活上有过无数困难，我们从没有给当地组织上找过麻烦。就我们现在的住房，在10平方米的空间，就有三根顶柱，支撑着破坚的房屋，就是这透风漏雨的茅屋，还有人希望我们马上迁出去。（文革复员后在教育部门工作，现在教育部门在向民政局推脱责任了），我们实在是到无处安身啊。

有一个弟弟、一个妹妹经过下乡锻炼，最近分配了工作，一个十九岁的弟弟，分到离家十五华里的山区供销社，妹妹分到离家三十多里的分社，家中就只有一年老体弱、身体多病的母亲和一个小弟弟。年迈的母亲正需要有人照顾的时候，她的儿女都都一一离开了她，她不但得不到儿女们的照顾，反而，还要为那在外的未完全成人的儿女们操心，彻夜难眠。……。这些我们曾以口头和书面形式，向有关部门反映过，并提出过我们的请求。

我们曾提出过，为了不给地方组织上找麻烦，请求组织上，对我们的家庭有个适当的安置，给身弱多病的母亲创造就医的方便条件，和给弟弟接受教育的好环境，对子女的工作给以适当调整，

16×50　28克打字纸　印

以改变那种颠沛流离、凄凉的家境，使我的弟弟妹妹们能够尝到家庭的温暖。

对我父亲的平反昭雪，追认为烈士，及对我们在政治和经济上的关怀，我们再次向军区和后勤部党委表示我们最真挚的敬意和感谢。

我们盼望组织上对我们提出的请求得到解决。

此致

敬礼！

宋晓生

一九七九年十月十七日

16×50 28克打字纸 製印

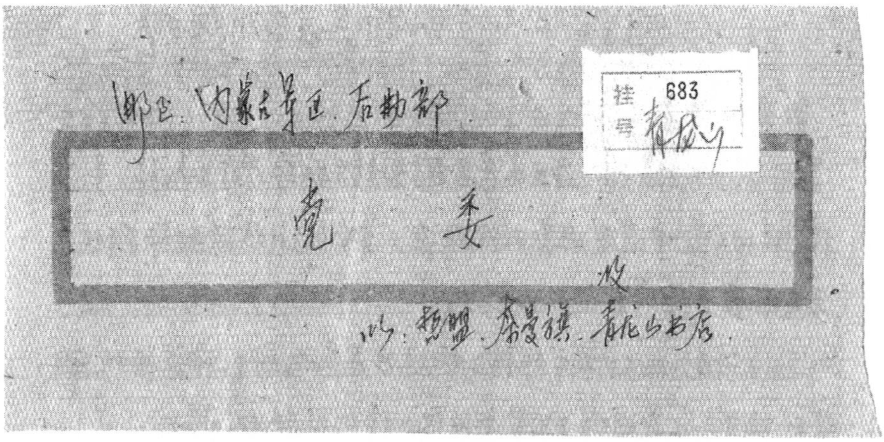
郵区·内蒙古軍区·后勤部
挂号 683
黨委
收
哲盟·奈曼旗·青龙山书店

宋呼生寫給內蒙古軍區後勤部黨委領導的信（1979.11.22）

这次老番[illegible]还是到他们家，关于如何[illegible]他们今后生活要有个[illegible]。
走前和李清云同志了解情况。[illegible]
29/11

敬爱的领导：

您好：我父亲宋呈林原在后勤部营房科工作，在挖"新内人党"中遭受迫害而病逝。在今年六月份后勤部召开的平反昭雪大会上，被追认为烈士。

我在10月15日发出的信，想必领导是收到了。在信中所反映的我在家庭困难和需要组织上给以照顾的问题。

9月份，后勤部党委委员李玉清处长和另外一位同志来我处，与当地有关部门协商，以解决我们在生活及其他方面的具体困难。（如何作的协商，并解决什么问题，我们不清楚）。李玉清处长走后，我们一直没有得到什么音信，我们先后去旗民政局了解情况，答复也是含糊不清，所以我们一直也不清楚问题将如何解决。

最近，教育部门从7月份停发了遗属生活费，把发放生活费及应承担责任这一切都转交于武装部。可是武装部拒绝接收。据教育局的一位负责同志说，他们这样做，是经几方协商的。可我们四处奔波，都搞不清楚谁负责这个问题。

我们曾向后勤部落办提出过父亲遗骨的安置和遗属的生活待遇问题，当时落办的领导同志也曾答复要妥善安置和解

16×50　28克打字纸　犁印

决好遗属的生活。可我们晚辈却处于无所附靠的境地。

我们晚辈所住的是教育部门的公房，停发生活费后，意谓着我们不再是其家属了，所以是要迁房的。不过，我们确是别无去处。处于这种情况，我们只有依靠厅助部党委了。我们再次提出以前曾提出过的请求：搬回滨市。我们现在家中就一老母亲和一个年幼的弟弟，为了使孤身多病的母亲得以良好的医疗条件和弟弟得到更好的受教育机会，请求领导上照顾，在参加工作的我和弟弟、妹妹中抽调一人，这样照顾家更好。如果不行，只把母亲和小弟弟迁回滨市也可以。

我们确是存在着很多的困难，没有了父亲，家庭有什么问题，都由我们几个来考虑，但毕竟有很多困难，我们自己是解决不了的。家庭情况不稳定，我们几个孩子工作也不安心。我们再次恳求领导正视我们提出的请求，从根本上解决我们的具体困难。

此致

敬礼

宋晓生

一九七九年11月22日

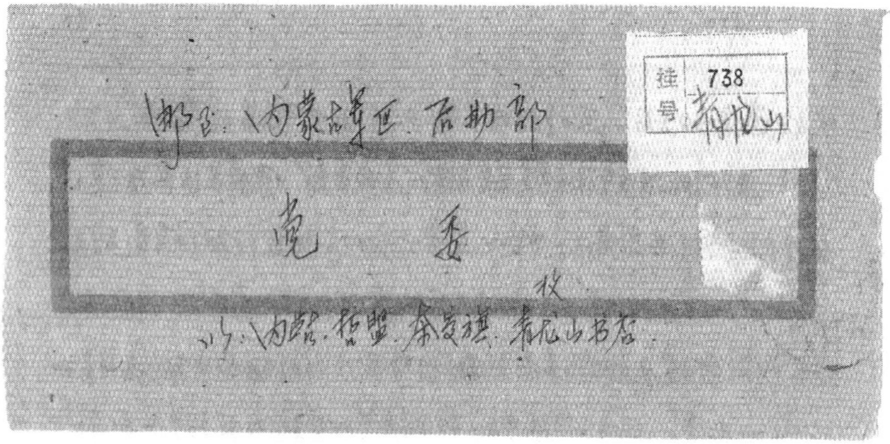
挂号 738 青龙山
寄至：内蒙古军区 后勤部
党委
收
从：内蒙·哲盟·奈曼旗·青龙山书店

宋呼生寫給內蒙古軍區後勤部落辦負責同志的信（1980.05.19）

1980.5.26日收

奈曼旗革委会收信
1980年5月24日
第　号

落办负责同志：

我的去信您们收到了吧？不知情况如何，近一个多月了，没有任何音信。

自从去年二月份召开平反昭雪大会后，至今已有近一年的时间了。在这期间，冤假错案得以平反，所涉及的问题也得以解决。我们也曾二次收到组织为解决生活困难发给的款，累计一千多元，对此，我们向后勤部党委、向落办全体同志表示感谢。

但是其他具体问题始终没有得到解决，我们也没有摆脱实际生活的困难状况。我们的生活状况，落办曾经来过的叔叔们都亲眼看到了：住房破烂不堪；母亲有病；弟弟、妹妹分配工作后，安排到离家很远的偏僻农村……，这一切并不是可以用一笔钱所能解决的。其中最主要的是我父亲的问题也没有具体解决。追认为烈士就应以烈士对待。不知在去年平反昭雪大会上追认的烈士是否还有遗骨安排的问题。可能就是我父亲这唯一的一份了吧。在党的政策面前应该人人平等。我父亲的情况另有些不同。按道理不应该防碍政策的落实。烈士也是承认在挖肃中受迫害所造成的内伤，以致后来病故的事实而定的。我父亲同期复员的干部也是那时通过离开部队现在也均承认。当时的那种做法是错误的。活着的人也在要求，并也得到政策的具体落实。我们的问题怎么就不应该解决呢？落实的对我们在工作中是付出了一定心血的，这是有目共睹的。我们希望能专心解决一些我们的具体问题。我们希望我父亲能像其他烈士一样受到同等对待，家庭生活能得到政策 希望能有结果

中共奈曼旗委宣传部　15×12=180　第　页

宋宝林之子　宋晓吉　一九八四年五月十九日。

内蒙古軍區後勤部落辦寫給奈曼旗委的信（1980.05.27）

韩武政阅

奈曼旗革委会收信 80年6月4日 第 号

中国人民解放军 内蒙古军区后勤部信笺

奈曼旗委：

你旗[illegible]干部[illegible]金林同志，其子[illegible]来信、转到你处。望请查[illegible]酌情解决。

此致

敬礼

内蒙古军区后勤部落办
一九八〇年五月廿七日

中共奈曼旗委及奈曼旗革命委員會寫給內蒙軍區後勤部落辦的信（1980.07.24）

中共奈曼旗委员会
奈曼旗革命委员会来信来访用笺

内蒙军区后勤部落办：

转去 常晖生 来信 1 件，

请你们处理。我们对此情况不清，请你们直接答复本人为盼。或将具体问题和我旗民政部门联系。

（印章：中共奈曼旗委 奈曼旗革命委员会 信访接待室）

一九八〇年七月廿四日

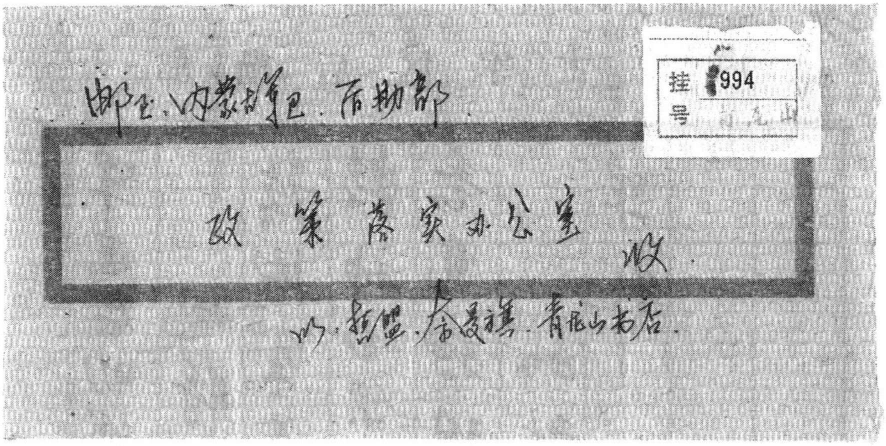
挂
号
994
政策落实办公室
收
内·哲盟·奈曼旗·青龙山书店

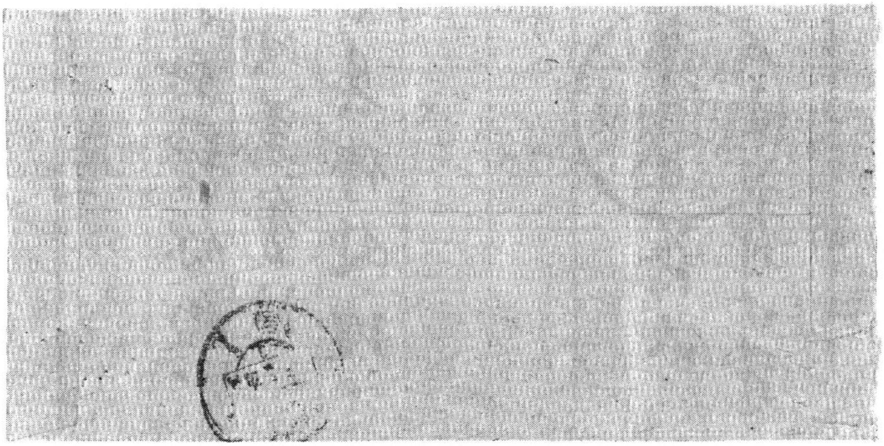

17.薄志明的資料

內蒙古軍區落辦的信

共1—56—13—81頁

内蒙古军区后勤部

军区后勤部落办：

现将薄志明材料转给你们。请据军区这次落实政策会议精神由原单位提出具体处理意见转现单位。

此致

军礼

内蒙古军区落办

八〇年五月廿一日

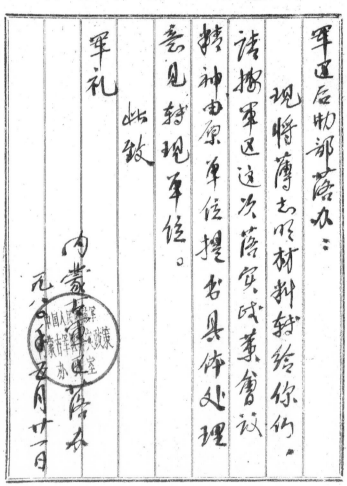

中国人民解放军内蒙古军区落实政策办公室

關於薄志明同志的問題初審情況

中国人民解放军 内蒙古军区后勤部信笺

关于薄志明同志的问题初审情况

落实第三组

請張政委批。我们三个人研究同意轉279医院。

格、吳、阿。

未經張政委批准，我又找后付部長請示，6/14日，另一个轉材料問題，可以不經政委批。后付部長已同意轉。請把材料轉去。此份《初審情況》留存。在要把材料前面另附一封信。

（嘽）6.17

杨付部长、那付主任：

　　锡盟军分区转来的薄志明同志的犯错误调查情况，请求后勤部提出处理意见。

　　经我们初审情况如下：

　　乌力吉同志是原达来霍博边防站付站长。在巴盟军分区"挖肃"学习班中，(于一九六八年十二月十五日)往身上浇汽油自焚而烧伤。经磴口医院抢救，次日转到二七九医院。经张祖仁军医诊断为上半身大面积严重烧伤；烧伤面积达百分之五十一(1-2°：21%、3°：30%)胸、背部大面积焦似呈黑色。

　　根据巴盟军分区首长的指示：积极进行抢救和特别护理，经过半个月多方有效的治疗，使伤情有所好转，已渡过了休克关。张祖仁同志是清队对象，原院党支部决定其下放劳动。接替张的军医是薄志明同志。他一九六九年元月初接收医疗以来，认为乌力吉是"内人党"骨干分子，所报"敌人"，要畏罪自杀的。因此，对乌的医疗马虎了事，不记病程记录，随之护理也松懈，有时发生虐待乌力吉同志的现象。致使伤情一天天恶化，发生严重感染，流脓汁，烧伤部位发出恶臭味，营养跟不上，身体日趋衰弱，又搬离病房到从来无人住过的小屋里，致使乌力吉的伤情发生了脓毒血症病变，在无任何抢救治疗的情况下，于一九六九年二月八日夜间死去。死后值班人员都不知道，直致前后夜[redacted]交接班时才发现乌已死去。当即报告了薄志明时，他说："明天再说吧"他又睡了。

乌力吉的爱人刘淑芳同志强烈要求：严惩薄志明。于一九七九年元月十六日，三级调查组（后勤部、军分区、医院）研究了医疗、护理经过，一致认为，医院刚刚筹建，制度不健全，技术上无治疗烧伤经验，但更重要的是把自己当成"阶级敌人"，在医疗上未完全尽到责任，是严重失职所造成的。

锡盟军分区政治部党委认为这是严重的政治责任事故，准备给薄志明（锡盟分区医院副院长）留党查看二年、行政记过处分。薄志明本人对所犯错误的严重性有一定的认识，态度也较诚恳。因此，我们的意见：把有关材料转去二七九医院，并让其提出具体处理意见。

妥否请批示。

落办第三组

一九八零年六月十三日

内蒙古軍區後勤部落辦寫給二七九醫院黨委的信（1980.06.17）

内蒙古军区后勤部

二七九医院党委：

关于对潭吉明同志在文化大革命中所犯错误的处理，根据军区落实办公政精神，请你们速提出处理意见。

附：有关材料。

此致

敬礼

内蒙古军区后勤部落实办

一九八零年六月十七日

關於對博志明同志處分的意見（1980.09.23）

关于对博志明同志处分的意见

后勤部党委：

博志明同志一九六八年至一九六九年二月，在外科工作期间，由于受林彪"四人邦"极左路线的影响，在挖所谓"新内人党"冤假错案中，在治疗原巴盟军分区达来霍博边防总站付站长乌力吉同志大面积汽油烧伤过程中，当时身为外科负责人博志明同志，缺乏"救死扶伤，实行革命人道主义"感情，在医疗护理工作中，没有采取积极有力措施，由于带有政治观点，责任心不强，对乌的病情观察、清创换药不够及时认真，用药不利，以致乌的感染日趋加重。生活上没有给予必要的营养补充，有时吃不饱，致使身体逐渐消瘦，抵抗力日益低下，后期治疗未给输血，液体输入也较少。在乌病情恶化后未引起重视，未采取积极有效医疗措施，病危时未组织抢救，乌死时没有人在场，何时死亡不清楚。当时值班医生请示博志明同志如何料理遗体，而博却在家睡觉未起。

据上述情况，完全属于博志明同志作为一个医务人员，又是科里的负责人，本应实行"救死扶伤，实行革命人道主义"精神，但未能尽到一个医务人员应尽的责任，政治责任心差，造成了极严重的后果。为教育本人吸取经验教训，经院党委全委会讨论，给博志明同志行政警告处分。

此意见

中共第二七九医院委员会

一九八〇年九月二十三日

18.中共內蒙古軍區委員會紀律檢查委員會卷宗，落實政策材料：鄔桂英（1985.09.25）

中共内蒙古军区委员会纪律检查委员会

卷　　宗

年度　　党纪办字第　　　号

案件来源	落实政策材料		
案　　由			
姓　　名	邬桂英		
收案日期			
结案日期			
审理人			
处理结果			
归档日期	1985.9.25	归档号	
保管期限		编　号	

中共內蒙古自治區地質實驗室黨委文件，（79）地實黨字第1號（1979.01.13）

内蒙古自治区地质实验室文件

(79)地实党字第1号

局运动办并党组：

在落实政策中，我室广大群众及受害者对军区后勤部邬桂英同志，在我室挖“新内人党”指挥策划，煽动武斗，造成严重后果，反映十分强烈。现将邬桂英的综合材料及揭发旁证随文报去，请局通过内蒙党委责成有关单位进行查处。

附件：

1.关于邬桂英在挖“新内人党”中严重违犯政策的材料一份，

2.揭发旁证材料十份。

中共实验室党委

一九七九年元月十三日

抄报：自治区党委、内蒙军区党委

關於鄔桂英在挖「新內人黨」中嚴重違反政策的材料（1979.01.10）

內蒙軍區後勤部鄔桂英是六八年十月內蒙軍區派駐我室軍宣隊的成員，直至軍宣隊撤走，一直是領導我室挖「新內人黨」的主要策劃者，並負責專案組工作。在實驗室挖「新內人黨」過程中指揮各戰鬥組進行嚴重的逼供信，造成19人傷殘，4名同志不久因傷勢發展而死亡。

根據中央「四・二〇」批示，以及內蒙自治區黨委關於徹底推倒挖「新內人黨」這一歷史錯案精神，鄔桂英在我室挖「新內人黨」中違法亂紀行為極為嚴重，性質惡劣，給革命和生產造成了很大損失。我們認為有必要向其所在單位介紹情況，並責成其檢查交待實驗室挖「新內人黨」的來龍去脈，於去年6月初我室派人前往軍區後勤部政治部介紹了鄔桂英在我室挖「新內人黨」中所犯錯誤的情況，並找鄔面談。鄔不但不主動認錯，反而把自己說成絲毫不了解情況的局外人，態度很不老實。

為了進一步掌握材料，我們進行了內查外調工作，通過被迫害同志的揭發及當時戰鬥組主要成員證實鄔桂英在我室挖「新內人黨」歷史錯案中確實起了左右實驗室運動的極壞作用，其錯誤極為嚴重，為使其認真檢查交待，我室黨委付書記鄂全續同志及運動辦的同志於12月7日又親自去軍區後勤部政治部，帶去關於鄔桂英的綜合整理材料及八份揭發旁證材料。去後了解到軍區後勤部政治部於12月初方組成紀律檢查組，對鄔桂英的情況雖有所了解，但已於去年11月份批准其為預備黨員，且至今鄔未做徹底檢查交待。

我們認為我室6月份已去人，本人又毫無認錯誠意，反而在當前落實政策之際，發展其入黨。鄔桂英所在單位組織及有關人員的這種做法，在我室群眾中，尤其是受害同志引起了強烈反映。據了解其所在單位群眾反映也很大。這一問題，說明當明在落實政策工作中確實存在一定阻力，落實與反落實的鬥爭是十分尖銳的，應引起上級黨委的足夠重視，採取有效措施，衝破阻力，以真正達到澄清路線是非，撥亂反正，調動廣大群眾的積極性。

鑒於上述情況請局黨組通過自治區黨委，責成有關單位叫鄔必須講清我室挖「新內人黨」的細節和打人兇手的具體情況。

根據群眾揭發，其主要問題如下：

一、肆意踐踏黨的政策，不少幹部被毒打至殘，給革命和生產造成極為嚴重損失。

鄔桂英主觀臆斷，密謀策劃，任意踐踏黨的政策，在毫無根據的情況下，親自指揮布署戰鬥組揪鬥幹部，我室所揪鬥的，都是她與工宣隊事先研究，提出名單，親自佈置，如大會揪鬥化驗工程師納順同志時，她事先給戰鬥組李成貴、楊佳林佈置如何揪鬥。在挖「新內人黨」整個過程中，大搞逼供信，進行隔離反省，搞車輪戰，九十度低頭彎腰，架杠子，拳打腳踢，扇耳光，擰胳膊，窩手腕（稱之為扒豬蹄），用皮帶狠抽，棍棒狠打等武鬥刑法，進行拷打。

遭到毒打的老幹部、老黨員、工程師以上技術骨幹共達19人，其中正付局長2人，處級幹部3人，科級幹部2人，工程師4人，統戰人員1人，一般行政技術幹部7人。

武鬥情節嚴重，慘不忍睹，武鬥成員一口氣左右開弓抽打被揪鬥者的耳光達數十下，用棍棒掄打臀部一打就是數十棍，直到打的被鬥者承認為止，否則就繼續毒打。鄔桂英親自傳授車輪戰經驗：「當被審查的對象疲勞時，精神上控制不住才能說出真話。」

由於嚴重的武鬥，有的被打成遍體鱗傷，特別是有四人當場被打休克了（其中付局長1人、工程師2人，一般幹部1人）。凡被揪鬥的同志，在精神上肉體上受到不同程度的折磨和摧殘，後果嚴重，先後有四名同志（其中處級、科級各1人，工程師以上幹部2人），在運動後因身體受到嚴重摧殘，後遺症加速了病情惡化，終於死亡，其中一人死亡時年僅四十四歲。其他被打的十五名同志身體均有幾處後遺症，如有的髖骨裂，有的肋骨骨折，有的耳膜穿孔，脊椎畸形，腰椎骨質增生，手腕關節能陳舊性骨折，肩胛骨折，腰部扭傷，腰內盤脫出等達數十種之多。

二、積極傳播錯誤言論，拒不執行毛主席指示。

鄔在挖「新內人黨」過程中，曾反覆的在大小會議上說：解放前有「內人黨」，解放後有系統的叛國投修的「新內人黨」組織，在集寧召開了中央委員會。並說：共產黨組織有一些實際就是「內人黨」組織，「內人黨」是單線聯繫，是地下黨組織，統一黨頭子通福誰也不讓見了。所以材料只有從敵人口供中找。「內人黨」的紀律很嚴，誰暴露出去就殺頭。必須加強火力，不打不交待。「內人黨」是屬核桃的不砸不出油，「不吃敬酒，要吃罰酒」，一定要深挖到底，並從揪鬥所謂老內人黨的哈達同志入手。

鄔桂英為了迫使群眾進行武鬥，而施加壓力說：你們中間就有內人黨，凡是對挖內人黨表現不堅決的人，大多是和「內人黨」有聯繫，不然為什麼恨不起來？為什麼手軟呢？×××不堅決，結果他就是「內人黨」，現在已挖出……等，造成人心惶惶，人人處於自衛的局面。

當群眾提出車輪戰的武鬥行為，是違背了毛主席嚴禁逼、供、信的重要指示。鄔不但不執行，公然說「挖內人黨」特殊，必須用特殊方法，就像過河沒有橋，採取一切方法攻下一個堡壘，從敵人嘴裡尋找線索，突破一個就能揪出一大串，便能個個擊破。以致武鬥不僅不予制止，反而更加殘酷，掀起了武鬥高潮，從抽耳光拳打腳踢，發展到木棒上陣，不僅把室革委會主席成員揪出武鬥，而且還將局正付局長也揪來，使武鬥更加嚴重。

三、有組織、有計劃、有預謀的大搞武鬥。

首先組織專案組，挑選培訓武鬥幹將。鄔還對每個戰鬥成員規定了嚴格的紀律，要求武鬥成員不得外出，外面情況不准打聽，組內情況要保密，有特殊情況必須向她請假，而且在規定的時間內回來。

她直接指揮各戰鬥組相互支援，調第一戰鬥組（群眾稱之為別動隊），支援其他組，並親自帶領打人最凶的楊佳林到各組進行武鬥。有意識的對被揪鬥者進行誘供。

對戰鬥組成員大肆宣傳武鬥經驗。鄔曾多次宣傳公安部門武鬥如何厲害，不然階級敵人就那麼聽話老實？還公開贊成支持那種「當毛主席的政策威力達不到時，就得棍棒解決問題」的荒謬主張，對武鬥起了極壞的作用。

此外，鄔帶頭按被鬥爭對象的頭，讓其長時間的低頭彎腰，而且對戰鬥組成員一再指示火力要猛，並組織戰鬥組成員到打人最兇暴的馬進德戰鬥組觀摩，鄔還當著大家的面，讚揚馬真有兩下子，他一個人能頂你們十個，馬腦瓜子就是靈，會出主意想辦法等，從而掀起了用條帚木把，行軍床橫棍進行武鬥，把人打的慘叫，而鄔桂英還嫌火力不猛，竟兇相畢露的歪曲毛主席的指示說「革命不是請客吃飯……等」，不交待就打，除兩額外，什麼地方都可以打，剩下一口氣，打死了不好辦。例如，鬥革委會主任孫其順之前，鄔向大家交底說：「現在給你們找個大傢伙叫你們過過癮，你們要給他點苦頭吃。」

四、搞屈打成招，乘機誘供，陷害幹部。

鄔桂英是我室挖「新內人黨」的主要策劃者，揪鬥誰均由鄔安排，想挖誰就挖誰，她直接控制挖出的鬥爭對象，被揪鬥人所寫的材料，特別是交待出來的「內人黨」名單，任何人不准看，均由她直接索要掌握。各組鬥爭情況，不准別人外傳，而她卻可以到處亂串，到外指揮策劃，盛氣凌人。除本室外，她還可任意到地質局機關索取被鬥人交待的材料。

每當被鬥人被打的受不了，承認自己是「內人黨」時，鄔桂英就借機把別人支走，單獨找被鬥者談話，讓他寫交待材料，往往是她懷疑誰是「內人黨」就有意誘供，如鄔與哈達談話，從他是老內人黨引到「新內人黨」，她說：「只要承認了就沒事，可以寬大。」當哈達承認後鄔又以哈達是樹根主幹為比喻，引其交待名單，提示哈達要交待鑽進肝臟要害部門的黨徒。如果被鬥者交待出她認為可靠的人，她就說：「你不要血口噴人！不要攪混水啊！」。當交待出她所要的人名單時，馬上就組織人把他看守起來，立即抓來毒打。胡力亞奇同志承認是「內人黨」以後，寫材料時，鄔誘供說：實驗室的「內人黨」不是幾個，而是加上幾個零的問題，開始胡供出30多人，在鄔桂英談話後，供出84人。納順同志亦在承認為「內人黨」後，鄔又把其單獨叫到小房談話，納交待40餘人，鄔就按照胡力亞奇交待的名單審鬥納順，因而供出75人，在鬥雲霞時，為了從雲霞身上找突破口，將其押去參加呼市召開的圍殲「內人黨」政策兌現大會，回來後鄔對戰鬥組成員說：雲霞不老實得好好整一整，給她點壓力，火藥味要濃一些，於是對雲霞搞了武鬥，雲即承認是「內人黨」，鄔隨後將其他人陸續支走，個別談話誘供，當雲說出革委會付主任徐紹文，鄔如獲至寶，馬上派人把徐看起來，立即抓到馬進德組毒打。

特別是鄔讓戰鬥組搞熊鱗兒同志時，起初納順說熊是64年由張英濤發展的，這個條子讓納寫完不久，就退回來了，說熊是胡力亞奇65年發展的，於是又讓納順將64年改為65年。

事實充分說明，我室挖「新內人黨」運動由於鄔桂英的指揮策劃，造成的後果嚴重。

附：揭發及旁證材料十份。

中共內蒙地質實驗室黨委
一九七九年元月十日

旁證材料之一：內蒙古地質實驗室，李成貴（1979.01.04）

我們單位有幾個同志曾向您及內蒙革委會反映過近來挖「內人黨」的情況，相信上級革委會及首長同志們能重視這些情況。在反映情況的同時部分的涉及到軍區後勤部派遣的解放軍毛澤東思想宣傳隊個別人的問題。因為我們貧下中農最熱愛解放軍，他是我們貧下中農的子弟兵，是我們貧下中農的親骨肉。他們是我們偉大領袖毛主席親手締造的人民軍隊。既使他的個別同志犯有這樣或那樣的缺點、錯誤我們都是本著為人民服務，為革命負責，為解放軍負責的善意的態度提出來。希望也相信這個別人能按照毛澤東思想辦事，也就是能改正錯誤缺點。下面我是反映部分情況也是本著上述精神實事求是的反映的。若上級首長認為有價值就請參考。

我局我室的解放軍毛澤東思想宣傳隊是繼411支部隊揪出地質局走向新的戰鬥崗位的同時進駐的（10月28日）。我局總負責是金政委。我室負責的原是賽希，另有張占海、鄔桂英、高洪志共四人。不幾天賽希調走，補來一位姓孔的同志。這時的負責人可能是鄔桂英（給我的印象是她。因很多問題是她說了算）具體搞專案工作的及挖「內人黨」的佈置及具體人員等基本上是她點頭算。在68年12月9日由我們學習班選的兩名（楊佳林、李成貴）挖「內人黨」專案組成員，楊、李都是67年站錯隊的同志，其中楊為我室八名頑固分子（頑固堅持資產階級反動路線）之一，我曾是偽革委會委員。她對我們倆都是有看法的，但在工宣隊某同志的說服下她才同意了。

我組只有六個人除楊和我還有三名65年大專生和一名車工（女），後因北京新華印刷廠對敵鬥爭經驗的學習，認為必須重調查研究，應加強外調，因此決定我組抽一名65年大學生和一名工人（車工）與解放軍張占海一起跑外調，剩下我們四人對敵戰鬥。一開始是對老牌民族分裂主義頭子，老「內人黨」魁，大右派哈達進行鬥爭，多是黑夜鬥他，因白天讓他去登記站登記。黑夜我們鬥，實際就是車輪戰術，當時有人有意見，認為一無人證，二無物證，我們火力上不去，在12月16日前停了半天統一思想，後決定還得從敵人口中獲得線索（外調用），大家基本同意。往後採取小組批鬥，政策攻心為主，此段時間由解放軍鄔桂英個別談話也有（內容不知）。我們戰鬥員給其談過，內容是在任何犯罪分子面前，任何時候都存在著坦白從寬，抗拒從嚴的問題。每當個別談話後（特別是鄔與其談後）敵人就能多少承認或交待一點問題，我們當時認為小鄔就是行！直到十二月二十三日在都是如此。我們所需要哈達所承認的問題，也基本承認了，他還表示要繼續交待他的歷史問題並揭發別人，二十三日又讓他去登記（19日後因哈加入「統一黨」問題沒弄清，故有幾天沒去登記）在此階段，我們尚未發現什麼大問題。

從二十三日開始我組就轉入另一對象了，哈達就由鄔直接負責了。往後她也直接負責起全室四個戰鬥組的工作了。也就是挖「內人黨」總負責（至少給我的印象如此）。我們第二個對象的材料是據局裡烏蘭其其格揭發我室胡力亞奇是「內人黨」徒並任我室「內人黨」組織委員，胡平常膽小怕事，決定給他吃硬的為主（以打為主，鄔也同意的），二十三日拉上胡簡單問了幾句就打了一頓，同時針對他腿長個高，腹大等特點總是讓他低頭彎腰舉手，不到半小時他就喘粗氣，豆大的汗珠直滴，在此情況下於二十三日二十四時前承認自己是「內人黨」任組織委員。但是在十四時至二十四時的幾小時中也是多次進行個別談話的。特別是胡在招供我室的幾十名「內人黨」徒名單時，多數是與鄔個別交待的。戰鬥員均不知道。

二十四日晨六時後胡去休息（因承認交待了問題）。八時召開了全室職工大會，宣佈了對哈達的從寬處理，並當場又揪出一個混在群眾中的納順（也是烏蘭揭發的）又交給我們組鬥。方法基本同胡。但因納在回答群眾問題時說：他是蒙古人，加之態度惡劣，所以對納打的勵害一些，除皮帶外還動了掃帚打和木棍。24日下午在提示和引線的幫助下也包括個別談話，納承認自己是「內人黨」並任局組織委員。在鄔與納的個別談話時，我特別耽心鄔的安全，因當時納的態度極壞，我們又打的較重，我怕他狗急跳牆，怕害鄔，因此曾讓解放軍小張和工宣隊小楊也進到屋去以保護鄔。後在納交待室「內人黨」名單時，鄔又曾將納叫入小屋單獨談話，個別交待人名。在鄔與胡與納個別交談時二人同時供出了我戰鬥組織員楊佳林，鄔對楊也不信任了，準備往外揪了。

在上述工作基礎上，胡在25日供出我室有84名「內人黨」徒。納供出75名。二人一對照連同時上對不上的人名共一百多（但入黨時間，介紹人絕大多數對不上）其中多是舊黨委書記、委員、黨員、積極分子及其親近者，也有一般群眾，加上已揪出的牛鬼蛇神。這些人數早在24號前就在鄔桂英腦子裡有底的，她經常說：「內人黨」在實驗室不但有而且不是幾個的問題，是加幾個零的問題。當時找想，加一個零就了不得了，在200來人的單位有幾十「內人黨」就已經可觀了，加兩個零就是幾百了，室全部才能200來人，就是加兩個零也不太可能別談幾個零了。就在24日胡供出40多名時我曾給鄔提出：對這些名字必須科學的分析，加之周密的調查，研究，可不能讓敵人牽著我們的鼻子走啊！但往後的事實證明她沒有重視我這一正確的意見，而是輕率的相信了階級敵人的口供。從24日晚（或25日晨）揪出室革委會主任孫其順25日中午揪出革委會付主任徐紹文的情況看都只是輕信了某一階級敵人的口供而揪出毒打的。據說孫的揪出是聽信了三反分子，烏蘭夫死黨分子王晨光的一句話：「我發展了孫其順」。而徐紹文的揪出是聽信了聯社頭頭，雲麗文表妹雲霞的25日的一句話：「昨天徐紹文叫我頂住，別承認」、「解放軍、工宣隊都住不長」而揪出的毒打的。這是徐揪出前幾分鐘鄔桂英告訴我揪徐的唯一依據。（我知道的唯一依據），另外在25日對湯煜彥、熊鱗兒（滕司令員67年3月12日講話後堅持挖肅的）的揪出和毒打又只是因為有二個或以上的階級敵人供出了他們的名字而入黨時期，介紹人都對不上，而且還鬧了笑話就這樣被揪出毒打的。25日開始的打並非徒手的打，而是用皮帶木棍掃帚把、方棱棒，並且脫了衣服和長褲子打的。現在因為我們不掌握材料，不敢說誰是誰不是，就以上述做法看一定有階級敵人在搗鬼。

另外由於搞「內人黨特殊」必須「絕密」以便於她鄔桂英更「絕密」（絕妙）的掌握材料，各組鬥爭情況（特別是名單）不准外傳，對鬥爭對象的交待材料只能專人去取，連工宣隊和看管人員也不能信任，看管人員之間更不能隨便來往，連戰鬥員有時都不知道鬥爭對象的一點材料就拉來鬥。但是奇怪的是鄔桂英她一個人特殊可以到處串，隨便進行個別密談，並任意索取交待材料非但在室裡如此，就是局裡的犯人，她也可以隨時去取「旁證」材料須知該「旁證」既無公章和單位意見，也無私章，有時年月日也沒有。實際上等於一張白條，就是如此的「旁證」就能決定一個人的政治生命，這難道只是一般的作法問題嗎？只是一般的錯誤問題嗎？而不是執行政策的大問題，不是方向、路線的問題嗎？

上述情況大多數是本人親身經歷的事實，少部分是聽說的，均已注明「據說」字樣，希參考！

內蒙地質實驗室
李成貴
69年元月4日

此材料當時停止武鬥後所寫，李成貴同志現仍在我室。

旁證材料之二：證明，付有（1978.07.23）

我是一九六八年十月至十一月份進駐地質局實驗室工宣隊隊員那時有軍宣隊分管整個全面掌握挖肅工作以後根據運動的發展內蒙犯了擴大化的嚴重錯誤挖「內人黨」因為時間比較年長了。有的過程回憶不一定全面，在搞挖「內人黨」時，有軍宣隊張占海和鄔桂英倆人主要負責人搞「內人黨」專案所供出來的材料都交給了他倆人比如納順同志供出來的口供和受壓的同志交出的材料都是同樣。每天交待出來的都交給鄔和張倆人，我記的只要1人交待就把誰搞進去如徐紹文就是其中一個，首先鄔張二人先碰頭。然後找上工宣隊隊長楊同志。有時楊隊長還不知道把誰搞進去。鄔那個人點子是比較多一點。鄔有時和我講過這傢伙們如果實在不交待就給他們點高壓。我想當時也是無能為力的情況下說出來的地點在實驗室走廊內。

供參考

付有

1978.7.23

湖北省十堰市白浪一局三公司駐呼留守處（蓋章）

此系抄付1979.1.8

旁證材料之三：關於鄔桂英的旁證材料摘抄，徐和靖（1978.10.07）

我們組直接由鄔桂英指揮。鄔桂英說：「車輪戰是一個經驗，當被審查的對象疲勞時，精神上控制不住才能說出真話」。鄔桂英隨時鼓動旁邊人上去打，由於我始終沒動手，她還對樂君飛說我不適合搞階級鬥爭。楊佳林由於能打人，她還經常帶著他去外組打人，同時鄔桂英還對我們說讓楊佳林立新功。

被審查人的家屬給送飯時，鄔還讓人查看有沒有紙條。

徐和靖

1978.10.7

徐和靖是馬鞍山研究院設備研究室技術員。此材料是摘抄的有關部分。

旁證材料之四：摘抄湯煜彥同志的材料，湯煜彥（1978.10.11）

實驗室挖「新內人黨」是工軍宣隊把局搞烏蘭的「經驗」（就是把局機關的職工花名冊交給烏蘭圈名字的「經驗」）搬到哈達、納順身上入手，搞起來的，在這點上鄔桂英應當負主要責任的，是她在做法上提出連軸轉的主張，她說後半夜最能出「乾貨」，例如，搞哈達最初白天搞，沒有交待什麼，由於連軸轉，一連幾天，在一個晚上，鄔桂英就給哈達談話，從他是老「內人黨」引到是新「內人黨」，她說只要承認了就沒有事，可以寬大（後來也果然寬大了）當哈達承認後，鄔桂英以哈達是樹根主幹，哈達發展的一般黨徒像樹枝、樹杈子，為比喻，引哈達交待名單，我記得鄔桂英特別提醒哈達要交待鑽進肝臟要害部門的「內人黨」黨徒，那天晚上我在旁邊，地點是在三樓拐角（東南角）攔起來那個走廊房間裡，由於第二天要我去參加政策兌現大會，在讓哈達交待名單之時，好像是楊順田來通知說要派人去參加這個會，當時鄔桂英決定叫我去，另外好像叫帶上雲霞去參加，並讓我回宿舍休息，事後回想起來，這裡可能是有文章的，所以後來哈達交待了些什麼我就不知道。第二天下午就揪納順，鄔桂英在宣佈揪鬥納順之前說：「為什麼要揪納順，是因為他是『內人黨』的組織部長」，並把他隔離到局西北角一個房間（這是事後知道的事），不和實驗室其他的所謂「新內人黨」關在一起，所以實驗室的人一直不知道納順關在那裡，工軍宣隊像鄔桂英等人就單獨在那裡審訊過納順。

自哈達、納順承認為「新內人黨」後的那一天的晚上，鄔桂英在專案組宣佈，凡有關「內人黨」的材料一概交由徐玉發負責，至此事態也就不言而喻了，並且對孫其順也以隔離室要隔離得好為藉口讓他去抓搞好隔離室的工作，第二天就揪孫其順（室革委會主任已於70年去世），緊接著是揪徐紹文，當天下午我是鄔桂英、馬進德等人在三樓扶梯口那個屋開的會，那天我是稍早一些去專案組，聽見這屋裡有說話聲，推開門一看，氣氛較緊張，鄔桂英臉上突然嚴肅起來，人們也突然停止了說話，我只好沒趣地關上門離開了，這天下午一上班就揪了徐紹文（革委會付主任）。這天下午快下班前，楊順田來專案組，把我的專案組門，辦公桌的鑰匙拿走了，我感到事情不妙，果然這天午夜，即12月26日凌晨一時許，我也被誣陷為「新內人黨」而遭到拷打。

在挖「新內人黨」過程中，馬進德是頗得工軍宣隊邵樹之，鄔桂英等賞識和重用的。

我強烈要求對鄔桂英、馬進德等作出嚴肅處理。

湯煜彥

78.10.11

湯煜彥同志原在我室工作，挖肅運動開始一度為專案組長，後被挖。此材料系抄件。

1979.1.8

旁證材料之五：「關於鄔桂英的情況」，楊佳林（1978.07.18）

在挖「新內人黨」階段，鄔桂英是實驗室軍管負責人。關於她的表現，盡我所知揭發如下：

她是我們專案小組的組長，我是從到達專案組（哈達專案）開始認識的。第一次講話就強調說：「你們是來立新功的，要在運動中以實際行動回到毛主席革命路線上來……」。

以後組內的事均由她和另外一個組長徐玉發主持，在哈達專案開始不久，她給我們開會介紹有關內蒙出現反革命叛國集團——「內人黨」的情況，她從上面（可能是實驗室或局革委會）拿來了關於「內人黨」的綱領，組織形勢等材料，並給我們念，號召我們要「深挖到底」。在這不久，她還給我們講：「『內人黨』是單線聯繫，而且他們的紀律嚴，誰若暴露出去就殺頭。所以我們必須加強火力，不打不交待」。我們組裡的武鬥從這時也就開始了。並且在鬥哈達和胡力亞奇時她也按頭，讓被鬥者長時低頭彎腰。

我們組如何搞均由她和徐玉發決定，而她是指揮者。例如：讓我們去外組打許文華、徐紹文、吳修身、張大華、付金聲、納順等均由她和徐玉發按排。

在組內她有時說：「表現不堅決的人大多是和『內人黨』有聯繫的，不然為什麼恨不起來呢？為什麼手軟呢？湯煜彥平時就不堅決，結果他確實是『內人黨』現已挖出……等」言下之意就是我們當中也有可能有這樣的人，造成人人自衛。

在挖「新內人黨」過程中，她非常「辛苦」有時不回家睡在凳子上，不許我們外出，並說：「外面情況不需要打聽，組內情況要『保密』」。我們有特殊情況才能向她請假，而且在規定的時間內必須回來。

她親自指揮我們看徐紹文，別讓她跑了，然後抓起來，關於她在組外的情況我不了解。

檢查人：楊佳林
78.7.18

楊佳林現在地訓班工作，當時是專案組成員。

旁證材料之六：關於鄔桂英的情況，樂君飛（1978.10.07）

鄔桂英自那一批軍工宣隊進駐地質局時起，她就一起進駐實驗室，一直到那批軍工宣隊撤離地質局時她才離開。

在實驗室不到一個星期時間的挖「內人黨」時我認為她是左右了實驗室的運動，雖然她不是什麼主要負責人也不是隊長，只是一個普通成員。但她能說會道，把她自己吹得非常了不起，她那一個組都去，她到那裡就佈置或古動那裡的所謂戰鬥士氣而且聽不得不同意見，如果那一個人（指實驗室的職工）不同意她的看法，就有被揪鬥的危險。她在專案組裡起著主導作用。說一不二，反正她認為看問題看得很準，說什麼揪一個準一個，她在對哈達進行揪鬥時，一直採用引供，什麼鑽到我們心臟裡的有沒有？過去的有沒有？現在的有沒有？鑽到紅色政權的心臟裡的有沒有？上面有什麼人，下面有什麼人，左右有什麼人。當哈達說到某一個人時，但又不肯定時她就引導他，這樣哈達就順著她的口氣進行所謂的交待名單。

同時鄔桂英對馬進德組是比較欣賞的尤其是對馬進德。她經常說他們組火力強，有辦法，效果好，別人攻不下一到他們組就拿下來，她在說這樣的話時，總是洋洋得意，她說馬進德能幹，有辦法，總之她特別欣賞他，經常在其他人面前吹捧馬進德是如何能幹、有辦法。

大約到運動高潮時，我對當前的運動有看法，我認為「內人黨」（按當時傳達的來說）是祕密的組織單線聯繫，而且又是搞分裂活動的組織，怎麼會你知、他知，同時我認為好多人根本不可能是「內人黨」而且我還向她舉了好幾個人的名字，和提出我對他們不可能是「內人黨」的我的看法和理由，認為他們不可能會參加「內人黨」她立即指出，說我階級鬥爭敵情觀念不強，她馬上佈置我學習幾篇毛主席有關階級鬥爭的著作，還在我按照她的指示學習時，她就在我的旁邊審查我的檔案，就是這樣給我施加壓力。

反正我認為，鄔桂英在這次運動中沒有起到什麼好作用，而且起了壞作用，由於時間較長對她的好多話記不清了。

樂君飛

1978.10.7

樂君飛同志是我院選礦研究室技術員

（馬鞍山礦山研究院組織處蓋章）

1978.10.17

此系複製件

1979.1.8

旁證材料之七：關於鄔桂英同志在實驗室擴大化時的情況回憶，李成貴（1978.06.16）

鄔桂英是六八年下半年派駐實驗室的軍宣隊成員，（張占海負責）到室後主要是抓運動，特別是十一月份呼市開展「挖內人黨」以來一直是直接抓「挖內人黨」專案組的，要說工宣隊也有人分管這一工作但誰也不如她管的多管得細。

我記得十一月底（也許是十二月初）專案組（當時只有哈達被審）要擴大，工宣隊邢隊長，楊隊長及富有都找我談過話，說讓我參加專案組，我都拒絕了，第三天鄔桂英與我談話，又捧又拉還激將，最後我只得答應試一試。回憶當時我被問得沒辦法了，只好說出思想顧慮，主要是自己剛犯了「老保」錯誤（當時是提到路線高度談的）如參加政治運動再犯點錯誤，給我新帳老帳一起算我可受不了。當時鄔說：上有軍宣隊、工宣隊革委會領導，下有群眾支持對敵人進行鬥爭這還能犯什麼錯誤？！你就放心吧。再說我們這種成份、出身的團員同志不起來領導運動，難道讓敵人來領導運動？！黨培養了我們這麼多年現在黨需要我們的時候難道還向黨、向組織講條件，講價錢嗎？我們就是要依靠黨團員貧下中農。

後來到專案組後，看了一些材料，同時也對哈達進行了幾次幫助到十二月初毛主席親自批轉的北京新華印刷廠對敵鬥爭經驗下達了，我與徐和靖有些看法，認為對哈實行的廿四小時不讓休息（名曰車輪戰）不符合毛主席批示的對敵鬥爭要重證據重調查研究，不要輕信口供，不搞逼、供、信等等為此專案組整開會一天，曰：統一認識，當時我們談了看法，鄔說，挖「內人黨」特殊，必須用特殊方法。談到逼、供、信時鄔說：我們現在就是缺乏材料所以要從敵人口裡找線索，最後統一思想就是從敵人口裡找線索。

她還不止一次的向我們宣傳公安部門如何武鬥厲害，不然階級敵人就那麼聽話、老實。另外她還輕視毛主席政策的威力，公開同意有人說的：「當毛主席政策（也許原話是毛澤東思想）的威力達不到時就得棍棒解決問題」。這種反毛澤東思想的言論，還不止一次說過，「內人黨」是屬核桃的不榨（扎）不出油。更為惡毒的是她一再指示戰鬥組的火力要猛，總覺得我們組不如別組火力猛，還組織我們去馬進德組觀摩武鬥，回組後就有人拿起了帚掃把，說：對敵人就是要狠（並引用主席語錄：革命不是請客吃飯一段）猛，不交待就打，一直到剩下一口氣，打死了不好辦，所以實驗室擴大化時武鬥問題與鄔是有很大關係的。當然工宣隊裡隊長們的言行也起不小作用，有的隊長（邢平頭）在光天化日之下提著棍棒到處亂串，言談中總是離不開他們單位武鬥如何凶，他又如何厲害等，並對不同意武鬥的工宣隊員進行迫害，以鎮壓工宣隊內部的不滿情緒。另外在具體到「挖內人黨」的材料問題也就是所謂的證據問題也很荒唐，有的便條式的證據曾經多次修改而且無證明人簽字和年、月、日，同時誘供嚴重，經常是讓被審對象說出自己（鄔桂英）要說的話，否則又是重刑對付，在交待名單時對審查對象進行啟發式的提問。如：有張三沒有？有李四沒有？好好想一想。如交待的名單有馬進德或她們心上的人時鄔就說「你不要血口噴人啊！不要攪混水啊！」等等致使實驗室不少同志受了害。

李成貴

78.6.16・抄

李成貴現在我室為鑒定技術員，挖「內人黨」期間是專案組組員。

1978.12.6

旁證材料之八：關於鄔桂英在打「內人黨」的部分情況，晏惕飛（1978.06.08）

68年12月鄔桂英是當時駐我室軍宣隊員由於她的錯誤言論和鼓吹武鬥造成了嚴重的後果，就我記憶起來的摘錄如下：

一、販賣錯誤言論，說解放前有「內人黨」，解放後有系統的叛國投降的「新內人黨」組織，什麼在集寧還召開了中央委員會，什麼在共產黨組織有一些就實際上是「內人黨」組織，甚至威脅群眾說你們中間就有「內人黨」，鬧得人心惶惶。

二、鼓吹武鬥：我室對所謂「新內人黨」搞車輪戰，長時間九十度彎腰，抽耳光的武鬥和變相武鬥，群眾對之很反感。12月21日毛主席關於清理階級隊伍要重證據，重調查研究。嚴禁逼供信指示下達後，當天群眾進行了討論，鄔桂英參加了我們第四組討論，我向她指出，我們現在審查新「內人黨」的做法是錯誤的，搞逼供信違背了毛主席指示。而鄔桂英視毛主席指示不顧，反而製造錯誤論調，鼓吹武鬥。她說：「我們對新『內人黨』是對一個神密的單線聯繫的反革命組織，用一般方法是困難的。就像過河沒有橋，必須弄到船一樣，必須採取一切方法攻下一個堡壘，從嘴裡弄到東西，便能個個擊破。」她身為軍宣隊負責公開販賣錯誤論調實際上掀起了新的武鬥高潮。從而武鬥由抽耳光變成木棒上陣，並把革委會主任孫其順、付主任徐紹文、專家組長湯煜彥全部揪出來，進行了嚴重的武鬥，被打壞的近十來人。揪出來的人達廿多人。

據上述情況我認為鄔桂英操縱了我室的打「內人黨」。同時並把局裡的領導幹部多人抓來我室武鬥，這些鄔桂英也有一定責任。

晏惕飛

1978.6.8

晏惕飛同志是我室選礦組技術員，當時是第四戰鬥組成員。

1978.12.6

旁證材料之九：關於鄔桂英在實驗室挖「內人黨」時期所犯的錯誤揭發交待，邊啓文（1978.08.03）

1968年挖「內人黨」時期鄔桂英是駐實驗室的軍宣隊，具體負責實驗室的挖肅運動。實驗室在挖「內人黨」過程中犯了武鬥打人、大搞逼、供、信的錯誤，這些鄔桂英忠實的執行了「四人幫」所推行的假左真右的反革命修正主義路線，主觀臆斷，盲目蠻幹，大搞逼、供、信是分不開的，在實驗室幹了很多壞事，影響極壞，現就我所知道的揭發交待如下：

1、在挖「內人黨」時她是主謀者、指揮者，又是決策者。實驗室所揪鬥的人員都是她與工宣隊事先研究好的，提出名單，交給各戰鬥組進行批鬥，並做具體佈置。

2、她直接指揮各戰鬥組相互支援，大搞武鬥打人，僅我所在的這個戰鬥組就被她調動三次到其他戰鬥組去打人。第一次是打孫其順同志，第二次又是叫去準備打孫其順同志，先是威脅，經過威脅，孫其順同志害怕了，表示不翻案，所以沒有打。第三次是領著我所在的戰鬥組成員以到樓下看形勢之名，分別參加揪鬥熊鱗兒、張大華，行打人之實。

3、她公開鼓吹打人，兜售打人經驗。她在戰鬥組內部講過：「內人黨」是屬核桃的不砸不出油，非砸不可。還說：「新華印刷廠的經驗不適合地質局」，更為嚴重的是教唆：「打人不要打死，要留口氣」。

4、她積極推行原內蒙黨委核心組成員的指示，販賣懷疑一切，打倒一切，欺騙群眾。她在各種會議上大講特講：「內人黨」是反革命組織，是共產黨的變種，內蒙的共產黨就是「內人黨」，兩個班子，一套人馬，共產黨的書記，就是「內人黨」的書記。

5、搞武鬥她親臨坐鎮。在許文華跳樓未遂被打的那天夜裡，在被鬥孫其順、王晨光、高鴻淼、熊鱗兒、張大華等人的所有夜裡她都是親臨現場督戰。在批鬥孫其順同志時她站在孫的面前審訊說：「你又不是生活在燈炮裡，那麼真空的」。還說：「怪不得實驗室的挖『內人黨』搞不起來，鬼就在你這」。

揭發交待人：邊啟文

邊啟文所寫關於軍宣隊鄔桂英的材料供參考。

局機關總支（蓋章）

78.8.3

此系複製件

79.1.20

旁證材料之十：揭發原軍宣隊隊員鄔桂英的一些問題，白文秀（1979.01.11）

根據我的記憶和回想，關於軍宣隊隊員鄔桂英在挖「新內人黨」當中的一些作法。

在我記憶裡1968年12月份左右（準確時間記憶不清了）。一天，當時我們工人車間寫了一張大字報，主要在挖「內人黨」當中禁止武鬥。打算找軍工宣隊商量解決，這時我上樓找工軍宣隊去，我剛上樓，這時鄔桂英正在樓的走廊裡，氣凶凶的來回走動，身披棉衣，嘴裡不停的說：「敬酒不吃，吃罰酒」這時聽到房子裡正在鬥「內人黨」呢，也正在打人，打誰我沒有到房裡，也沒看見。我把工人車間禁止武鬥的事，準備叫她下樓商量，她也沒有下樓，當時記憶工軍宣隊下來人了。

情況這樣，我的記憶就看見鄔桂英在挖「內人黨」當中是有煽動武鬥的。特揭發。

白文秀

1979.1.11

白文秀同志現在我室工作。

79.1.13

我的檢查，後勤部，鄔桂英（1979.06.05）

我的检查

我於68年10月末到地质局实验室搞所谓的"支左"，12月份调回部队回时两个多月，这次所谓支左是军宣队在工宣队领导下进行工作、由於当时林彪四人帮妄图推行的左倾机会主义路线，所以全了内蒙是遭受灭顶，多少无数的革命者受迫害受打击，那么我们所谓支左也不例外。也是反革命路线的执行者，到实验室后工宣队、那拉队长负责

15×10=150

陣道路有發言權。2道路則有同志負責，下2道路還有三名同志，但姓名時間皆記不清了。

進到實驗室後，首先佈置了兩派之間集中、派性大，出身成份論，以階級成份論代替了階級鬥爭。當時對路線、覺悟、那頭，第三同志進行了審查，我是記錄，審查時低頭彎腰是家常便飯，那真是自己的菩薩自己拜。金了進的是逼、供、信

15×10=150

的產物，這次所謂"支左"是執行了林彪"四人幫"的錯誤路线，所以說給受害的干部們和人民造成的创伤和損失是难以弥补的。

在所谓的"支左"时期我自己对領導部門佈置的工作不加分析地盲目執行，犯了严重錯誤，自己想通过"支左"成名成家，撈取政治資本，取得領導信任，向上爬，所以在領導佈置我就首當其衝，毫无两样

15×10=150

打人，但也参与了当面斗争，这些都是个人野心的大暴露。回过头来看我是有罪的有罪于党，有罪于人民的，破坏了军民关系，充当了林彪四人帮的走卒，通过这次运动证明我是千古罪人。

我在何家营的受害门户赔礼道歉，低头认罪，我深知这些受害的门户遭受的迫害和创伤是非我一份检查所能弥补的，所以我在从要認真地認識自己，請同志們批評幫助。

[illegible]

79.6.5.

15×10=150

關於鄔桂英「文革」中所犯錯誤事實材料，內蒙古軍區後勤部政治部（1984.09.03）

关于邬桂英在"文革"中

所犯错误事实材料

邬桂英，女，汉族，现年四十一岁，包头市固阳县人，贫农出身，学生成份，初中文化，一九六一年五月入伍，一九七九年十一月入党。在部队历任战士、放映员、司药，行政二十二级。一九七九年十二月转业到呼市计划生育办公室工作，犯错误时任后勤部放映员。

15×10＝150　　　第 1 页

邹桂英是一九六八年十月被派到内蒙地质局实验室任軍宣队员，参与了挖"新内人党"冤案，是组织指揮者之一。根据地质局的调查材料，邹桂英在挖"新内人党"冤案中，所犯错误是：

一、肆意践踏党的政策，组织指揮揪斗毒打干部致残。

邹桂英主观臆断，在毫无根据的情况下，她与工宣队事先研究，

15×10=150

提出名单，並亲自指挥布置战斗组揪斗干部，如大会揪斗付駐工程师納順同志时，就是她事先给战斗组李成貴、杨佳林布置的。

在鄧桂英的组织指挥下，地质局实验室在挖“新内人党”冤案中，大搞逼供信，進行隔离反省，搞車輪战，九十度低头弯腰，架杠子，拳打脚踢，扇耳光，捋胳膊，紧手腕（称为扒猪蹄），用皮带狠抽，棍棒狠打等刑罚。遭到毒打的老干、老党員、工程师和技术干部共十九人，其中有四人当场被打的休克。凡被揪斗的同志，在精神上肉体上受到不同程度的折磨和摧残，四名同志因伤势发展而死，其它被打的十五名同志身上均有几处后遗症，如有的肋骨骨折、脊椎畸形、肩甲骨折，腰部扭伤，腰肉盘脱出等达数十种之多。

二、积极传播错误言论

邬桂英在挖"新内人党"过程中，曾反复在会上说："解放前有'内人党'，解放后有系统的叛国投修的'新内人党'组织，'内人党'是单线联系，谁暴露出去就杀头，必须加强火力，不打不交待。""'内人党'是属核桃的，不砸不出油，一定要深挖到底。"

邬桂英为了迫使群众进行武斗

15×10=150

第 5 頁

，而施加压力说：“你们中间就有‘内人党’，凡是对挖‘内人党’表现不坚决的人，大多是和‘内人党’有联系的”。当群众提出车轮战的武斗行为是违背了毛主席严禁逼供信的重要指示时，邬桂英不但不听，反而公然说：“挖‘内人党’特殊，必须用特殊方法。从敌人嘴里寻找线索，突破一个就能揪出一大串，便能各个击破。”又说、"当毛主席的政策威力达不到时，就得棍棒解决问题。"在郝桂英的错误言论煽动下，地质局实验室在挖"新内人党"冤案中刑讯逼供更加严重。

2、有组织有计划的大搞逼供信

郝桂英挑选培训战斗组成员，并给他们规定了严格的纪律，对"本组的情况要保密，对外面的情况

15×10=150

要保密，对外面的情况不准打听。”她直接指挥各战斗组相互支援，调第一战斗组（群众称之为别动队），支援其它组，並亲自带领打人最凶的杨佳林到各组刑訊逼供。

鄒带头按受害者的头，让其長时间的低头弯腰。而且一再指示火力要猛，並组织战斗组到打人最凶暴的馬进德战斗组观摩。鄒赞扬馬会出主意、想办法，他一个人能顶

15×10=150　　第 8 頁

十个。从而掀起了用竺帚木把和行軍床横棍打人。邹适嫌火力不猛，鼓动说：“不交待就打，除两额外，什么地方都可以打，剩下一口气，打死了不好办。”斗革委会主任孙其顺同志之前，邹向战斗组交底说：“你们要给他点苦头吃。”

四、搞逼供、诱供，屈打成招

邹桂英是该室挖“新内人党”的主要策划者，揪斗谁均由其安排。

她直接控制被斗人所写的材料，特别是交待出来的"内人党"名单，并掌握各组的揪斗情况，到处指挥策划。当受害者被打的受不了，承认自己是"内人党"时，邬桂英就单独找受害者谈话，有意诱供。胡力亚奇同志被逼承认是"内人党"后，写材料时，邬诱供说："民骑家的'内人党'不是几个，而是后边加上几个零的问题，开始胡供三十多人，在邬桂英谈话后，供出八十四人。邬找纳顺同志谈话，逼供出七十五人。在斗云霞时，为了从云霞身上找突破口，将其押去参加呼市召开的围歼"内人党"政策兑现大会。回来后，邬对战斗组成员说："云霞不老实，给她点压力，火药味要浓一些"。在邬的唆使下，对云霞同志进行了更残暴的播打逼供。

15×10=150　　第11頁

郝桂英不仅在地方"支左"中*大挖"内人党"，搞刑讯逼供，而且还参与本部（后勤部）"造反派"活动，她追随杨贵林、王继春、孙万臣等人，使批斗方式不断升格。在批斗吴萍、李钧、高元肯大会上，她同王继春等人，对正在做"喷气式"的李钧，用500度大灯泡烤头，致使李钧全身被汗水湿透，几次从凳子上晕掉在地上。在批斗拉委副部長时，当拉做完"喷气式"后，她便和孙万巨俩人相互以低级下流的動作表示开心、取乐。在这期间，孙还当众拍着她的臀部说过夸耀她的话。

根据上述犯错误事实，我们认为：犯有严重错误。

内蒙古軍区后勤部政治部

一九八四年九月三日

15×10=150　第12页

關於烏（鄔）桂英同志在「文革」期間的情況，北京軍事學院離休幹部李均（1985.04.15）

关于乌桂英同志在"文革"期间的情况

乌桂英同志在"文革"期间跟着学"造反"，是在她的思想[illegible]的。乌在以往生活作风上是不够检点的，尤其在"文革"前政治部政保组工作时被"政保"处长[illegible]、[illegible]同志发现同住着王武臣同志有不正当两性关系[illegible]时，乌已经[illegible]了以下[illegible]，宣传科长金文亭[illegible][illegible]同志知道此事了以后，还没有进行教育前，有一晚[illegible]同志还有[illegible]的女性同志[illegible]提[illegible]。[illegible]我们没有同意，并决定两性问题决不能随意[illegible]，提[illegible]如果不能会引向两家生活、发生人命问题，最后，还是进行了个别谈话，对王武臣同志[illegible]，[illegible]会上进行批评，组织上对乌桂英进行了个别教育。可说"文革"时乌桂英跟着学"造反"了。关于乌桂英在"文革"中与[illegible]的生活作风[illegible]

不很清楚，但有一点我要告诉你们说你是不正常的，我被关押时我是在三团三营的，有一次我们两个人（牢里关押的两个女孩）乘汽车部小车到三营部，在营教导员办公室兼宿舍内把我找到那里审问，他两坐在教导员单人床上背靠着墙，马桂英是坐在凳子上用高粱杆铜版儿上送到孙家后，当着两个人在大姐边上下摆在一旁，我先说了关于我坐下，当然我要他俩们坐在桌子里处理一下，我坐下便是开始审问，最后命令我对政治部写个问题要一个材料，我不同意。他们就把我困到被关的房子里去，他两个是军长中的，把我按我，还是坚决保我于威他俩不正常关系的事情。以上通过的是马桂英和他俩关系说明的一段。现在说的是1967年7月，7月下午时到有个，也书记己他在第屁大的事要批斗我的时候，乌杜英之带人的。乌杜英之就在我旁边帮助在我做喷气式角色，使我不……
站在我身后揪住头发，两手垂直，做喷气式。不是站在
本上，而是站在本上放一张桌子，桌子上放着一张凳子，
人站上凳子上还在晃动，面前放着一个聚光灯照着，
结果使我从上摔下来。上述批斗我的情况都在电影片里
会场时间
知道的。

我所有家门的乌杜英之转报去了抄家和停家分家
搬家的一个人。

乌杜英之是具备一个共产党员，我不了解他的入党情况，我认为乌杜英以往的说和做的表现是不具备一个共产党员的。我以上情况可作参考。

李坤原系我部后勤部
主任，现在北京军事学院
离休。
内蒙古军区后勤部
1985.5.15

李坤
1985.4.15

19.中共內蒙古軍區委員會紀律檢查委員會卷宗，落實政策材料：後勤機關師以上幹部座談會記錄（1985.10.07）

中共内蒙古军区委员会纪律检查委员会

卷 宗

年度 党纪办字第 号

案件来源	落实政策材料		
案 由			
姓 名	后勤机关师以上干部座谈会记录		
收案日期			
结案日期			
审理人			
处理结果			
归档日期	1985年10月7日	归档号	
保管期限		编 号	

機關受害者師以上幹部座談會記錄整理稿

第 1 页

机关受害者师以上干部座谈会

记录整理稿

时间：从一九七九年五月十八日上午八时开始到一九七九年五月二十六日下午结束。二十日星期日、廿一日一天二十三日一个上午因有事休会。会议共进行了五天半。

地点：后勤部上楼会议室。

参加人~~[illegible]~~：陶欣然、步豹、陶雅昌、言元前、何七格、贺希格、雅俊忠、郝达、王国善、拉尼、特木尔、鸟云、苏涛、陈守庭、张俊超、步海涛、金守诚、明格图、刘占权、胡日赛格、步阔、博仁、达夫、郭德政、王书记、刘仁和、刘宝田。

会议主持人：张政委、杨政委、桂付部长。

单位首长：刘政委、张付政委。

会务：由吉付主任、及会务工作人员十五人。列会总人数五十一人。

20×15=300

第 2 页

张政委的讲话：

"今天这个座谈会主要是征求意见：一个是征求对协助落实政策工作的意见，一个是征求个人意见和要求。大家都是三大冤、错、假案的受害者。又有在外地工作的同志，了解的情况多，意见的多，看的远，对我们工作中存在的问题要不客气的提出来，帮助我们搞好工作。军区刘政委、张付政委来参加会议，听取大家意见。下面请他们作指示。"

装订线

刘政委讲话：

军区的落实政策工作抓的比较紧，大的方面基本上差不多，现在具体问题还不少，有许多工作进展不快，还要做细致的工作。今天请大家来就是让大家想办法，从全面的关点着眼，如何把我们的工作搞好。

在发言当中，大家少谈过程，多提问题，直接了当。现在时间长了，心里积压的话很多，都是领导干部，啰嗦过程也不必要。门

20×15=300

第 3 页

蒙问题根子在林彪"四人帮"、康生、谢富治，在内蒙具体执行的是滕、吴、高。我们的人除了有野心，甚至犯错误违法乱纪的外，绝大多数是能够信任的。在那种情况下不执行错误路线也不行。大家要从安定团结，搞好四化建设出发，这样问题就好解决了。别的就还是大家讲问题吧）。

参加座谈会的同志大部分认为：组织上召开这样的会是很必要的，军区首长也来参加，这说明是首长对我们的落实政策的关怀。我们能有这样一个机会讲讲心里话，大家感到心里高兴。但也有一部分同志认为：现在召开这样的座谈会有些过早，原因是有好多问题没有解决、没有弄清，这样急急忙忙开会没有准备，效果不好。在发言过程中同志们对有关落实政策工作提了不少的意见和建议。现将同志们提出的问题归纳整理如下：

一、民族政策和干部政策问题：

切里巴格同志说："内蒙的三大冤、错、假案要更快地摸

20×15=300

害了民族团结。在内蒙军区进行民族政策再教育是很有必要的。郑维山说过，蒙古族一百万人，其死亡十三万人，还有人提出了历史积案的问题。北京军区也有这问题，曾几次指示内蒙军区挑选些懂蒙古语的汉族青年，补充到骑兵部队。硬是把原来骑兵部队蒙族人员弄走，这就使人难以理解。原锡盟分区司令员赵德荣把内蒙部队打国民党部队的说法说成是蒙族镇压汉族的铁证，加以宣扬。”

“对干部要进行党的政策教育。有些干部在运动中犯的比较多，不管老的新的要一视同仁，在使用干部上要彻底地按照党的干部政策。”

陶维昌同志说：“周总理说了，好多少数民族干部也有好多汉族的干部。过去造反，现在他们不让当宣传部长。宣传部两名蒙族付部长都转走了。党校文教科长是学科毕业，那时非转业不可。蒋达书是造反派当时转业了。杜毕竟少数民族的少数也冲转世"。

金宗城同志说："从革命领导到机关部领导没有大汉族主义，为什么处理那么多少数民族干部，我建议应统计一下有多少少数民族干部被处理了。"

苏涛同志说："过去林彪"四人帮"的干部诬陷不相信害人，实在使人伤心，现在必须落实政策才能弥补这些损失。"

高元首同志说："有的老干部运动中坐冤狱，过去有血债，可是还在用，现在也该换换吧。"

贺希格同志说："包毅那一点顶不上王景贵。是专业人材，又是少数民族，可是就让复员。别的不到的红传福者去对处长，乌力吉负作好，工作到转业走了，不应走的非走不可，应走的不让走，打人出手还在那里，不处理使人难以理解。"

20×15=300

牛松林同志说："要多注意群众的反映，对运动中跳出来的人还在重用，我们领导不要让这些人迷惑住了。"

金守城同志说："干部问题，主观上好多人反映干部有缺点，已经处理一个蒙族干部会激起意见。组织上另外推选干部，报了三次又不批，缺乏在工作上有一定能力的人才，虽然有错误，但可以用。"

二、平反问题：

贺希格同志说："关于蒙修大特务的材料，要求组织上尽快给我退回，在什么场合下搞的，应在什么场合下给我平反，恢复名誉，我也要求常委会的人上当把我的问题讲清楚。"

李钧同志说："内蒙党组要抓好平反工作，抓好落实政策工作，必须要推翻林彪、"四人帮"给内蒙党组的两大帽子：1、内蒙古部分人不支持左派，2、内蒙部

20×15=300

第 7 页

队不突出政治。

"打黄、王、刘、张时许多战士受迫害，有的甚至打成残废，遣送回家。王昆仑还没有平反，建议军区党委主动解决他们的问题，解决他们的困难"。

陶维昌同志说："六六年刘昌五在军区大礼堂宣布十七人是黑帮，这个问题要求他讲清楚。六八年全区开有限广播大会说我是三反分子。这个问题要讲清楚，在什么场合宣布的就在什么场合给我平反。所谓三十六万谈资是伪造的，要求查清"。

陶欣然同志说："关于我的错误言论问题，本届党委有责任帮助处理，退还材料，彻底平反！"

金守诚同志说："六月底召开平反昭雪大会，王昆仑、孔闵还没有查清，四种人还没有揪出来。这样过早召开平反昭雪大会，效果不会好。还会留下后遗症！"

平反决定重点不突出，谁是"二月逆流"的，谁是"打大党

20×15=300

的看不出来。名单中蒙古董宜应注明工作单位，爱人家属也应列入平反名单。"

鸿云同志说："要求平反，要求书面结论，当时行政反省是北京军区的决定，我不要求北京军区给我平反，越了吗，一切带由军区来给我平反。

牧林泉要求在什么范围内整的，应在什么范围内平反。

达来同志说："哪一级抓的，哪一级平反，不要扭扭怩怩，否则平反不合法。"

三、档案材料的清理：

高元首同志说："要求把当时隔离反省和拆事所隔离反省的审查批件和军区的结论，让我过目。我要求凡是在文化大革命中整我的有关材料，对家属子女因我而受株连的有关材料要全部清理，要求把吴涛在万人批斗大会上的讲话交出来，其中还有我的照相交给我。

20×15=300

装订线

第 9 页

"上届党委对我的政治结论是错力争人，共打印十四份，要求如数撤回来。"

何士格同志说："六二年因我一个干部是我的部下给写岀大提意见，我受审查，要求澄清。"

贺希格同志说："关于蒙修大牧场的材料要求退回。要求将我的档案，孩子的档案都清理一下。"

苏钧同志说："因为我的问题，家属受株连也被批斗，并写了好多材料，希望退还给为了。"

苏涛、苏海涛同志要求彻底退还全部材料，清理本人及家属孩子的档案。同志们照相合影时，当时去了不少了，要求解决，是否能查说一下。

苏涛同志要求，物盟会的结论调了这些，要给我的下结论。

那木格同志说："要求清查档案材料，在土方什四清问题上有人说我受了处分，我不清楚，要求核实，能让我看的，我想看一看。当时材料不少，现在退的很零散，要求彻

20×15=300

底清退。对我的问题，文化组、公社、大队都有证明，请组织上给予核实澄清。"

金寿岭同志说："有关乌鲁木齐有我校李雅的揭发材料要求退还。要求把伪革中制的假证明拿回来（此证明是揭的事实）并要求清理档案。"

拉瓦同志说："有一个乌鲁木齐及其五部分子的材料，发到公社，材料中有我的名字，这个材料要拿一拿。"

阿衣同志说："打正我右派是北京革委决定的，定决定，我要亲自过问，要求清理档案材料。"

牧木尔同志说："要求把革委批准拍的打我的材料拿到退还，在学习班写过的两份材料要求清退，要求清理在北京学习班的档案。我写过一份报告，这份报告誊後请，刘昌有批注，王师给拿去了，要拿回来。"

切里把格同志说："八年个事时，我是秘书科长，封了我的卷柜，有人把党委文件拿走了审查，据听说华北战回管团设了，现在不知如何。

四、对党委、府办的意见和建议：

高元首同志说："据说向政治部府办那一些问题，问招助姜文斋，说这里冷啊！有人送礼问题解决的快，否则故意刁难，推托。"

关于工程大队的包装木箱所谓贪污的问题，判了王年事九次要求复查，就是抓着不办。他的问题我完全了解，就是不向我了解。

建议党组首长要经常看看了解情况，不要光听汇报。现在府办有了问题向组长汇报，组长向主任汇报，主任向政委、部长汇报，这样从组长到政委那里就不知道了多少，这是官僚主义。

建议党委、王副、赤德色搬家时要查一查有什么东西。罗既住了一间多年来的房子，不交房费，建议到管理科查一查，应把

装订线

房费收回来。"

何世榕同志说："对我们靠边站的人在政治上多关心一点，现在还是和过去一样，不准看文件，不准听报告，不发电影票。"

贺希格同志说："关于我个人的问题，要快点搞清楚，叫休息也可以，首先把问题搞清楚。"

陶维富同志说："侨办现在存在不少问题，有反映，侨办人员不是抱着同情心来处理问题，不负责任，例如在处理陈海林的问题上……"

陶欣然同志说："要求侨办教育从各单位调来的同志，特别青年同志，对来访人员要有所抱同情感和很大的耐心。"

明格图同志说："侨办的同志说话要注意一点，要有耐性，有问必答，办事件件有着落。"

金守炳同志说："落实政策的钱用了那么多，都用文件以上了，要公布于众！譬如的文件中不保密的情况下也要让我们看一看。"

冯子问志说："总择好好党委团结；要做细致的工作，要耐心说，把当时专案组的人找来，大家坐到一起把情况讲清楚，是一个组一个组的开，不是开过择的大会。"我不同意他整念是上面盖揭发的，问奇、王均提过意见，再次申明如发生了故事人不负责任。"

五、经济赔偿个人要求：

江元前同志说："我从六七年五月廿四日到六九年七月十四日扣押期间，每日交九角伙食费，四十五斤粮票，可是当时我们吃的是牲口火土。要问一下管理员这些伙食费哪去了，要求详清退还。抄家时我保存的鹿茸、鹿心血、鹿尾、鹿鞭全丢了，还有一件皮大衣，一千发机枪步枪子弹，要求退还。由于在我和多次抄家，搬家，我家属得了风湿性心脏病，关

装订线

节省。我的儿子也得了风湿性心脏病，现在我工资的三分之一都用在他们身上，将来这些医药费我怎么负担？”

步约同志说：“抄家、搬家时丢了不少东西。有人乘人之危发财。要请查追究责任。”

陶维昌同志说：“抄家多次，赵凤桂去那次最严重，王松林去那次我的腥船膏没有收拉。是偷走的，是抢走的。”

步海涛同志说：“几次抄家、搬家损失不小，无法计算。”

苏涛同志说：“经费损失不小，本人家属去治病往返路费，长期住招待所，开支很大。”

金守诚同志说：“看病待遇不平等。别人买贵重药品可以报销，我买普通的都不行。为什么？抄家的东西要找回来，不要钱，有好多贵重药品和书被抄走了。（当时写字台卷柜的钥匙是刘振基拿走的）”“孩子有三代人住不下，要求解决住房问题。”

桂风同志说：“抄家丢失的东西能找回原物更好

20×15=300

找不回来说清楚也行】。闫主席舍将其三张照片都给坏了，只要求是否能翻印一张，留做纪念。董主席以居部山尚将要求找回来。结婚合影剪掉拿走了要求追回来】。

牧林布同志说："我原来住在那个房子还要求搬回原处"。

六、查批闫追凶手问题

高元前同志说："'挖内人党'学习班中杨存生打人最狠"。

何什格同志说："打我是刘仁和、王振江亲自指挥的"。

贺希格同志说："王恒打了我就是不承认，希望领导要发动群众，必要时采取组织措施"。"我三十年大特务是怎么来的，陈传忠应讲清楚，当时，陈传忠、徐礼是专案主任，徐礼打我嘴巴"。

步钧同志说："对打人凶手和违法乱纪要严肃处理，追查以下几个人：

装订线

王继春：郭永坤曾对我说你的问题主要是王郎春揪住不放。

孙万臣：查批闹可以，但不属于落实政策，他和吴桂英合人最凶，又有严重的作风问题。

张秀阁：这次礼堂批斗我时，带着一帮人穿着皮鞋把我踢伤。

王书记：这帮搞出了不少题目，害人不轻。

魏宝远：我不同意给他平反，他就整我。

郑继也要求落实政策，王包头了会以，指出不存在他的落实政策问了。这对待我的问题上有两件事情，说明他是两面派。”

丁尚维同志说：“打我最重的有张富良、赵凤佳、刘贵玉、陈敬元，要求把他们的材料转给单位存档。”

丁尚欣同志说：“打人凶手张文生的情况，建议给现在的单位去信，说一说他的表现和当时的情况，对

装订线

打人的人要做好工作，检查错误，赔礼道歉，我们一定热情招待，使他们的心情舒畅。吴桂英是女同志，应该谅解和宽容，但她做的太猖狂了，象这样的人还入党，还续，这是和"四·二○批示"对着干，打乃飞的体罚问题，孙乃飞被打一顿，为的歉为，怎样批的？给他四手表又被了常把它扔掉。试问包风同志的遗属是否也是这样的扔掉。

张贵占离的问：打我最凶，又对我的孩子骨头问题写了诬告信造谣，有关我的错误言论问题，单但不向指，他又写信，对我进行政治陷害。

陈侍忠、刘仁和，你们都是当前"挖内人党"活动的领导者，你们要在会上好好检查，取得同志的谅解。"

△金宝城同志说："打人的人有：

步兴贵：打人最凶，用铝皮包着钢筋打我的头部。

王贵前：他竟踢我要害部位，打我的胸部。

装订线

战斗队队长黄少全计，中间联络员是少振基，王文华拿木棒子打伤我。徐礼娴几次和我说你这样顽固小心没有你的好处，抄家的还有齐通祥，他们的首长是赵呈臣，打人的还有孙世贵，杨邦慧。[补经济补偿] 王现在我经济困难，我被放出来后找中医吃药花了不少钱，家属受株连，没至病孩子也得了病看病吃药，王现只要理补一千多元钱。"

拉瓦同志说："对打人害人的人要教育，团结的工作两方面都要做，马如孝，孙世贵打过我，不要求赔礼道歉，但本人要写书面检查，便于诸办掌握情况，进行教育。王文华那时进去就闹一吨，杨松第专门往角棒子往事打我。"

马云同志说："齐德宽真是害人不轻，有些人真是看风使舵，滴滴那那青云直上，有的红的发紫，对于这些人建议西城区党委要清查一下，对他们要进行教育，让人认识他们的错误吸取经验教训。"

牛来宾同志说："我们专案组黄少善尉，组员陈连

第 19 页

革、王断阁。政治部干事组长王道良、方连芳太恶。让我的说话、在我的说话时打我的下颏。潘杰三、闻志明、张世权、王宝华都不下三十次唇皮三次往们打我的。吴本、徐礼、张尚阁指挥，我骨断了主次大部分是陈连华亲手干的。

明格图、打我比较厉害的是谢仁奎。建议是要处理解决。

七：职务待遇和安排工作问题。

刘元首："我将来的去向问题怎样安排，如果让我离休我没有意见，但要给我说清楚，若是安排工作，我还有点本事，还能盖一排房子，我不会设计，不会计算，照明清描就行，如果盖什么的，我要求去。"

陶欣然同志说："我任飞师职务年，不要求当部长，只要求享受飞师职务的政治待遇"。

明格图同志说："我还能工作，要求工作，但首先要落实政策，现在都不是时机。"

金常卿同志说："干部在家不分配工作，他们历史

20×15=300

四职，说不够便加些四职，可是问题并不是这样。要求恢复我的飞师职，过去我是第高部的部长，后任命付部长，现在又是顾问，这是为什么？"

冯××同志说："要求恢复我的飞师职，如果这里安排不了，由组织出面把我介绍出去，我还可以教学。"

苏道涛同志要求任命安排工作。

八、有关兵团问题：

苏道涛同志说："兵团是受林彪"四人帮"毒害最重的。现在兵团解散了，我要求对兵团的问题由组织专门人员对原兵团大量大部门进行调查研究。

兵团党委书记、政委张振华在兵团干了不少坏事。文化大革命一开始他就忠实地执行了林彪、"四人帮"反党集团的路线，打倒一切，怀疑一切。在运动中他整了十三名领导干部，一般干部三十四名。在北京革组接受指挥他将原兵团

装订线

第 21 页

三两天十八人一个一个审微你不让睡，介绍情况，这个运动吴涛抓了二十四人，判刑四人，他支持武斗，他那派打胜了开胜利大会，魏的讲话。张振华是帮凶，当时布赫同志一家都在交我的材料，还逼我弟弟写交我的材料。他说我弟弟的材料一份顶十份。

当时吴涛主管任务揭发，刘华高说："你的事要经过什么揭发，苏涛刘文谋就是你的吴涛的揭发，拿自己材料就打啦。"为此我们被关押四个月，刑法就不用说了。

打人最凶的是：闫杰、郝仲華、魏守礼，是吴涛闫的心腹，打人凶手是受到吴涛闫杰的制裁。"

苏涛同志说："离休可以，但先要落实政策，离休前那怕任一天职也可以，要按照中央指示精神落实任命。

打人凶手：闫杰、魏守礼、陈维德，孙德良，

20×15=300

张政委讲话：

"会议共进行了五天半，同志们对统战落实政策工作提出了不少意见。单位党委对统战落实政策工作很关心，副政委、张副政委自始至终都参加了。"接着张政委介绍了统战落办、组建、调查、落实情况及落实政策工作的进展情况，对目前落实政策工作中存在的一些问题张政委指出："原统战部一些领导人热衷参与三大冤、错、假案的过程中犯了错误，据了解这些同志参与领导、出谋划策、害部下、害了第一线工作的老同志，这些同志至今没有进行很好的检查，甚至个别同志连会都不参加，大家有意见，希望这样的同志能作检查，承认错误，以便党委在中间搭桥，取得群众的谅解，这对统战部落实政策工作是有好处的。"张政委对今后工作提了几点意见。

一、单位要求六月底搞完，我们打算六月底搞一段落，这主要是根据统战的实际情况，这次会上有的同志作自我

20×15=300

第23页

批评。郭廷同志的自我批评，我认为是比较不错的。我们要求那些犯错误的干部，要做出书面检查，以后要同群众见面，要打印发给大家。特别是检查不好的、调走的，我们要把材料转给他们的单位。

二、教育大多数，解脱大多数，清查四种人。运动一开始后勤的领导班子中一些人，犯过错误，做了坏事，后果比较严重，可是至今这些人还不觉。还有个别人帮倒忙，现在不应对这些人心慈手软，有的要进行群众性的教育，这些人不能和群众混在一起，要清查一下，过得去就上。

三、关于平反昭雪大会，预计在本月十五日到二十日召开。形势不允许过早召开，主要是先做好工作，还要召开几个座谈会，包括受害者家属和犯者家属的座谈会。少数打人严重，民愤大的要加以处理。

四、后勤部落实政策工作包括两个部分，机关和所属单位，第一个阶段则主要抓了机关，对所属单位过问不够

20×15=300

装订线

第 24 页

因第二重三陪院落实政策处于停止状态，主要责任在我本身，要及早研究解决。

大家提了不少意见，对我们来说是一个鞭策。在揭批进行群众性教育时，希望在坐的同志都能参加到各处去，大家都是历史见证人，应该指导和说明情况。

张付政委讲话：

"听了几天同志们的发言，很受启发，我们增着来同志的遭遇和经历，越听越听不下去，越听越惊。内蒙三大冤错假案受害的不少，其他地区也有，不比内蒙的少，据说全国受害经株连的人有一亿。同革命前辈相比我们这点遭遇不算什么。我不是说同志们提的不对。文化大革命初期我也犯过错误，跳的很高，表现积极，认为就是对党紧跟了。当时有私心，怕打倒，结果二月逆流又卷进去了。

20×15=300

第 25 页

对犯错误的人要教育，对打人的人要具体分析。在当时那种情况下，有的是无可奈何，有的是受蒙蔽，都怪罪他们也不对。但确实也有坏人。象滕、吴、李被三人，狗摸八面，这就是鼓励打人吗。实际上主要是他们。请同志们在处理这些问题时要做具体分析。顾大局，向前看，珍惜大好形势。

王司令主持工作都是过去的受害者，希望大家对领导的工作要支持，要帮助。即要落实政策，又要体谅领导的难处。不要光提意见，还要想些办法，出些主意。大家都来共同努力，搞好落实政策工作。

刘政委讲话：

"张政委讲的很好，三大冤、错、假案的实质性问题都讲了。揭批的条件很好，打人的人基本都揭批学完，被打的人也还在，只要大家齐心努力，动员起来，是能搞好工绝的。

门头沟三大冤错假案，从中央到门头沟的领导都做了平反，这是以华主席为首的党中央对门头沟人民和老区的关怀。

参加会的同志提了不少意见和建议，有的还做了自我批评，指责了自己的错误，这是很必要的。要吸取教训啊。今后不犯错误或少犯错误，指责错误也只是改正错误的开始。这样才能对得起党，对得起子孙后代。要做一个忠实老实的共产党员。

门头沟的三大冤错假案，是根据林彪、四人帮、康生、谢富治，门头沟主要是当时的领导小组，陈海青、吴涛。第二，领导也有责任，同志们在那时执行了错误路线。但作为领导不作指责是不行的，一点也不交代是对不起党、对不起人民的。运动初期我们也有错误，也批过马三夫同志，我们也要指责错误，要总结经验教训，今后少

20×15=300

第 27 页

犯错误。

下面我谈谈今后如何搞好落实政策工作：首先是抓紧平反和查北问，要把这项工作搞好，就需领导班子做了不少工作，但要指说落后还不少，跟不上形势发展的需要。原因很多，主要是部分领导还没有解放思想，中的过中的那，对受害者同情心不够，政治思想工作跟不上，领导跟不上去。

要深入调查研究，不要漏掉，不留尾巴，要做深入细致的工作，发动群众查北问，追查由那人，要实事求是，不能用"四人帮"那套办法。把着家属的工作要做好，尽量把工作做到家，把问题想的全面一些，只有这样才能开好平反昭雪会。了也安排，我们内蒙党委打了报告可惜给一些指标。档案材料要彻底清理，包括家属子女的。清理档案通知本人。座谈会要继续开，各方面的工作都要作。对犯了错误，而又不承认的人

20×15=300

要请到一下，启发他们自觉地认识错误。不追究，不指查是不利的。要解脱大多数。这是一项比较复杂细致的政治思想工作，一定要做好。干部工作安排和资职适调工作，不好作。调进来部门的新干部，不能把他们全个事件的上去，这样不利于团结。我们要从大局出发，从整个工作出发，从团结出发。希望同志们要理解这一点。

对一直不参加会的领导同志，要单独找他们谈话，要他们做检查，不检查不行。总之，落实政策工作要抓紧、抓好。”

揭政委讲话：

“大家提了不少宝贵意见，对我们的工作是个促进。大家都希望落实政策工作要快一些，我们也很着急，这是一致的。我们也有决心把工作做得更好。在做的过程中也可能会出现这样那样的缺点和错误，请大家及时提出来，我们大家共同努力，把我们落实政策工作搞好。

装订线

有關上報軍區問題

第 1 页

有关上报军区问题：

一、民族政策问题：

切黑扎布同志说："内蒙的三大冤、错、假案，对党的民族政策损害极大。为此，在内蒙军区进行党的民族政策再教育，实在必要。北京军区也存在这个问题，首长多次指示内蒙古军区培训部队懂蒙古语的汉族战士。"

陶维昌同志说"金希卿"同志说："从军区领导到协助领导有没有大汉族主义？骆俊清谈说了哪个多少数民族干部。应该统计一下，少数民族干部被处理过的有多少。将民族分裂是有意来开始的，因他的女儿和卡车员有问题，给他换了一个卡车员，有说："他们把我的人换成了他们的人监督我"，仍已从十六个团送了一个卡车员。"

切黑扎布同志说："锡盟军分区司令员长指责说把内蒙部队打国民党的战绩，说成是蒙族镇压

装订线

20×15=300

记该的铁证，加以宣传。"

二、干部政策问题：

切卫拉格同志说："对干部是按照党的路线进行考核。运动中，有的人犯的很多，过去表现不错的干部，在运动中却经死老人。"

丁力崇三大冤、错、假案中，对干部关系破坏很大。有人把干部分成外来的、原有的、新来的等，这是不对的，应该搞五湖四海。丁力崇原有的干部大部分降职投闲，第贡时期来的干部提职提级。但是据事也确实有人至今仍摆出他们的祖师爷的架子对待我们，当然不能怪他们本人，主要是上面。

达夫同志说："骑象俊请在传达'四·二七'批示的会上说："过去一直认为'内人党'还有，这回才认为没有了。那么在干部问题上是怎么掌握的？应说清楚。

装 订 线

第 3 页

高先前同志说："有的干部党员糊涂，甚至有血债，现还他们在用。应换掉。"

三、平反问题：

达夫同志说："核定的人，有中央批示的，北京军区批示的，内蒙古军区批示的，现在一律推到下面办，这样平反，不合法。应该是哪一级批示，就哪一级平反。"

"骆俊烽、龚海清、王福臣应该检查他们的错误。军区应向北京军区、军委反映一下。"

步鸿同志说："内蒙古军区要搞好落实政策，必须推翻林彪"内人党"强加给内蒙军区的两顶帽子：一是内蒙古部队不支持左派，二是内蒙古部队不突出政治。否则，平反就不能彻底。

四、要查清的几个问题：

20×15=300

1. 古尔的问题也要实事求是的搞清楚，过去传说纷纷，应向群众交待清楚。

2. 在"挖肃"期间，军区在指挥部的"新内人党"那批底货是怎样搞起来的？回答，所谓的"内人党"所印号是从何而来，是谁搞来的？对造假案的人应要严肃处理。

3. 地方对军区的武斗有反映，军区王春秋曾对地方的几个干部全部介绍经验。因此，地方武斗风起来了，这个问题应搞清楚。

4. 郭里斯根同志说："八年下来搞到了我的卷柜把党委文件锁去来审查，后来听说华北战略图不见了。现不知结果如何。在挖"新内人党"期间，从我的卷柜里搞走经常借的情报，当时军区党委接收郭承坤把组织人员审查的。审查情况应向我说清。"

5. 苏涛、苏涌涛同志要求军区组织力量查清兵团这个运动中的大是大非问题。

装 订 线

20.文化大革命中各種冤假錯案情況統計表，呼倫貝爾盟（1980.12）

机密·

文化大革命中各种冤错假案情况統計表

一九八〇年十二月

干部以受害总数 79,783人

地区、单位名称 呼伦贝尔盟

文化大革命中各种冤错假案情况统计表（一）

年 月 日

项目 / 数字 / 组织名称	案件（起）合计	案件（起）已平	案件（起）未平	受害人数 合计	受害人数 已平	受害人数 未平	受害人数 合计 党员	受害人数 合计 群众	其中 干部 合计 党员	其中 干部 合计 群众	盟市级	处级	科级	一般干部	工人	农民	牧民	居民	民族 蒙	民族 汉	民族 其他	致残 合计 党员	致残 合计 群众	其中 干部 合计	盟市级	处级	科级	一般	工人	农民	牧民	居民	民族 蒙	民族 汉	民族 其他	全失劳力	基本失劳力
总计	5151	5151		117731	117731		14691	103040	10828	14488	22	666	2872	21756	54467	10201	6092	21655	42730	60396	14605	3572	5700	4357	13	353	1643	2348	1584	1142	1322	867	2564	5086	1622		
各种冤错假案名称：乌兰夫反党叛国集团	6	6		707	707		361	346	179	142		19	157	145	58	2	266	60	234	34	439	153	215	166		13	125	28	24		96	88	207	5	156		
内蒙古二月逆流	14	14		82179	82179		4504	77675	4178	8486	4	134	507	12019	47024	4513	708	17270	32732	41622	7825	269	560	330	3	20	104	203	189	163	20	127	75	606	148		
新内人党	18	18		24564	24564		8022	17542	5362	4262	17	489	1496	7622	4515	3744	4560	3164	8836	11573	5155	2964	4103	3501	10	294	1324	1813	1046	869	1151	500	2167	3713	1187		
其他误伤人员	5113	5113		9281	9281		1804	7477	1109	1598	1	24	712	1970	2870	1985	558	1161	928	7167	1186	186	822	360		26	90	244	329	110	55	154	115	762	131		

地区、单位名称 呼伦贝尔盟

文化大革命中各种冤错假案情况统计表（二）

年　月　日

项目／数字／组织名称	致死																																			
	合计		当时致死（五·二二批示以前）																	五·二二批示以后																
			合计		干部						工人	农民	牧民	居民	民族			合计		干部						工人	农民	牧民	居民	民族		
					合计		盟市级	处级	科级	一般										合计		盟市级	处级	科级	一般							
	党员	群众	党员	群众	党	群									蒙	汉	其他	党员	群众	党员	群众									蒙	汉	其他
总计	761	1737	284	660	161	138	1	19	103	176	132	144	288	81	413	356	175	477	1077	235	256		20	142	329	149	349	383	182	663	609	282
各种冤错假案名称：乌兰夫反党叛国集团	31	28	20	18	15	6		2	15	4			17		15		23	11	10	11	5		5	9	2	2		3		13	2	6
内蒙古二月逆流	6	7	5	7	5	5	1	2	2	5				2	1	6	5	1		1					1						1	
新内人党	618	1326	215	442	120	95		11	70	134	59	114	219	50	321	212	124	403	884	199	208		15	114	278	95	308	337	140	594	452	241
其他误伤人员	106	376	44	193	21	32		4	16	33	73	30	52	29	76	138	23	62	183	24	43			19	48	52	41	43	42	56	154	35

落实政策安排子女情况统计表

单位 呼伦贝尔盟　　　　　　　　　　年　月　日

案件分类	项目	全民所有制·应安排数·户数	全民所有制·应安排数·人数	全民所有制·应安排数·其中·干部职工·户数	全民所有制·应安排数·其中·干部职工·人数	全民所有制·应安排数·其中·三民·户数	全民所有制·应安排数·其中·三民·人数	全民所有制·已安排数·合计·国拨	全民所有制·已安排数·合计·自筹	全民所有制·已安排数·干部职工·户数	全民所有制·已安排数·干部职工·人数	全民所有制·已安排数·干部职工·其中·正常招工	全民所有制·已安排数·干部职工·其中·落实政策	全民所有制·已安排数·干部职工·其中·安排一个	全民所有制·已安排数·干部职工·其中·安排二个以上	全民所有制·已安排数·三民·户数	全民所有制·已安排数·三民·人数	全民所有制·尚需安排数·合计	全民所有制·尚需安排数·户数	全民所有制·尚需安排数·人数	全民所有制·尚需安排数·其中·干部职工·户数	全民所有制·尚需安排数·其中·干部职工·人数	全民所有制·尚需安排数·其中·干部职工·从未安排过户	全民所有制·尚需安排数·其中·三民·户数	全民所有制·尚需安排数·其中·三民·人数	集体所有制·已安排数·合计	集体所有制·已安排数·其中·干部职工	集体所有制·已安排数·其中·三民	集体所有制·尚需数·合计	集体所有制·尚需数·其中·干部职工	集体所有制·尚需数·其中·三民	三民在社队企业中安排数	因三案解雇人数	其中·已复工数	其中·未复工数	因三案强迫迁返数	其中·已安置数	其中·未安置数	因错判错捕开除数	其中·已复工复职数	其中·未复工复职数
乌兰夫反党叛国集团	致死																																								
	重残	85	85	85	85														85	85	85	85	85																		
内蒙二月逆流	致死	6	6	6	6														6	6	6	6	6																		
	重残	19	19	19	19			1		1	1		1	1					18	18	18	18	18																		
新内人党	致死	2124	2124	1071	1071	1053	1053	708		708	708		708	708					1416	1416	363	363	363	1053	1053								143	16	127	37	11	26	25	17	8
	重残	4857	4857	2185	2185	2672	2672	391		391	391		391	391					4466	4466	1794	1794	1794	2672	2672																
其他冤错假案	致死	664	664	290	290	374	374												664	664	290	290	290	374	374								89	34	55	104	67	37	163	105	58
	重残	1651	1651	992	992	659	659												1651	1651	992	992	992	659	659																
合计	致死	2794	2794	1367	1367	1427	1427	708		708	708		708	708					2086	2086	659	659	659	1427	1427								232	50	182	141	78	63	188	122	66
	重残	6612	6612	3281	3281	3331	3331	392		392	392		392	392					6220	6220	2889	2889	2889	3331	3331																

四种坏人及犯有错误人员情况统计表

填报单位：呼伦贝尔盟　　　　截止　　年　　月　　日

单位	犯错误人数	其中：干部 盟市级	其中：干部 处级	其中：干部 一般	其中：工人	其中：社员	采取各种措施总数	依法逮捕 人数	依法逮捕 其中：干部 盟市级	依法逮捕 其中：干部 处级	依法逮捕 其中：干部 一般	依法逮捕 其中：工人	依法逮捕 其中：社员	拘留 人数	拘留 其中：干部 盟市级	拘留 其中：干部 处级	拘留 其中：干部 一般	拘留 其中：工人	拘留 其中：社员	刑事处理 人数	刑事处理 其中：干部 盟市级	刑事处理 其中：干部 处级	刑事处理 其中：干部 一般	刑事处理 其中：工人	刑事处理 其中：社员	党纪处分 人数	党纪处分 其中：干部 盟市级	党纪处分 其中：干部 处级	党纪处分 其中：干部 一般	党纪处分 其中：工人	党纪处分 其中：社员	行政处分 人数	行政处分 其中：干部 盟市级	行政处分 其中：干部 处级	行政处分 其中：干部 一般	行政处分 其中：工人	行政处分 其中：社员	其它处分 人数	其它处分 其中：干部 盟市级	其它处分 其中：干部 处级	其它处分 其中：干部 一般	其它处分 其中：工人	其它处分 其中：社员
13个旗市(合计)	1.374	1	29	672	454	218	414	204	1	5	88	67	43	8			1	5	2	93	1	5	67	36	4	55		7	47	4	1	93		5	71	17		68		1	45	22	

內蒙古文革檔案09　PC0935

新銳文創
INDEPENDENT & UNIQUE

內蒙古軍區被害者和加害者紀錄

主　　編　楊海英
責任編輯　尹懷君
圖文排版　周妤靜
封面設計　蔡瑋筠

出版策劃　新銳文創
發 行 人　宋政坤
法律顧問　毛國樑　律師
製作發行　秀威資訊科技股份有限公司
114 台北市內湖區瑞光路76巷65號1樓
電話：+886-2-2796-3638　傳真：+886-2-2796-1377
服務信箱：service@showwe.com.tw
http://www.showwe.com.tw
郵政劃撥　19563868　戶名：秀威資訊科技股份有限公司
展售門市　國家書店【松江門市】
104 台北市中山區松江路209號1樓
電話：+886-2-2518-0207　傳真：+886-2-2518-0778
網路訂購　秀威網路書店：https://store.showwe.tw
國家網路書店：https://www.govbooks.com.tw

出版日期　2020年10月　BOD一版
定　　價　860元

國家圖書館出版品預行編目

內蒙古軍區被害者和加害者紀錄 / 楊海英主編. --一版. -- 臺北市 : 新鋭文創, 2020.10
面； 公分. -- (內蒙古文革檔案 ; 9)
BOD版
ISBN 978-986-5540-20-3(平裝)

1. 文化大革命 2. 內蒙古 3. 種族滅絕 4. 內蒙古自治區

628.75 109013981

讀者回函卡

感謝您購買本書，為提升服務品質，請填妥以下資料，將讀者回函卡直接寄回或傳真本公司，收到您的寶貴意見後，我們會收藏記錄及檢討，謝謝！
如您需要了解本公司最新出版書目、購書優惠或企劃活動，歡迎您上網查詢或下載相關資料：http:// www.showwe.com.tw

您購買的書名：________________________________

出生日期：________年________月________日

學歷：□高中（含）以下　□大專　□研究所（含）以上

職業：□製造業　□金融業　□資訊業　□軍警　□傳播業　□自由業
　　　□服務業　□公務員　□教職　□學生　□家管　□其它_____

購書地點：□網路書店　□實體書店　□書展　□郵購　□贈閱　□其他

您從何得知本書的消息？
　□網路書店　□實體書店　□網路搜尋　□電子報　□書訊　□雜誌
　□傳播媒體　□親友推薦　□網站推薦　□部落格　□其他__________

您對本書的評價：（請填代號　1.非常滿意　2.滿意　3.尚可　4.再改進）
　封面設計____　版面編排____　內容____　文／譯筆____　價格____

讀完書後您覺得：
　□很有收穫　□有收穫　□收穫不多　□沒收穫

對我們的建議：________________________________

____

____

____

請貼
郵票

11466
台北市内湖區瑞光路 76 巷 65 號 1 樓

秀威資訊科技股份有限公司 收

BOD 數位出版事業部

（請沿線對折寄回，謝謝！）

姓　　名：＿＿＿＿＿＿＿＿　年齡：＿＿＿＿　性別：□女　□男

郵遞區號：□□□□□

地　　址：＿＿＿＿＿＿＿＿＿＿＿＿＿＿＿＿＿＿＿＿

聯絡電話：(日) ＿＿＿＿＿＿＿＿＿＿ (夜) ＿＿＿＿＿＿＿＿＿＿

E-mail：＿＿＿＿＿＿＿＿＿＿＿＿＿＿＿＿＿＿＿＿